Martin Hautzinger
Kognitive Verhaltenstherapie bei Depressionen

Materialien
für die
psychosoziale Praxis

Herausgegeben von
Martin Hautzinger und Franz Petermann

Martin Hautzinger

Kognitive Verhaltenstherapie bei Depressionen

Behandlungsanleitungen
und Materialien

unter Mitarbeit von
Wolfgang Stark und Renate Treiber

4., überarbeitete und ergänzte Auflage

BELTZ
PsychologieVerlagsUnion

Anschrift des Autors:
Prof. Dr. Martin Hautzinger
Universität Tübingen
Psychologisches Institut
Abteilung für Klinische und Physiologische Psychologie
Reutlinger Str. 12
D-72072 Tübingen

Herausgeber der Reihe „Materialien für die psychosoziale Praxis"
Prof. Dr. Martin Hautzinger
Universität Tübingen
Psychologisches Institut
Abteilung für Klinische und Physiologische Psychologie
Reutlinger Str. 12
72072 Tübingen

Prof. Dr. Franz Petermann
Zentrum für Rehabilitationsforschung
Universität Bremen
Grazer Str. 6
28359 Bremen

Das Werk einschließlich aller seiner Teile ist urheberrechtlich geschützt. Jede Verwertung außerhalb der engen Grenzen des Urheberrechtsgesetzes ist ohne Zustimmung des Verlags unzulässig und strafbar. Das gilt insbesondere für Vervielfältigungen, Übersetzungen, Mikroverfilmungen und die Einspeicherung und Verarbeitung in elektronischen Systemen.

Umschlaggestaltung: Dieter Vollendorf, München
Cartoons: © Hans Biedermann, Eberbach
Druck und Bindung: Druckhaus „Thomas Müntzer" GmbH, Bad Langensalza
Printed in Germany
Gedruckt auf säurefreiem Papier

© 1997 Psychologie Verlags Union, Weinheim

ISBN 3-621-27375-1

Inhaltsverzeichnis

I.	Vorwort	7
II.	**Theoretischer Handlungsrahmen**	**9**
	Beschreibung einer Depression	9
	Enstehungsmodelle	10
	Verstärkungstheoretisches Erklärungsmodell	10
	Kognitionstheoretisches Erklärungsmodell	12
	Integration	12
III.	**Stand der Therapieforschung**	**22**
	Neuere Ergebnisse und aktuelle Befundlage	24
	Indikation zur kognitiven Verhaltenstherapie	28
IV.	**Verhaltensanalyse und Depressionsdiagnostik**	**29**
1.	Verhaltensanalyse	29
	Plan für die Informationserhebung	30
	Analyse des aktuellen Verhaltens	30
	Analyse der problematischen Situation	31
	Motivationsanalyse	31
	Selbstkontrollanalyse	32
	Analyse der sozialen, kulturellen und physikalischen Umwelt	32
2.	Depressionsanalytik	33
3.	Verlaufskontrolle mit Beispielen	34
V.	**Basiselemente des therapeutischen Handelns**	**43**
1.	Grundmerkmale des Therapeutenverhaltens	43
	Basiskompetenz	43
	Fachliche Kompeten (Expertenstatus)	44
	Transparenz und Strukturiertheit	44
	Problemorientierung	45
	Gesprächsverhalten	45
	Schlüsselprobleme benennen	46
	Kooperation	47
	Rückmeldung geben und anregen	47
2.	Struktur der Sitzungen	49
	Planung der Therapiestunde	49
	Die effektive Verwendung der Therapiezeit	52
	Zusammenfassungen geben und erbitten	53
3.	Hausarbeiten und Übungen zwischen den Sitzungen	54
	Bedeutung von Hausarbeiten	54
	Formulierung von Hausarbeiten	55
	Schwierigkeiten bei Hausarbeiten	56
4.	Umgang mit Krisen	57
	Wirkkomponenten „guter" Depressionstherapeuten	59
VI.	**Struktur der Behandlung**	**60**
	Planung der Therapie	60
	Dauer der Behandlung	61
	Erweiterung therapeutischer Interventionen	62
	Beendigung der Therapie	62
VII.	**Behandlungselemente**	**64**
	Aufbau positiver Aktivitäten	**64**
1.	Thematische Einführung	64
	Was sind positive Aktivitäten?	64
	Beziehungen zwischen angenehmen Tätigkeiten und Depression	64
	Kurz versus langfristige Konsequenzen	64
	Zielplanung und Bewertung	64
	Zielsetzung	65

Verhältnis zu anderen Therapie-
elementen 65
Probleme beim therapeutischen
Vorgehen 66
2. Selbsteinschätzung und Sammlung der
Ausgangsdaten 68
Die objektivierende Selbstbeobachtung ... 68
Durchführung 69
Liste angenehmer Ereignisse 78
3. Verstärkung und Selbstverstärkung 80
Das Prinzip der Verstärkung 81
Aufbau von Verstärkerplänen 82
Durchführung 82
4. Planung und Durchführung positiver
Aktivitäten 83
Die Planung von Aktivitäten 84
Die Festlegung von Zielen 84
Ausgewogenheit zwischen unangenehmen
und angenehmen Aktivitäten 86
5. Reduzierung depressionsfördernder
Aktivitäten 87
Was sind depressionsfördernde
Aktivitäten? 87
Analyse auslösender und
aufrechterhaltender Bedingungen 88
Reduktion depressionsfördernder
Aktivitäten 88
6. Zusammenfassung 89
Zielkriterien 89
7. Fallbeispiel 91

Veränderung von Kognitionen 95
1. Merkmale und Ziele kognitiver
Komponenten 95
Reflektierendes Denken 96
Die kognitiven Triade 96
Automatische Gedanken 97
Kognitive Grundannahmen 97
Ziele der kognitiven
Behandlungselemente 97
2. Sokratische Gesprächsführung 98
3. Beobachten und Erkennen von
automatischen Gedanken 101
4. Tagesprotokoll negativer Gedanken 105
5. Benennen von kognitiven Fehlern 109
6. Kognitives Neubenennen 111
Überprüfung und Realitätstest
automatischer Gedanken 111
Reattribuierung 113
Finden von „rationalen" Alternativen 115
7. Identifikation und Modifikation von
Grundannahmen 116
Identifizieren von dysfunktionalen
Grundannahmen 118

Veränderung der fehlangepaßten
Überzeugungen 123
8. Zwei Fallbeispiele 123

Verbesserung sozialer Fertigkeiten 130
1. Thematische Einführung 130
Zum Begriff der sozialen „Kompetenz" ... 130
Zusammenhang zwischen Depression
und sozialer Kompetenz 131
Zielsetzung dieses
Behandlungselements 131
2. Vorbereitungen, Methoden, Hilfsmittel.... 132
Vorbereitungen 132
Verhaltensbeobachtung 133
Rollenspiel 133
Verhaltensübungen in der
Realsituation 135
Hilfsmittel 136
3. Einschätzung individueller sozialer
Kompetenz und die Vermittlung sozialer
Grundfertigkeiten 138
Depression und Äußern von Gefühlen 138
Nonverbale Aspekte sozialen
Verhaltens 139
4. Bearbeiten individueller
Problembereiche 141
Erkennen individueller sozialer
Schwächen und Stärken 141
Soziale Wahrnehmung 141
Kontakte aufbauen und
aufrechterhalten 142
Interaktion mit wichtigen
Sozialpartnern 144
Die partnerschaftliche Konfliktlösung 145
Umgang mit Belastungssituationen 146
5. Fallbeispiel 148

Beibehaltung de Therapieerfolgs 151
1. Das frühzeitige Erkennen von
Depressionen 151
2. Aufrechterhaltung bzw. Erhöhung
positiver Aktivitäten 152
3. Hilfen zur Stabilisierung veränderter
Kognitionen 152
4. Rechtzeitiges Erkennen
depressionsauslösender Ereignisse 153
5. Planung der Zukunft 154
Informationen zur Krankheit
Depression 156

**VIII. Supervision und Kontrolle kognitiver
Verhaltenstherapeuten** 157

IX. Literaturverzeichnis 176

I. Vorwort

In den letzten zwei Jahrzehnten wurden seitens der Klinischen Psychologie und der Verhaltenstherapie viele fruchtbare Anregungen für das Verständnis und die Behandlung depressiver Störungen gemacht. Zu denken ist dabei an Arbeiten von BECK, LEWINSOHN, LAZARUS, FERSTER, COSTELLO, REHM und SELIGMAN (vgl. HOFFMANN 1976, HAUTZINGER und HOFFMANN 1979). Eine beeindruckende Reihe von Untersuchungen bestätigte in den letzten Jahren die Bedeutung und Wirksamkeit dieser verhaltenstherapeutischen Strategien. Es war und ist daher nicht verwunderlich, daß diese Vorschläge von vielen Kliniken, Ärzten, Psychologen und Psychotherapeuten mit großem Interesse aufgegriffen wurden.

Die eigenen Erfahrungen mit diesen Behandlungsvorschlägen, während wiederholten Ausbildungs- und Studienaufenthalten bei A.T. BECK, P.M. LEWINSOHN, L.P. REHM oder A.J. RUSH, sowie die inzwischen zehnjährige klinische und wissenschaftliche Anwendung bzw. Auseinandersetzung machten deutlich, daß die **einfache** Übertragung der Behandlungsvorschläge auf unsere Verhältnisse und unsere Patienten nicht ging. Mit diesem Buch wird nun das Ergebnis unserer Adaptationsleistung vorgelegt. Es verwundert dabei nicht, daß viele Ideen und Anregungen der genannten Autoren aufgegriffen wurden und so Eingang in unsere Konzeption gefunden haben.

Es ist ein verhaltenstherapeutisches Behandlungsprogramm entstanden, das im wesentlichen in fünf Teile zerfällt:

1. Grundlegende Aspekte der Beziehung zu depressiven Patienten, Gestaltung der Anfangskontakte, Kriseninterventionen und kurzfristige Maßnahmen.
2. Veränderung von Aktivitäten in Form von Steigerung angenehmer und Senkung unangenehmer Erfahrungen und Lebensbedingungen.
3. Schaffung und Aufbau von sozialen Kontakten, die Gestaltung sozialer Interaktionen und die Verbesserung sozialer Fertigkeiten.
4. Veränderung von Wahrnehmungsmustern, kognitiven Stilen, Einstellungen, automatischen Gedanken, Beeinflussung depressiver Grundüberzeugungen.
5. Erhaltung und Stabilisierung von Behandlungserfolgen, Umgang mit Rückschlägen und kritischen Lebensphasen.

Im Mittelpunkt steht hierbei die Darstellung des praktischen Vorgehens und der Umsetzung des Beschriebenen. Ziele, theoretische Verankerung, Voraussetzungen, günstiges und ungünstiges Therapeutenverhalten werden jeweils genannt und durch Fallbeispiele sowie Materialien illustriert.

In zwei Einleitungskapiteln werden die theoretischen Grundlagen des Behandlungskonzepts und der aktuelle Stand der Therapieforschung (mit Anregungen zur Kontrolle des eigenen klinischen Handelns) dargestellt. Dabei wurde bewußt darauf geachtet, nur die wirklich notwendigen Verankerungen knapp darzustellen. Der interessierte Leser wird auf die zitierte, weiterführende und umfangreiche Literatur verwiesen.

Das Behandlungskonzept wurde inzwischen vielfach erfolgreich sowohl im ambulanten als auch im stationär psychiatrischen und psychosomatischen Rahmen eingesetzt.

Das Buch entstand durch die Mitarbeit von Christiane BRUNKE, Norbert GOLZ, Dietke JIRKU und Renate de JONG-MEYER. Die Autoren danken Walburga PILCH und Liesel BARTELS für die geduldige Umsetzung zahlreicher Manuskripte. Das Bundesministerium für Forschung und Technologie (BMFT) unterstützte dieses Vorhaben (01 ZX 1113 und 01 ZX 0520) in den Jahren 1983 und 1984. Seit 1986 wird das hier beschriebene therapeutische Vorgehen in zwei multizentrischen Therapievergleichsstudien eingesetzt und an einer großen Zahl neurotisch-depressiver bzw. endogen-depressiver Patienten, die sich entweder in stationärer oder in ambulanter Behandlung befinden, erneut wissenschaftlich überprüft (Studienleitung HAUTZINGER und de JONG-MEYER). Auch dafür kommt die Förderung dankenswerterweise vom BMFT (0701607/5 und 0701609/7). Die beteiligten Studienzentren an diesem Vorhaben sind: Universität Konstanz, Psychologie mit dem Psychiatrischen Landeskrankenhaus Reichenau (HAUTZINGER), Universität Münster, Psychologisches Institut und Psychiatrische Klinik (de JONG-MEYER und RUDOLF), Universität Düsseldorf, Psychiatrische Klinik im Rheinischen Landeskrankenhaus (LEHMANN und STRAUSS), sowie das Bezirkskrankenhaus Kaufbeuren (TREIBER).

Konstanz, im Sommer 1988
Martin Hautzinger

Vorwort zur vierten Auflage

Nachdem inzwischen die unverändert nachgedruckte dritte Auflage diese Buches vergriffen ist, wird hier eine aktualisierte, erweiterte vierte Auflage vorgelegt. Es wurden Materialien und Beispiele eingefügt. Die zugänglichen Veröffentlichungen der Therapiestudien zu diesem Manual wurden in das Kapitel 3 eingearbeitet.

Erfreulich ist, daß diese Behandlungsanleitungen weite Verbreitung gefunden haben. Eine verantwortungsbewußte, patientengerechte Depressionsbehandlung sollte heute nicht mehr ohne die Berücksichtigung kognitiv-verhaltenstherapeutischer Elemente stattfinden.

Gegenwärtig bemühen wir uns, diese Behandlung auf die Gruppe der älteren depressiven Patienten, auf die Arbeit mit depressiv beeinträchtigten Kindern und Jugendlichen anzuwenden. Dort ist noch Enwicklungsarbeit zu leisten. Es bleibt zu hoffen, daß sich diese Bemühungen in ähnlicher Weise empirisch und klinisch bewähren wie für die bisherige breite Zielgruppe der 18 bis 65-jährigen, die an depressiven Beschwerden und unipolaren affektiven Störungen leiden.

Tübingen, im Dezember 1996
Martin Hautzinger

II. Theoretischer Handlungsrahmen

Diese Anleitung für Verhaltenstherapeuten basiert auf den Ergebnissen von Therapiestudien, wie sie in den vergangenen Jahren vor allem von Wissenschaftlern in den USA, Großbritannien, Australien und der Bundesrepublik Deutschland vorgelegt und auch von den Autoren dieses Buches durchgeführt wurden. In ihr werden die klinisch und empirisch erprobten Elemente einer verhaltenstherapeutischen Behandlung bei depressiven Patienten beschrieben. Dabei vermittelt diese Anleitung ein realistisches Abbild der Verhaltenstherapie, wie sie sich dem heutigen Betrachter darstellt:

Das Ergebnis einer produktiven Weiterentwicklung des ursprünglich streng behavioristischen Stimulus-Response-Ansatzes zu einem Erklärungs- und Behandlungsansatz psychischer Erkrankungen, der intern ablaufende Prozesse, wie Kognitionen, einbezieht.

Dieses Buch beinhaltet Handlungsanweisungen, die sich aus Bestimmungsstücken aller drei Ansätze ableiten lassen.

Ausgangspunkt für unsere Handlungsanweisung waren insbesondere Arbeiten von LEWINSOHN (1974, 1979), FERSTER (1973, 1974), LAZARUS (1968, 1974), REHM (1977, 1981), BECK (1967, 1974, 1976, 1981) und HOFFMANN (1976, 1981). Ziel war dabei, einen verhaltenstherapeutischen Handlungsrahmen zu beschreiben, der dem derzeitigen Wissensstand entspricht, in der klinischen Praxis anwendbar ist und eine umfassende und erfolgversprechende Behandlung gewährleistet. Daraus ergibt sich jedoch kein grundlegend neues Therapieprogramm. Wir haben vielmehr bereits erfolgreich angewandte verhaltenstherapeutische Interventionen miteinander verbunden. Frühere Arbeiten von uns (z.B. HAUTZINGER 1979, 1981 a,b; de JONG, TREIBER, HENRICH 1986) sind dabei ebenfalls wichtige Bezugspunkte.

Beschreibung einer Depression

Unabhängig von spezifischen Theorien über Ursachen einer depressiven Erkrankung und ihrer angemessenen Behandlung bietet sich ein recht einheitliches Bild, wenn es um die Beschreibung ihrer Auswirkungen geht. Depressive Zustandsbilder werden in der Regel folgendermaßen beschrieben:

1. **somatische** Beschwerden (z.B. Schlafstörungen, Appetitverlust, Druck und Engegefühl in der Herzgegend, Schmerzen im Kopf und Bauchbereich, Magen-, Darmbeschwerden);
2. **motorische** Beschwerden (z.B. Agitation, Verlangsamung, Hemmungen, Inaktivität);
3. **emotionale** Beschwerden (z.B. Angst, niedergeschlagene Stimmung, Verzweiflung, Leere);
4. **motivationale** Beschwerden (z.B. Interessenverlust, Antriebslosigkeit, Entschlußunfähigkeit, Selbstmordgedanken);

5. **kognitive** Beschwerden (z.B. Gedächtnisschwäche, Konzentrationsmangel, Selbstvorwürfe, Schuldgefühle, Pessimismus, Sorgen um die eigene Gesundheit, die eigenen Fähigkeiten und die Zukunft);
6. **interaktive** Beschwerden (z.B. sozialer Rückzug, leise Stimme, geringer Blickkontakt, Einengung kommunikativer Fähigkeiten und sozialer Fertigkeiten).

Entstehungsmodelle

Für die von der Verhaltenstherapie entwickelten Hypothesen zur Entstehung und Aufrechterhaltung eines depressiven Syndroms bzw. einzelner genannter Symptome ist charakteristisch, daß sie bestimmte Symptomanteile als auslösend und aufrechterhaltend bewerten und deshalb auch vorrangig zu modifizieren suchen: Als entscheidende Auslöser gelten entweder das **Verhalten** einer Person (z.B. Art und Umfang ihrer Aktivitäten und Sozialkontakte) oder ihre **Kognitionen** (z.B. Wahrnehmung und Deutung von Ereignissen). Beiden Erklärungsansätzen ist gemeinsam, daß **somatische**, **emotionale** und **motivationale** Auswirkungen der Erkrankung indirekt über die Behandlung verhaltensübender oder kognitionsverändernder Maßnahmen beeinflußt werden sollen. Im Mittelpunkt unserer Überlegungen standen **zwei Behandlungsmodelle** mit den bereits genannten Schwerpunkten (Verhalten, Kognition). Klinisch und empirisch haben sie sich einzeln bewährt (siehe dazu z.B. REHM 1981 oder RUSH 1982), erwiesen sich unserer Erfahrung nach aber in ihrer kombinierten Anwendung als wirkungsvoller und der klinischen Praxis angemessener. Im folgenden sollen kurz zunächst die Grundannahmen beider Modelle getrennt dargestellt werden.

Verstärkungstheoretisches Erklärungsmodell

LEWINSOHN (1974, et al. 1979) schlug ein **Verstärkungstheoretisches Modell** der Depression vor. Die Grundannahmen dieses Ansatzes lauten:

1. Eine geringe Rate verhaltenskontingenter positiver Verstärkung wirkt auslösend für depressives Verhalten.
2. Eine geringe Rate verhaltenskontingenter positiver Verstärkung hält die Depression aufrecht. Die Rate des möglichen, noch zu verstärkenden Verhaltens wird zusätzlich verringert. Der Patient ist damit langanhaltenden Löschungsbedingungen ausgesetzt.
3. Die Gesamtmenge positiver Verstärker ist abhängig von: Dem Umfang potentiell verstärkender Ereignisse und Aktivitäten (zusätzlich beeinflußt durch individuelle Differenzen wie Alter, Geschlecht, Lerngeschichte eines Patienten etc.); dem Umfang verfügbarer und erreichbarer Verstärker zu einem bestimmten Zeitpunkt bzw. unter bestimmten situativen Bedingungen; dem Verhaltensrepertoire eines Patienten und seiner Fähigkeit Verhalten zu zeigen, das verstärkt werden kann.
4. Depressives Verhalten wird oftmals aufrechterhalten durch die Art der Verstärkung, die ein Patient kurzfristig durch die (engere) soziale Umwelt erhält: wie Sympathie, Anteilnahme, Hilfe.

Aus den genannten theoretischen Überlegungen, aus klinischen Beobachtungen und aufgrund empirischer Arbeiten lassen sich Hypothesen ableiten, die nahelegen, daß die **Förderung von Aktivitäten** hilfreich sein kann, weil:
1. ein entsprechendes Aktivitätsniveau das Ausmaß potentieller positiver Verstärker erhöht;
2. Depressive viel Zeit mit solchen Aktivitäten verbringen, die eher als „passiv" zu bezeichnen sind (grübeln, vor-sich-hin-starren) und keinen positiven Verstärkerwert besitzen;
3. ein Zusammenhang vermutet wird zwischen der Aktivitätsrate eines Patienten, der Art der Aktivitäten und seiner Stimmung;
4. depressive Patienten dazu neigen, ihre Aktivitätsrate gering einzuschätzen und keine Stimmungsunterschiede wahrzunehmen.

Der **Aufbau sozialer Fertigkeiten** erscheint nach den genannten theoretischen Vorstellungen und dem heutigen Wissenstand über Entstehungs- und Aufrechterhaltungsbedingungen einer Depression (z.B. BELLAK 1982) sinnvoll, weil:

1. depressiven Patienten oft die Fähigkeit fehlt, sich im Gespräch so zu verhalten, daß beide Interaktionspartner dies als angenehm erleben: Typisch sind langsames, leises Sprechen, fehlender Blickkontakt, mangelhafte Gesprächsbeteiligung, ungenügendes Eingehen auf den Gesprächspartner etc.;
2. Depressive oft ungünstige Interaktionsstile entwickeln: z.B. Überwiegen von Klagen und hilfesuchenden Bemerkungen, geringes Einfühlungsvermögen für den Gesprächspartner, unzureichende Wahrnehmung von „Signalen" anderer Personen, auf die reagiert werden müßte, Unfähigkeit positive Verstärker wahrzunehmen bzw. anderen zu vermitteln;
3. Depressive, negative Gefühle nicht offen und direkt zum Ausdruck bringen können, auf Mitmenschen aber stets mürrisch und feindselig wirken;
4. Patienten erfahren sollten, wie ihr Verhalten auf ihre Mitmenschen wirkt und welchen Einfluß dies auf den Umgang mit anderen hat: Kurzfristig wecken sie Interesse und erregen das Mitleid des Gesprächspartners, langfristig werden sie für die Interaktionspartner zu belastend. Als Folge davon ergibt sich eine immer stärkere Einschränkung des Bekanntenkreises und eine weitere Verstärkerreduktion.

Zusammenfassend läßt sich sagen, daß das Verstärkerverlustmodell folgendes Behandlungsziel definiert: Das Ausmaß positiver, reaktionskontingenter Verstärker eines depressiven Patienten ist zu erhöhen, indem neue Verstärkerquellen geschaffen, diskriminierende Reize für Verstärker wahrgenommen und Verstärkerpläne geändert werden sollten. Therapeutische Interventionen, die sich aus diesem Modell ableiten, zielen insbesondere darauf, sozial erwünschtes Verhalten zu fördern, die Anzahl potentiell verstärkender Ereignisse und Aktivitäten zu erhöhen und dem Patienten notwendige soziale Fertigkeiten zu vermitteln.

Das verstärkungstheoretische Modell wurde von COYNE (1976) und LINDEN (1976) auf die partnerschaftliche Interaktion depressiver Personen ausgeweitet. Dabei wurde deutlich, daß es falsch wäre, depressives Verhalten in der Partnerinteraktion nur als **passives** Verhalten aufzufassen. Depressives Verhalten provoziert nicht nur kurzfristig Unterstützung und Zuwendung (positive Verstärkung), sondern in Ermangelung entsprechender Handlungsalternativen (Mangel an Fertigkeiten) und gestörter Kommunikationsformen (keine Konfliktlösungsstrategien, keine Meta-Kommunikation) wird es auch langfristig immer wieder negativ verstärkt.

HINCHLIFFE, HOOPER und ROBERTS (1978), aber auch HAUTZINGER und HOFFMANN (1980, 1982), fanden aufgrund der Analysen der Interaktion Depressiver mit ihren engen Sozialpartnern:

Depressionsspezifisches Verbalverhalten ist gekennzeichnet durch negative Selbstbewertung, negative Befindensäußerungen (Klagsamkeit), Pessimismus, Forderungen stellen, positive Partner- und Beziehungsäußerungen; nicht depressives Verhalten ist positiv, initiativ, aktiv, erbittet Hilfen, doch bewertet den depressiven Partner und die Beziehung negativ (**Hostilität**).

Der Depressive richtet an seinen Partner eine Vielzahl von Verhaltensweisen, die den Versuch darstellen, beim Partner Hilfe, Trost, Unterstützung und Mitgefühl hervorzurufen. Der Partner zeigt diese Reaktion nicht immer bereitwillig, nicht in ausreichendem Maße und im Laufe der Zeit seltener bzw. zögernder. Dies führt dazu, daß der Depressive, da ihm meist ein Alternativverhalten fehlt, das entsprechende **Appelationsverhalten** intensiviert, bis die erwünschten Partnerreaktionen auftreten und der Partner anschließend für sein Verhalten durch ein zeitweiliges Aussetzen der (aversiven) depressiven Verhaltensweisen negativ verstärkt wird. Diese Interaktion produziert beim Depressiven ein Gefühl der Abhängigkeit und Hilflosigkeit, verbunden mit stetigen Zweifel an der Aufrichtigkeit des Partners; beim Partner aggressive, feindselige Empfindungen, da dieses Gefüge nur auf die Gefahr der Intensivierung der Depression des anderen Partners (Suizidalität) verlassen werden könnte und eine Metakommunikation über die Lage meist nicht gelingt. Dieser Zwangsmechanismus strapaziert und unterhöhlt wiederum die Partnerinteraktion, so daß die Zweifel des Depressiven genährt werden.

Die **Konsequenzen** für den verhaltenstherapeutischen Umgang mit depressiven Patienten besteht darin, daß nicht nur die sozialen Fertigkeiten, sondern in gleichem Maße die **interaktiven Fertigkeiten** beachtet und verändert werden müssen. Dazu gehört zuhören, Wünsche direkt äußern, Konfliktgespräche führen und Kompromisse schließen können.

Kognitionstheoretisches Erklärungsmodell

BECK (1976, 1981) formulierte ein **Kognitionstheoretisches Modell** der Depression. Seine zentralen Annahmen lauten:

1. Grundlage einer jeden depressiven Entwicklung ist eine kognitive Störung, wobei das Denken Depressiver durch logische Fehler wie selektive Wahrnehmung, willkürliches Schlußfolgern, Übertreibungen etc. gekennzeichnet ist.
2. Auslösebedingungen für eine solche kognitive Störung sind negative, streßbesetzte Erfahrungen im Verlauf der lebensgeschichtlichen Entwicklung eines Patienten (insbesondere Verlusttraumata in der Kindheit), die sich als kognitive Schemata verfestigen.
3. Diese Schemata werden aktiviert durch belastende Situationen oder kumulativ verstärkt durch die Erfahrung, überhöhten eigenen Ansprüchen nicht gerecht werden zu können. In solchen Situationen neigt der Patient dazu, sich selbst, seine Umwelt und seine Zukunft negativ zu sehen (Kognitive Triade). Diese kognitive Triade bewirkt, daß sich Depressive immer wieder mit irrationalen negativen Gedanken beschäftigen, die ihnen plausibel erscheinen.
4. Diese Gedanken erleben sie als automatisch, außerordentlich beharrlich, andauernd und unfreiwillig. Sie kreisen immer wieder um Themen wie Hoffnungslosigkeit, geringe Selbstachtung, Selbstkritik, Flucht und Vermeidung sowie Suizidabsichten. BECK macht diese **kognitive Störung** für alle affektiven, motivationalen und psychischen Merkmale bei einer Depression verantwortlich.

Folgt man diesem theoretischen Modell, dann wird die **Veränderung von Gedanken und Einstellungen** als therapeutisch wirksam postuliert, weil:

1. depressive Patienten zu kognitiven Verzerrungen, falschen Ursachenzuschreibungen und Wahrnehmungsmustern neigen;
2. Ein Zusammenhang zwischen (negativen) Gedanken, Gefühlen und der Stimmung eines Patienten angenommen wird;
3. Depressive sich in der Regel sehr hohe Ziele setzen und unkritisch Normen, die für andere gültig sein mögen, übernehmen. Zwangsläufig ergibt sich daraus oft das Problem, daß Patienten ihre eigenen Fähigkeiten als gering einschätzen;
4. depressive Patienten lernen müssen, daß es außer ihrer, auf Selbstabwertung zielenden Selbstbeobachtung noch andere Selbstkontrollprinzipien wie z.B. Selbstverstärkung gibt;
5. Depressive die Tendenz haben, ihre Gedanken bereits als Tatsachen zu betrachten, ohne sie auch an der Realität überprüft zu haben.

Zusammenfassend ist zu sagen, daß sich eine kognitiv orientierte Therapie mit den Schemata und Überzeugungen eines depressiven Patienten auseinandersetzen muß; automatische, unbemerkt ablaufende Gedanken aufspüren und gegebenenfalls verändern muß; Grundeinstellungen eines Patienten, die sein Verhalten, Empfinden und Denken prägen, herausarbeiten und hinterfragen muß; sowie Erwartungsmuster, Normen, Handlungsziele und das Selbstkonzept eines Patienten überprüfen sollte.

Integration

Verhaltensübende Modelle zur Entstehung und Aufrechterhaltung der Depression messen dem Verlust von Verstärkern bzw. dem Verlust der Verstärkerwirksamkeit eine entscheidende Bedeutung für das Entstehen einer Depression bei. **Kognitionsverändernde Modelle** hingegen gehen von der Annahme aus, daß nicht bestimmte Ereignisse, Bedingungen oder Gegebenheiten an sich schon Depressionen bewirken, sondern daß es wesentlich darauf ankommt, wie eine Person diese Ereignisse wahrnimmt, gedanklich verarbeitet und bewertet.

Der **heutige Stand** der psychologischen Depressionsforschung (vgl. HAUTZINGER und GREIF 1981, LEWINSOHN und HOBERMAN 1982, KAMMER und HAUTZINGER 1988) legt die Annahme nahe, daß kognitive und behavioristische Standpunkte sich gegenseitig ergänzen und sinnvoll beeinflussen können. In der Therapiepraxis führt das immer häufiger zu weitgehend identischem Handeln, wobei sich allenfalls bei der Bestimmung von Therapiezielen unterschiedliche Schwerpunkte ergeben können. Eine genaue Betrachtung der Vorschläge von LEWINSOHN (LEWINSOHN et al. 1982) bzw. BECK (BECK et al. 1981) zeigt, daß beide Autorengruppen, trotz unterschiedlicher theoretischer Ausrichtung, therapeutische Elemente der „Verhaltenstherapie" (Aktivitätsaufbau, Training sozialer Fertigkeiten) und der „Kognitiven Therapie" (kognitives Umstrukturieren, Änderung von Einstellungen und inneren Dialogen, realistischere Selbstbewertung und Attribution) benützen. Auch dieses Therapiemanual legt eine Integration von den zwei genannten theoretisch widersprüchlichen, in der Praxis aber gut miteinander zu verbindenden Modellen zur Depression nahe. Die Handlungsanweisungen für den Therapeuten ergeben sich aus folgender Heuristik (Abbildung 1).

Depressive Symptome werden danach sowohl durch gedankliche Prozesse (Kognitionen) als auch durch den Verlust von Verstärkern (Aktivitätsrate, Fertigkeiten) bedingt. Die Häufung unangenehmer Ereignisse oder die Folgen unangemessenen Verhaltens beeinflussen dabei kognitive Strukturen und Prozesse; ebenso wie bestimmte negative Erwartungen und Einstellungen ihrerseits Auswirkungen auf die Aktivitätsrate eines Patienten, sein soziales Handeln und das Ausmaß angenehmer Ereignisse haben können.

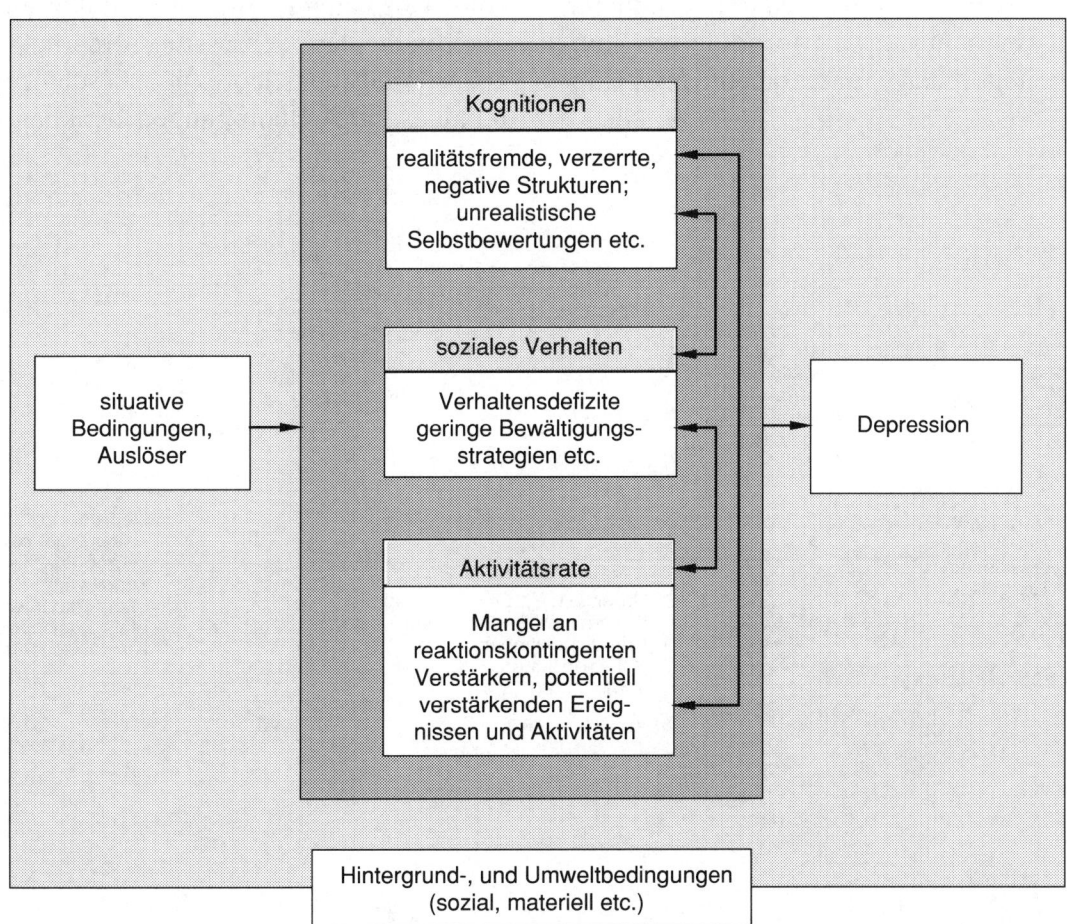

Abbildung 1: Integrative Modellvorstellungen als Heuristik des verhaltenstherapeutischen Handelns (Bedingungsgefüge von psychologischen Variablen, die wesentlich an der Entstehung und Aufrechterhaltung einer Depression beteiligt sind).

Eine Depression entwickelt sich demnach dann, wenn realitätsfremde, verzerrte, negative kognitive Strukturen, Verhaltensdefizite und/oder geringe Bewältigungsstrategien vorhanden sind. Formal läßt sich depressives Verhalten auch als komplexes Bedingungsgefüge von Reizbedingungen, Handlungen, Konsequenzen und Kognitionen beschreiben. Keines der beiden dargestellten Depressionsmodelle berücksichtigt diese komplexe Wechselwirkung in ausreichendem Maß. Deshalb erscheint uns eine gleiche Gewichtung aller von uns genannten Komponenten (Kognitionen, soziales Verhalten, Aktivitätsrate) im Sinne eines integrativen Modells sinnvoll. Dieses integrative Modell berücksichtigt allerdings nur die psychologischen Aspekte einer Depression und ist vorläufig noch **hypothetischer Art**. Empirisch eindeutige Belege dafür, daß dieses Modell die Entstehung und Aufrechterhaltung einer Depression am besten erklären kann, fehlen bislang noch. Es bietet sich dem klinisch tätigen Psychologen jedoch als brauchbare, da psychologisch sinnvolle Arbeitsgrundlage für therapeutisches Handeln an.

Neu- und Weiterentwicklungen psychologischer Modelle depressiver Störungen (z.B. LEWINSOHN, HOBERMAN, TERI und HAUTZINGER 1985; HAUTZINGER 1991) beschreiben die beteiligten psychischen und sozialen Prozesse, sowie die Entwicklung hin zu einer Depression natürlich weit komplizierter. Vor allem werden dort die aktuell ausgelösten innerpsychischen Mechanismen nicht nur als „Kognitionen" bezeichnet, sondern über die Beteiligung unmittelbarer Emotionen (im Sinne von ZAJONC 1980), stimmungsabhängigem Gedächtniszugang und Lernen (im Sinne von BOWER 1981), der Zunahme der Selbstaufmerksamkeit (CARVER und SCHEIER 1981) bzw. der Lageorientierung (KUHL 1983) und damit verbundener Intensivierung aversiver Bedingungen entstehen dysphorische Stimmungszustände, die erst unter Einwirkung verschiedener dispositioneller Faktoren und Vulnerabilitäten in eine Depression münden. Diese zuletzt genannten Hintergrundfaktoren sind jedoch nicht nur depressionsfördernd, sondern ebenso sind dabei depressionsbeschützende (immunisierende) Bedingungen denkbar, die den

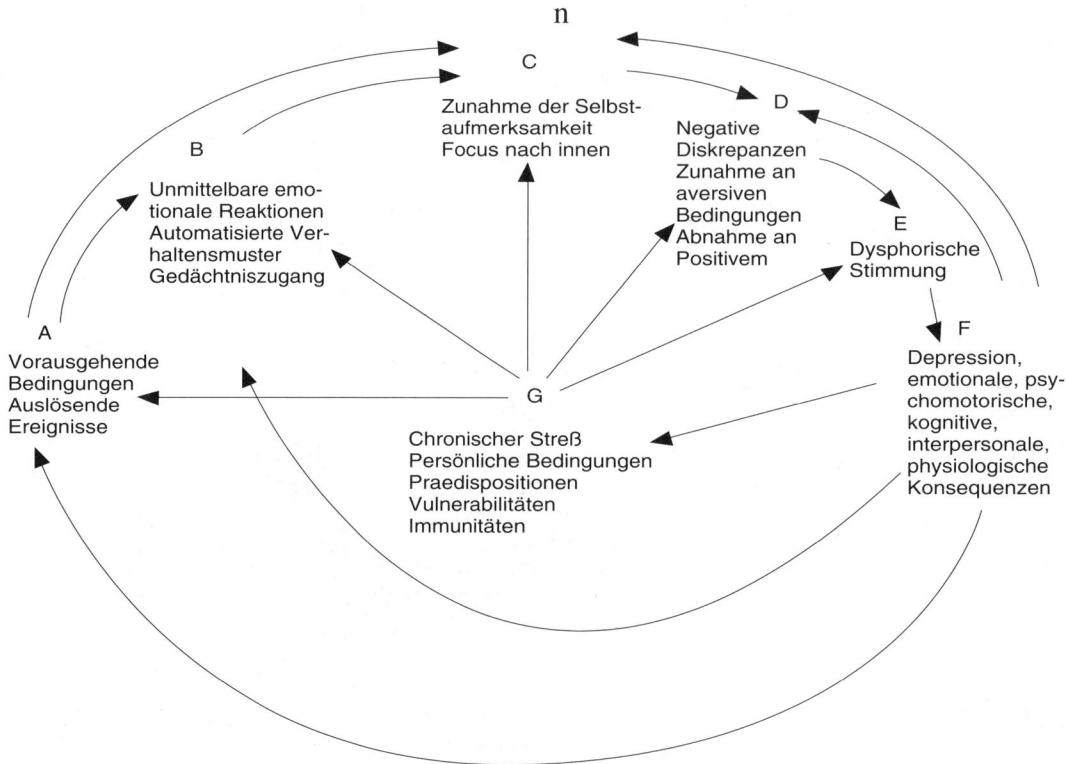

Abbildung 2: Multifaktorielles Depressionsmodell (nach LEWINSOHN et al. 1985, HAUTZINGER 1983, 1991), Erklärungen im Text.

zuvor beschriebenen Prozeß von der Auslösung hin zur Depression unterbrechen und umlenken. Die Abbildung 2 stellt ein derartiges multifaktorielles Modell der Depressionsentwicklung dar.

A: Vorausgehende Bedingungen sind definiert als Ereignisse, die das Wiederauftreten einer Depression erhöhen oder die Entwicklung einer depressiven Erkrankung einleiten können. Zahllose Untersuchungen haben immer wieder gezeigt, daß diese vorausgehenden oder auslösenden Ereignisse gut unter dem Begriff „streßreiche oder kritische Lebensereignisse", besonders im Bereich enger Sozialbeziehungen, zusammenfaßbar sind (vgl. LLOYD 1980, PAYKEL 1982).

B: Die auslösenden Bedingungen starten den Prozeß der Depressionsentwicklung insofern, da sie unmittelbar Unterbrechungen oder Störungen (z.B. automatisierter Abläufe) produzieren, spontane, aber noch wenig differenzierte affektive Reaktionen hervorrufen und damit Gedächtnisprozesse aktivieren, die zusätzlich belastende Erinnerungen hervorbringen (BILLINGS und MOOS 1982, ZAJONC 1980, BOWER 1981).

C: Ein Zustand zunehmender Selbstaufmerksamkeit bzw. der Handlungs- oder Lageorientierung kann entweder Bewältigungsmechanismen aktivieren oder in der Mehrzahl der Fälle durch den internalen Fokus zur selbstkritischen Betrachtung der eigenen Person und Lage und damit zur weiteren Blockierung von Verhaltensabläufen und zur Intensivierung handlungsbehindernder Emotionen beitragen (KUHL 1983, LEWINSOHN et al. 1979, ALLOY und ABRAMSON 1979).

D: Sowohl die aversiven Umstände (A), als auch die zunehmende Selbstaufmerksamkeit (C) vermehren unangenehme Lebensaspekte (Zunahme aversiver Bedingen) und die Abnahme positiver Erfahrungen (LEWINSOHN et al. 1979).

E: Diese Einflüsse intensivieren die affektiven Reaktionen hin zu dysphorischen Stimmungen.

F: Die depressive Verstimmung mündet dann unter Beibehaltung zunehmender Lageorientierung, vermehrten aversiven Erfahrungen, reduzierten positiven Erfahrungen und anwachsender Selbstkritik in die kognitiven, emotionalen, motivationalen, somatischen, interaktiven und motorischen Verhaltensaspekte einer Depression.

G: Liegen bestimmte Anfälligkeiten (Vulnerabilitäten) vor, wie z.B. einer Vorgeschichte an depressiven Erkrankungen, höheres Lebensalter, weibliches Geschlecht, abhängige oder zwanghafte, rigide Persönlichkeitszüge, Mangel an Fertigkeiten, ungünstige familiäre Erfahrungen, Sozialisationseinflüsse (Verlusterfahrungen) und dysfunktionale Grundannahmen (negative Attributionsmuster), so kann dieser Ablauf beschleunigt, verstärkt und in Form eines „Teufelskreises" intensiviert werden. In gleicher Weise können bestimmte Immunisierungsbedingungen, wie z.B. Bewältigungsmechanismen (z.B. soziale und instrumentelle Ressourcen), viele verstärkende, positive Aktivitäten, Problemlösefertigkeiten, diesen Prozeß aufhalten und eine Chronifizierung verhindern. Diese Variablen entfalten ihren Einfluß nicht erst ab dem Manifestwerden einer Depression, sondern bereits auf jeder der in dem Modell genannten Stufen hin zu einer Depression (BECKER 1982, LAZARUS und FOLKMAN 1984, HAUTZINGER 1986).

Auch bei diesem psychologischen Erklärungsmodell der Entwicklung und Aufrechterhaltung bzw. Überwindung der Depression wird deutlich, daß die im folgenden beschriebenen therapeutischen Elemente an zentralen Aspekten der Ätiologieüberlegungen ansetzen. Der **Aufbau angenehmer Aktivitäten** unterbricht nicht nur den ausgelösten Prozeß hin zur dysphorischen Verstimmung durch Ablenkungen und positive Erfahrungen (bei C und D in Abbildung 2), sondern damit werden gleichzeitig die beschützenden Bedingungen (unter G in Abbildung 2) gestärkt. Auch die Beeinflussung **sozialer Fertigkeiten** stärkt über die soziale Kompetenz, die verringerten Abhängigkeiten und die vergrößerten Kontrollerfahrungen die Immunitäten (unter G in Abbildung 2).

Die **kognitiven Behandlungstechniken** zielen in diesem Modell auf die Beeinflussung von verfestigten kognitiven Stilen, negativen Erwartungshaltungen, ungünstiger und inkorrekter Selbstwahrnehmung (alle unter G in Abbildung 2), aber auch auf die Unterbrechung automatisierter, negativer Denkmuster und Gedächtnisinhalte (unter B in Abbildung 2), der übertriebenen Selbstaufmerksamkeit (unter C in Abbildung 2) verbunden mit der Bearbeitung automatisch und vorschnell vorgenommener negativer Diskrepanzen zwischen dem idealen und realen Selbstbild.

Möglicherweise liegt die wiederholt gefundene vergleichbare Effektivität theoretisch unterschiedlich verankerter Depressionsbehandlungen weniger in der Richtigkeit der Ätiologiemodelle, als darin, daß letztlich bei den erfolgreichen Therapien:

1. den Patienten eine sie überzeugende Erklärung für die individuelle Erkrankung geliefert wird;
2. das therapeutische Handeln geplant und strukturiert erfolgt, Hausaufgaben und Übungen mit einschließt;
3. die Patienten durch die verschiedenen Maßnahmen Erfolge, Verstärkung und Ablenkung erfahren;
4. der Therapeut darauf achtet, daß die Patienten für die anstehenden Veränderungen und die eingeleiteten Veränderungsschritte Selbstattributionen vornehmen (vgl. ZEISS et al. 1979).

Ein Fallbeispiel* zur Einstimmung

Symptomatik: Anlaß und Beschwerden

Die 25-jährige japanische Patientin wurde nach einem Suizidversuch mit Tabletten von einer Freundin in die Psychiatrische Klinik der Universität Mainz gebracht und dort notfallmäßig aufgenommen. Die Suizidhandlung war die Folge des Endes einer Beziehung zu „dem Mann ihres Lebens".

---

* Ich bedanke mich bei Dipl. Psych. Bernd Eifländer für diese Falldokumentation.

Die Kontaktaufnahme mit dem Verhaltenstherapeuten erfolgte etwa eine Woche später. Trotz antidepressiver Medikation war sie zu diesem Zeitpunkt noch sehr antriebslos und mäßig depressiv verstimmt. Nach Berichten des betreuenden Arztes hielt sie sich am liebsten im Bett auf, und es bedurfte der Intervention des Pflegepersonals, um sie zum Aufstehen zu bewegen.

Auf Befragen, wie es ihr gehe, sagt sie, sie wisse nicht, wie es weitergehen könne mit ihrem Leben. Sie behält bei ihren Äußerungen jedoch eine gefaßte Haltung bei.

Lebensgeschichtliche Entwicklung und Krankheitsanamnese

Herkunftsfamilie/ psychische Entwicklung

Die Patientin wurde als zweites Kind einer mittelständischen japanischen Familie geboren und wuchs in einer japanischen Kleinstadt auf. Vater (62), Elektroingenieur, Mutter (58), Hausfrau, 1 Bruder (+5).

Sie beschreibt die Familie als äußerst harmonisch. Nachbarn hätten die Eltern gefragt, „wie diese es denn geschafft hätten, solch brave Kinder aufzuziehen." Das ganze Familiensystem sei „very close" gewesen. Auch während der Pubertät sei sie ein „gutes Kind" gewesen. Zu familiären Spannungen sei es nie gekommen.

Schulische und berufliche Entwicklung

Die Patientin besuchte die Grundschule, danach das Gymnasium (3 Jahre Junior High School, 3 Jahre Senior High School). In der Junior High School (13-16 Jahre) habe sie extreme Schwierigkeiten mit ihren Klassenkameraden gehabt. Sie sei zwar nur einmal von einer Klassenkameradin verprügelt worden. Das Schlimmste sei jedoch gewesen, daß die Mitschüler sie als Streberin verachtet hätten und eifersüchtig gewesen wären, weil die Lehrer sie wegen ihrer guten schulischen Leistungen gemocht hätten. Sie sei Außenseiterin gewesen und habe auch im Gegensatz zu anderen Mitschülerinnen keinen Freund gehabt. Ohne den Rückhalt der Familie hätte sie diese Zeit nicht überstanden. Sie habe den Klassenkameraden gegenüber auch Mordphantasien entwickelt und diese dem Vater gegenüber angedeutet. Dieser habe daraufhin gesagt, daß im Falle, daß sie jemandem etwas antun würde, er zuerst sie und dann sich selbst töten würde. Daraufhin habe sie ihre Aggressionen unterdrückt.

Die Senior High School sei dann befriedigend verlaufen, da die Klassenkameraden aufgrund deren Schulstresses keine Aufmerksamkeit für Mobbing frei gehabt hätten. Sie habe dann an einem Test teilgenommen und sich für ein Stipendium an der Universität Utah/USA qualifiziert. Mit 19 sei sie dann von Japan in die USA „geflüchtet", um dort Wirtschaftswissenschaften zu studieren. Sie habe den Abschluß zum „bachelor of business administration" gemacht und sei dann Stewardess geworden. Diesen Beruf übe sie seit ca. vier Jahren aus.

Lerngeschichte

Frau M. erlebte in ihren ersten Lebensjahren viel Zuwendung, Fürsorge und Geborgenheit durch die Herkunftsfamilie. Familiäre Harmonie war in dieser Familie ein zentraler Wert. Konflikte schien es in dieser Familienstruktur nicht zu geben bzw. diese wurden nicht ausgelebt oder gar ausgetragen. Das japanische Konfliktmodell für Familien und Gruppen und die dahinterstehenden Wertvorstellungen unterscheiden sich wesentlich von unseren westlichen. Der nicht immer nachvollziehbare - kulturell bedingte - Umgang mit Konflikten spielt eine wesentliche Rolle in der Problematik der Patientin. Der Konflikt, der sich aus dem Zusammentreffen westlicher und östlicher Wertvorstellungen ergibt, führt zu einer Anpassungsstörung auf kulturell bedingtem Hintergrund. Aus folgenden kulturellen Unterschieden lassen sich die verinnerlichten Werte und Verhaltensweisen der Patientin ableiten:

Japan	Europa
Konsenskultur	Individualkultur
Erziehung (Familie, Kindergarten, Schule) ausgerichtet auf Konsens und Harmonie Symbiotische Abhängigkeit	Erziehung zur Selbständigkeit und Kritikfähigkeit (Ziel: mündiger Bürger) Eigenverantwortlichkeit
„Individualität" im Rahmen der Konsenskultur	Stark ausgeprägte Individualität, Ich-Betonung durch die Aufklärung (Descartes: „Ich denke, also bin ich.") Der Mensch definiert sich durch sich selbst.
Persönlicher Fehler → Gesichtsverlust von Familie oder sozialer Gruppe → starke Versagens-, Schuld- und Schamgefühle → im Extremfall Selbstmord (Harakiri; Samurai-Tradition)	Persönlicher Fehler → Versuch der Schuldabwehr

Gruppenverhalten (auch Verhalten in der Familie als „erste Gruppe"): anerzogene Unterordnung als Lebensaufgabe und Lebenssinn. Die Gruppe (nicht das „Ich") ist die kleinste Einheit.	Gruppenverhalten (auch Verhalten in der Familie als „erste Gruppe"): die Gruppe (Familie) besteht aus individualistisch geprägten Persönlichkeiten.
Konflikte sollen nicht existieren.	Wenn Konflikte existieren, werden diese stillschweigend (vom Familienoberhaupt bzw. einem Vorgesetzten) mit den Beteiligten geregelt. *Können Konflikte nicht geregelt werden, besteht die Gefahr der Ablehung und des Ausgestoßenseins durch die Familie/ Gruppe mit existentiell bedrohlichen Konsequenzen/ Ängsten.*

Aufgrund dieser kulturellen Einflüsse, hauptsächlich durch die Herkunftsfamilie (als Modell), lernte die Patientin nicht den Umgang mit Konflikten im westlichen Sinn, d.h. die Konflikte auszuleben bzw. auszutragen, um damit Distanz (Abgrenzung) zwischen sich und einem intimen Sozialpartner zu schaffen. Sie entwickelte deshalb in bezug auf Beziehungen ein dichotomes Alles-oder-nichts-Bild. So konnte eine intime Beziehung für sie nur eine symbiotische Abhängigkeit mit Unterordnung bedeuten („... I did everything for him ... payed his bills ... negotiated for him with his ex-wives about his payments to them ..."). Die Beziehung zu ihrem Freund wurde von ihr wie die Beziehung zu einem Familienmitglied empfunden („... he was like a brother ..."), dem man bedingungslos sein Leben anvertrauen kann („... family you can trust, it's your own blood ..."). Als dieser dann die Beziehung zu einer anderen Frau einging, erlebte die Patientin die erste Zurückweisung ihre Lebens von einem Quasi-Familienmitglied und geriet in eine tiefe Sinnkrise („... I can't live if I can't trust anybody no more."). Die Auflösung bzw. die drohende Auflösung der symbiotischen Beziehung wurde wie ein Ausgestoßensein aus der Familie erlebt und führte zu Ängsten, die als existentiell bedrohlich erlebt wurden. Die Patientin verfügte über keinerlei Coping-Strategien. Die Schande des Versagt-Habens gegenüber der Familie belastete sie zusätzlich schwer. Die Patientin erzählte der Familie lange Zeit nicht,
1. daß der Freund bereits zweimal verheiratet war
2. den Schwangerschaftsabbruch
3. die Trennung von ihrem Freund
4. den Suizidversuch und den Aufenthalt in der Psychiatrie.

In dieser vermeintlich ausweglosen Situation beging sie einen Selbstmordversuch.

Funktionale Problemanalyse

Der aktuelle Problembereich bei Frau M. ist die akute depressive Verstimmung mit Antriebs- und Perspektivlosigkeit auf dem Hintergrund der kulturell gelernten Kognitionen und der Entwurzelung aus dem kulturellen und sozialen Umfeld. Horizontal wird die Fuktionalität am folgenden Beispiel deutlich:

Schematische Darstellung

S extern	O-Variable	Problem-verhalten	Konsequenzen
z.B. sieht ein Paar **S intern** Gedanke: „wie schön es wäre mit ..."	vegetative Labilität durch mangelnden Schlaf und mangelhafte Ernährung	**R kogn.**: „Ich weiß nicht, wie ich ohne ihn leben soll." „Ich kann niemandem mehr trauen." „Ich kann nicht weiterleben." etc. **R phys.**: Herzklopfen, Zittern **R emot.**: Angst, Verzweiflung, Traurigkeit **R mot.**: raucht eine Zigarette nach der anderen	**C-**(kurz) ißt nicht und schläft nicht **C+**(kurz) Zuwendung durch besorgte Ärzte und Pflegepersonal **¢-**(kurz) Aufmerksamkeitsumzentrierung weg von der Trennung auf den eigenen (körperlichen) Zustand. Dadurch muß sie den Trennungsschmerz nicht konfrontieren und kann die Illusion einer noch bestehenden Beziehung aufrechterhalten. **C-**(kurz) Verstärkerverlust durch soziale Isolation und Mangel an Aktivitäten **C-**(lang) Der Verlust wird nicht verarbeitet/dissoziierte Erfahrungen können nicht integriert werden **C-**(lang) permanente Angespanntheit **C-**(lang) Vermeidung (intimer) Männerkontakte

Die Vertikale Analyse sieht folgendermaßen aus:

Therapieziel

Bewältigung der akuten depressiven Symptomatik, Erlernen des besseren Umgangs mit sich selbst (unter anderem, sich zuzugestehen, Fehler machen zu dürfen), der zukünftigen depressiven Krisen vorzubeugen und die Lebensqualität der Patientin zu erhöhen. Entwickeln von Beziehungsfähigkeit jenseits der Dichotomie symbiotische Verschmelzung - Beziehungslosigkeit.

Während der ersten Sitzungen macht die Patientin einen sehr kooperativen Eindruck. Sie erscheint intelligent und erledigt die ihr aufgetragenen Hausaufgaben sehr gründlich, möglicherweise auch aufgrund ihrer inneren Regel „sei eine gute Repräsentantin Deines Landes". Sie bezeichnet sich als „westernized and not fitting into Japan", so daß die berechtigte Annahme besteht, daß die kulturell verwurzelten Werte und Normen mit therapeutischer Hilfe infragegestellt werden könen und passendere, neue Kognitionen erlernt werden können.

Behandlungsplan

Entwicklung einer Tagesstruktur und Aktivitätenplanung für den Aufenthalt in der Klinik, aber auch nach ihrer Entlassung. Aktivitätstagebücher (Wochenpläne).

Tagesprotokolle dysfunktionaler Gedanken und kognitives Neubenennen.

Selbstbeobachtung in sozialen Situationen, eventuell Aufbautraining für soziale Kompetenz.

Therapieverlauf

Es gelang relativ schnell, mit der Patientin eine tragfähige therapeutische Beziehung aufzubauen. Bereits in der ersten Sitzung konnte ihr der Zusammenhang von Aktivität und depressiver Verstimmung vermittelt werden. Es wurde ein vorläufiger Aktivitätenplan aufgestellt, der vorsah, daß sie aus dem Bett aufstand, an Gymnastik und Beschäftigungsthera-pie teilnahm etc. Sie wurde gebeten, das extensive Grübeln, das sie in der Regel acht bis zwölf Stunden am Tag betrieb, auf eine Stunde zu reduzieren, dies aber in dieser einen Stunde massiv zu betreiben. Ansonsten solle sie Gedankenstops anwenden, wenn sie sich dabei beobachten sollte, außerhalb der reduzierten Zeit zu grübeln (Stimuluskontrolle, Symptomverschiebung).

Die Patientin war in der Lage, diese Vorgehensweise einzuhalten, und blühte innerhalb von drei Tagen regelrecht auf, so daß ihr der betreuende Arzt erlaubte, eine Nacht zuhause in der Wohnung zu verbringen und am nächsten Tag erst um 10 Uhr in die Klinik zurückzukommen. Die Patientin erschien jedoch bereits um 8 Uhr in einem verzweifelten Zustand. Es konnte dann exploriert werden, daß sie geträumt hatte, daß ihr Freund wieder zu ihr zurückkommen könnte. Daraufhin hatte sie ihn in den USA angerufen, bevor sie nach Hause ging, und dabei mitbekommen, daß sich die neue Freundin in der Wohnung befand. Er habe ihr auch gesagt, daß er sie nicht mehr liebe. Sie habe dann zuhause wieder eine Zigarette nach der anderen geraucht, nichts gegessen, nicht geschlafen und zwanghaft gegrübelt ... . Wir vereinbarten daraufhin, daß sie beim nächsten Impuls, ihn anzurufen, vorher mit einer Freundin telefonieren solle, bevor sie diesen Impuls in die Tat umsetzt, und daß sie das Rauchen nur noch als Verstärker einsetzen solle. Zwar hielt sich die Patientin an diese Abmachung, jedoch kamen statt dessen Anrufe von ihrem Freund in die Klinik, die wiederum depressive Einbrüche bewirkten.

Mit Hilfe der Technik des Sokratischen Dialogs arbeiteten wir an den Kognitionen: „I promised to stay with him. I would die for him. Even if he abused (beat) me, I would stay with him. If my husband dies one day after marriage I won't ever marry again." (typisch östliche Haltung).

Zum Zeitpunkt der Entlassung aus der Klinik hatte sich die Patientin so weit stabilisiert, daß sie einen einwöchigen Erholungsurlaub bei ihrer Familie in Japan verbrachte. Während dieses Aufenthaltes erzählte sie der Familie kein Wort über sich bzw. die gescheiterte Beziehung zu ihrem Freund. Erst ca. vier Wochen später, als sie sich erneut in Japan aufhielt, war sie dazu in der Lage. Sie stellte mit Verwunderung fest, daß die Eltern sie nicht in irgendeiner Form bestraften.

Mit der Bearbeitung und Veränderung der Kognition „Alone, being on my own, I can't live." hin zu „I guess I can live." und „I even can live quite well on my own." schien die Integration der Verlusterfahrung und die Gesundung letztlich einherzugehen. Die Patientin nahm ihre Arbeit als Stewardess wieder auf und kam gut zurecht.

Der Erfolg dieser kognitiven Verhaltenstherapie wird auch in den Summenwerten des wöchenlich erhobenen BDI deutlich.

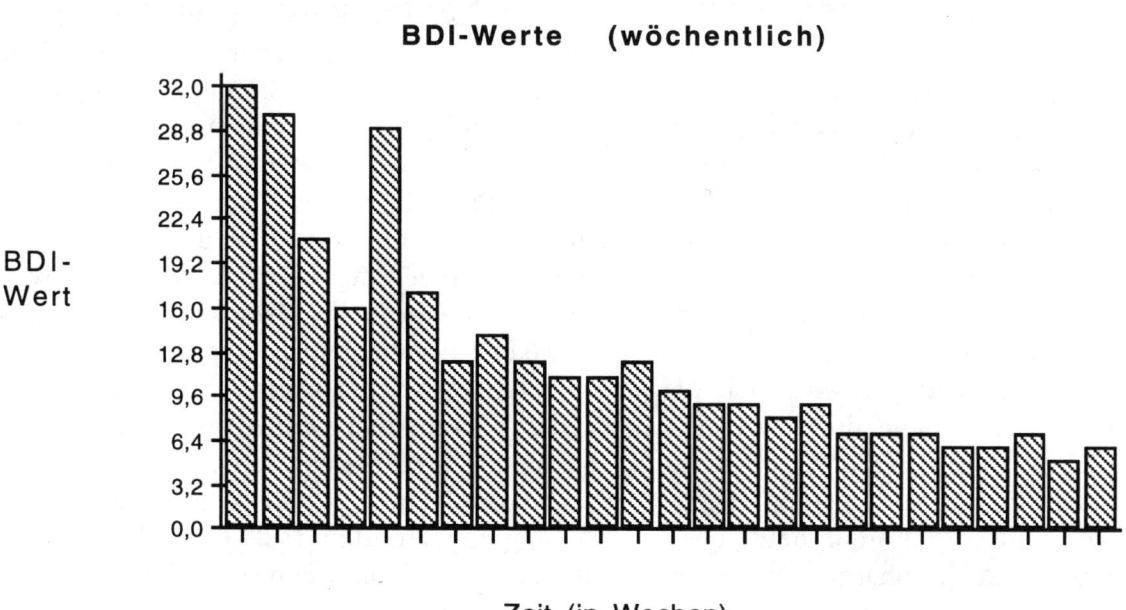

III. Stand der Therapieforschung

Es liegt erst einige Jahre zurück, daß die ersten Therapieerfolgsstudien unter Berücksichtigung psychotherapeutischer Methoden bei depressiven Patienten publiziert wurden (McLEAN et al. 1973). Dort wurde die Wirksamkeit von verhaltenstherapeutischer Einzel und Paartherapie mit einer offenen (meist medikamentösen) Kontrollbehandlung durch einen Arzt untersucht. Seit diesem Beginn hat sich die Zahl der Erfolgsstudien deutlich erhöht, bleibt jedoch noch leicht überschaubar.

RUSH et al. (1977) verglichen an einer ambulanten Patientengruppe, die anhand der Forschungsdiagnosekriterien relativ operational durch die Diagnose einer „Major Depressive Disorder" definiert waren, eine klar umschriebene Form der Psychotherapie („Kognitive Verhaltenstherapie") mit einem bewährten Antidepressivum („Imipramin").

Zur großen Überraschung erwies sich die Kognitive Verhaltenstherapie der Pharmakotherapie überlegen. Dieses Ergebnis konnte inzwischen mehrfach repliziert werden. Dabei wurden sowohl die psychotherapeutischen Maßnahmen, als auch die pharmakologischen Substanzen und Dosierungen variiert, ohne daß dies an dem ursprünglichen Ergebnis etwas änderte.

Metaanalysen der Effektstärke von verhaltenstherapeutischer Psychotherapie und trizyklischer Pharmakotherapie bei unipolar depressiven Patienten (aufgrund der bis 1980 vorliegenden Literatur) kommen zu dem Schluß, daß beide Interventionsformen allen bislang verwendeten **Kontrollbedingungen überlegen** sind. Die Unterschiede zwischen Antidepressiva und Verhaltenstherapie sind gering. Die Kombination aus beiden Behandlungsformen scheint einen zusätzlichen Vorteil zu bringen (SMITH, GLASS, MILLER 1980, MILLER und BERMAN 1983). Die Kombination pharmakologischer und psychologischer Therapie für die Behandlung depressiver Störungen wird, unabhängig von diesen mathematischen Analysen häufig als die Therapie der Wahl vorgeschlagen (WEISSMAN 1979) und dürfte in der Praxis ein häufig verwendetes Verfahren darstellen. Dabei spielen weniger die wissenschaftlichen Wirknachweise eine Rolle, als die Erfahrung vieler Praktiker, daß Patienten (nicht nur die depressiven Patienten) eher dem jeweils Behandelnden „treu bleiben" (Compliance zeigen), wenn sie psychotherapeutisch mitbetreut werden.

Die vorliegenden wissenschaftlichen Untersuchungen erfolgten fast ausschließlich an ambulanten, unipolar depressiven Patienten. Dabei dürfte der „neurotische" Typus überwiegen und die Mehrzahl der Patienten waren Frauen (WEISSMAN et al. 1976, 1979, 1981; DIMASCIO et al. 1979; ROUNSAVILLE et al. 1981; COVI et al. 1974; FRIEDMAN 1974; WILSON 1982; ROTH et al. 1982; BELLACK et al. 1981; BLACKBURN et al. 1981; MUR-

PHY et al. 1984). Die Studien, die als experimentelle Variable die kombinierte Behandlung aus Verhaltenstherapie und Pharmakotherapie umfaßten, sind in der Minderzahl, so daß das in der Praxis recht übliche Vorgehen bislang zu wenig abgesichert ist.

In den Untersuchungen der Gruppe um WEISSMAN wurde eine in der SULLIVANschen Tiefenpsychologie begründete „Interpersonelle Psychotherapie" eingesetzt. Die Vergleichsbedingungen waren entweder Amitriptylin, die Kombination aus beiden oder eine „Behandlung wie üblich" (bei Bedarf kurze Arztgespräche zu den Medikamenten). Unipolar depressive Patienten wurden einer 16wöchigen Behandlung unterzogen.

Die zahlreichen Analysen dieser Studie verweisen neben gleich guten Ergebnissen aller aktiven Behandlungmaßnahmen auf differentielle und additive Effekte von Pharmakotherapie und Psychotherapie. Während sich für die Antidepressiva zeitlich frühe Effekte auf vegetative Symptome der Depression (z.B. Schlaf- und Appetitstörungen) nachweisen ließen, zeigten die psychologischen Maßnahmen bei der somatischen Symptomatik verzögerte Effekte, die jedoch letztlich gleich groß waren und zudem auf der affektiven, sozialen und kognitiven Symptomebene der Depression Vorteile erbrachten. Der Vorteil der Kombinationsbehandlung lag in der deutlichen Verringerung der „Abbrecherquote" (30% gegenüber 52% bei der pharmakologischen Bedingung und 70% in der „Behandlung wie üblich"). Ferner akzeptierten zu Beginn der Behandlung deutlich mehr Patienten (96%) eine Kombinationsbehandlung.

Trotz der aus diesen Ergebnissen häufig getroffenen Folgerung, daß für unipolar depressive Patienten die Kombination aus medikamentöser und psychotherapeutischer Behandlung die Methode der Wahl darstelle, gibt es dazu auch widersprüchliche Befunde. BELLACK et al. (1981) verglichen bei depressiven Frauen vier Behandlungsmöglichkeiten: Amitriptylin alleine oder in Kombination mit Verhaltenstherapie, ferner letztere in Kombination mit Placebomedikation (Doppelblindbedingung) und eine unspezifische Psychotherapie plus Placebogabe.

Nach 12 Wochen erwiesen sich alle Behandlungsbedingungen statistisch erfolgreich. Unterschiede ergaben sich bei den Abbruchquoten. Dort schnitt die Pharmakotherapie deutlich schlechter ab (56% zu 24% bei der Verhaltenstherapie).

Den Autoren gelang es außerdem zu zeigen, daß aktive Pharmakotherapie hemmend auf die Verhaltenstherapie wirkt. Die Verhaltenstherapie (plus Placebogabe) lag mit knapp 71% deutlich gebesserter Patienten nahezu doppelt so hoch wie die Amitriptylinbehandlung.

Dieser Befund möglicher inhibierender Effekte antidepressiver Medikation auf psychotherapeutische Maßnahmen konnte in drei weiteren Studien nicht gefunden werden (WILSON 1982, ROTH et al. 1982, BLACKBURN et al. 1981). Ein spezifischer Vorteil der Kombinationsbehandlung konnte auch nicht gefunden werden. Jedoch zeigte sich wieder ein schnelleres Ansprechen und damit eine frühere Besserung der somatischen Symptomatik der Depression bei Gabe von Antidepressiva während den ersten vier Behandlungswochen.

In der inzwischen „klassisch" zu nennenden ersten Studie dieser Art von RUSH et al. (1977) wurde die kognitive Verhaltenstherapie mit Imipramin bei ambulanten Patienten mit einer unipolaren, chronifizierten Depression verglichen. Beide Behandlungsmaßnahmen führten zu einer bedeutsamen Reduktion der depressiven und ängstlichen Symptomatik. Kognitive Verhaltenstherapie führte jedoch bei 79% der Patienten zu einer erheblichen Besserung bzw. vollständigen Remission, während dies nur 23% der Pharmakopatienten in dem 12wöchigen Untersuchungszeitraum schafften. Die Abbrecherquote war bei der Pharmakotherapie 36%, bei der Verhaltenstherapie nur 5%.

Im Katamnesezeitraum von insgesamt 12 Monaten war die Rezidivrate bei der Verhaltenstherapie 16%, während diese bei der Pharmakotherapie 68% erreichte (KOVACS et al. 1981). In einer neueren Arbeit von MURPHY et al. (1984) konnten die bislang berichteten Ergebnisse, auch bei Verwendung von Nortriptylin und wiederum für die Einjahreskatamnese (SIMON et al. 1984) bestätigt werden. Auch die Ergebnisse von TEASDALE et al. (1984), die zusätzlich Patienten aus Allgemeinarztpraxen und eine Vielzahl von Antidepressiva (nach Wahl und Urteil des Arztes) berücksichtigten, demonstrieren die Vorteile der kognitiven Verhaltenstherapie.

RÖTZER-ZIMMER et al. (1984, 1985) verglichen an einer Gruppe ambulanter Patienten mit der Diagnose einer neurotischen Depression kognitive Verhaltenstherapie und Pharmakotherapie (Amitriptylin oder Maprotilin) mit einer psychiatrischen Kontrollgruppe, die wie üblich behandelt wurden. Verhaltenstherapie und die Kombinationsbehandlung erbrachten vergleichbare Erfolge, die auch nach einem Jahr Katamnese noch voll erhalten blieben. Der Responderanteil lag bei 62 Prozent.

DeJONG et al. (1980, 1986) sind bislang die einzigen, die stationär behandelte depressive Patienten in einer Studie zur Wirksamkeit verschiedener Komponenten der kognitiven Verhaltenstherapie berücksichtigt haben. Insgesamt zeigte sich dabei, daß die Patienten bei Anwendung sowohl kognitiver als auch rein verhaltenstherapeutischer Interventionen die deutlichsten Verbesserungen zeigten.

HAUTZINGER et al. (1984, 1985, 1987) untersuchten anhand mehrerer experimenteller Einzelfallstudien Veränderungsverläufe bei depressiven Patienten, die alle mit kognitiver Verhaltenstherapie behandelt wurden.

Neben dem erneuten Nachweis der Überlegenheit der kognitiven Verhaltenstherapie im gruppenstatistischen Vergleich zeigten die einzelfallstatistischen Auswertungen eine große Variabilität hinsichtlich des Zeitpunktes, zu dem eine statistisch und klinisch bedeutsame Besserung der depressiven Symptomatik eingetreten ist.

Mit Ausnahme von GALLAGHER et al. (1984, 1987), sowie einigen weniger spezifischen Arbeiten in neuerer Zeit (vgl. HAUTZINGER 1986) liegen bislang keine empirischen Arbeiten zur Wirksamkeit der kognitiven Verhaltenstherapie bei älteren Menschen (über 60 Jahren) mit einer Depression vor. Die Studie von GALLAGHER et al. zeigte jedoch, was andere Autoren aufgrund persönlicher Erfahrungen bestätigen (vgl. BERGER und KARK 1986): Höheres Lebensalter stellt keine Kontraindikation für die Anwendung dieser Verhaltenstherapie dar. Es sind vielmehr ganz entsprechende Erfolge bei der Depressionsbehandlung dieser Patientengruppe zu erwarten.

Neuere Ergebnisse und aktuelle Befundlage

Inzwischen liegen Erfahrungen und Ergebnisse mit dem hier vorgestellten Programm an mehreren hundert depressiven Patienten vor. Die Patienten erfüllten alle das Kriterium einer schweren depressiven Erkrankung (BDI und Hamilton Werte über 20 Punkte) und litten entweder an einer Major Depression Melancholie Subtyp (N = 155), einer Major Depression mit wiederholenden bzw. chronischen Erkrankungsphasen oder einer Dysthymie (N = 191). Es wurden sowohl stationäre als auch ambulante Patienten behandelt. Die berücksichtigte Altersspanne der Patienten reichte von 18 bis 65 Jahren. Durch eine über acht bis zehn Wochen gehende Therapie, mit zwei bis drei Einzelkontakten pro Woche konnte die depressive Symptomatik deutlich reduziert werden. Von Eingangswerten auf dem BDI zwischen 29 und 32 Punkten bzw. Hamilton Skalenwerten von 24 bis 30 Punkten reduzierten sich die Depressionswerte auf ein als klinisch unauffällig zu bezeichnendes Niveau zwischen 8 und 12 Punkten in beiden Instrumenten (vgl. DeJONG-MEYER, HAUTZINGER, STRAUSS und RUDOLF, 1992; HAUTZINGER, DeJONG-MEYER und TREIBER, 1992). Die Kognitive Verhaltenstherapie war dabei mit den durch ein Antidepressivum in Kombination mit regelmäßigen, unterstützenden, beratenden Arztgesprächen zu erzielenden Effekten vergleichbar. Interessanterweise erweist sich die Kombination aus Kognitiver Verhaltenstherapie und Antidepressivum als nicht überlegen. Die Anwendung der Kognitiven Verhaltenstherapie im stationär psychiatrischen Rahmen gelingt nach unseren Erfahrungen gut und die dabei zu erzielenden Effekte sind indentisch zu den bei ambulanten Patienten. Eine Zusammenstellung der Hauptergebnisse findet sich in dem Themenheft „Depression" (Hautzinger und deJong-Meyer, 1996) der *Zeitschrift für Klinische Psychologie*.

Für Patienten mit einer nicht-endogenen, unipolaren Depression erwies sich die kognitive Verhaltenstherapie kurzfristig der Pharmakotherapie als ebenbürtig. Längerfristig (ein Jahr Katamnese) führte die Pharmakotherapie zu mehr Rückfällen und Symptomverschlechterung, während die Verhaltenstherapie allein oder in Kombination mit dem Medikament die Erfolge halten konnte (siehe Abbildung).

Die berichteten Ergebnisse sind eindeutig und robust. Sie stärken allein schon in dieser Form die Rolle der kognitiven Verhaltenstherapie bei einer angemessenen, patientengerechten Depressionsbehandlung. Gibt es dennoch weitere Argumente für eine, vor allem auch kurzfristige Überlegenheit der kognitiven Verhaltenstherapie gegenüber der Pharmakotherapie bei unipolaren, nicht-endogenen Depressionen? In Übereinstimmung mit Grawe (1996) läßt sich dies u. a. aus folgenden Gründen bejahen:

1. Die Pharmakotherapie produziert deutlich mehr und sehr viel früher Therapieabbrecher als die Verhaltenstherapie oder die Kombinationstherapie.

Über den gesamten Studienzeitraum (Behandlungsphase und Katamnese) brachen bei der Pharmakotherapie 41%, bei der kognitiven Verhaltenstherapie 23% und bei der Kombinationstherapie 27% die Behandlung bzw. die Studienteilnahme ab. Grawe reklamiert, daß diese Abbrecherraten unverhältnismäßig hoch seien, was möglicherweise auf „eine schlechte Qualität der Therapiebeziehung" bei den durchgeführten Verhaltenstherapien zurückgehen könnte. Bedingt durch die Anlage der Studie liegen leider kaum (objektivierte) Informationen über die Qualität der therapeutischen Beziehung vor. Die wenigen Informationen, die dazu erhoben wurden (vgl. Fußnote 1, Hautzinger & deJong-Meyer, 1996, S. 87) sind noch nicht endgültig ausgewertet. Es ist jedoch mein Eindruck (aus der Supervision, den Bandmitschnitten der Sitzungen und den zentralen Trainings), daß die Verhaltenstherapie auf hohem Niveau, von gut trainierten und zur Gestaltung einer positiven Beziehung fähigen Therapeuten verwirklicht wurden.

Der „negative Spitzenwert" bei den berichteten Abbrecherraten kommt dadurch zustande, daß wir zunächst alle in die Studie aufgenommenen Patienten, die irgendwann in der Behandlungs- oder Katamnesephase die Mitarbeit verweigerten, als Abbrecher zählten. Legt man nur die achtwöchige Behandlungsphase zugrunde, dann ergeben sich für die Pharmakotherapie 30,2% (19 von 63 Patienten), für die kognitive Verhaltenstherapie 10,6% (7 von 66 Patienten) und für die Kombinationstherapie 12,9% (8 von 62 Patienten). Diese Zahlen liegen durchaus im Rahmen der internationalen Psychotherapiestudien und zeigen, daß auch bei dieser Berechnung die Anwendung von Verhaltenstherapie deutlich mehr Patienten erreicht und in der Behandlung hält als die Pharmakotherapie.

Interessant ist der Zeitpunkt des Abbruchs der weiteren Mitarbeit für jede der drei Behandlungsbedingungen zu analysieren. Die Patienten in der Pharmakotherapie brachen vor

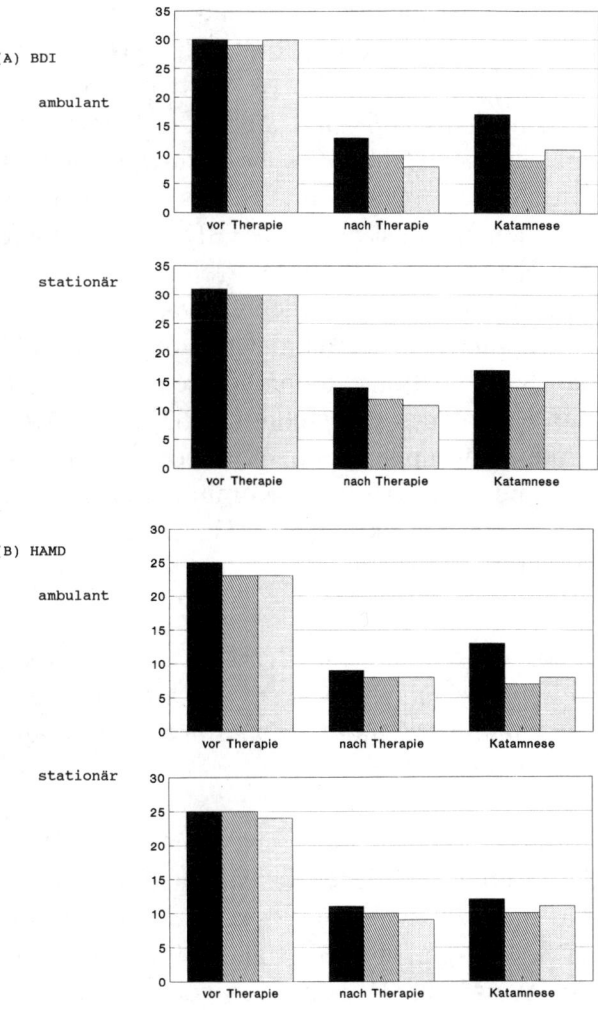

allem in den ersten drei Wochen nach Behandlungsbeginn ab. Im Mittel erfolgte in dieser Gruppe ein Abbruch zum Tag 35 nach Randomisation. Bei der Kombinationsbehandlung liegt der mittlere Zeitraum bis zu einem Abbruch bei Tag 44 nach Randomisation.

Die Abbrüche in der Gruppe der kognitiven Verhaltenstherapie liegen in der Regel erst nach Therapieende, also im Nachkontrollzeitraum. Im Mittel erfolgte bei der Verhaltenstherapie ein Abbruch zum Tag 74 nach Randomisation. Diese Patienten waren nach erfolgter Therapie (Endpunkt liegt bei Tag 56) nicht länger für die zahlreichen Befragungen und Nachuntersuchungen zu motivieren.

2. Durch kognitive Verhaltenstherapie werden deutlich mehr Patienten statistisch und klinisch signifikant gebessert.

Unter Anwendung des „Reliable Change Index" (vgl. Hautzinger et el., 1996a S. 136 bis 137) werden durch die Antidepressiva 58 bis 79%, durch kognitive Verhaltenstherapie bis zu 62 bis 89% und durch die Kombinationstherapie 67 bis 92% der Patienten gebessert. Unter Anwendung eines international üblichen Erfolgskriteriums (BDI > 10 Punkte und HAMD < 10 Punkte) erreichen zu Therapieende 34% der Antidepressivagruppe, 41% der kognitiven Verhaltenstherapie und 48% der Kombinationstherapie diesen Grenzwert. Zur Katamnese unterschreiten 33% der Antidepressivagruppe, doch 49% der Verhaltenstherapie und 51% der Kombinationstherapie dieses Responsekriterium (Hautzinger et al., 1996a, S. 138).

3. In dem einjährigen Nachkontrollzeitraum weisen die mit kognitiver Verhaltenstherapie behandelten Patienten deutlich günstigere Verläufe auf.

Während der Katamnese wurden alle noch in der Studie verbliebenen Patienten monatlich u.a. mit dem Inventar Depressiver Symptome (IDS, vgl. Hautzinger et al., 1996b) beurteilt. Ein Wert von 21 oder weniger Punkten auf dieser Fremdbeurteilungsskala kann als klinisch noch nicht auffällig angesehen werden. In einer inzwischen durchgeführten Analyse legen wir dieses Kriterium an, um für jede der drei Behandlungsgruppen „Survival-Funktionen" (Rückfall-Kriterium: IDS-Wert > 21 Punkt irgendwann zu einer der 12 Meßpunkte) zu berechnen. Es zeigt sich, daß nur 45% der ursprünglich mit Antidepressiva behandelten Patienten, doch 75% der ursprünglich mit kognitiver Verhaltenstherapie behandelten und 65% der ursprünglich mit der Kombination aus Verhaltenstherapie und Pharmakotherapie behandelten Patienten während der Katamnese kein Rezidiv erlitten.

4. Das Studiendesign und die Begrenzung der Interventionsphase auf acht Wochen benachteiligt die kognitive Verhaltenstherapie.

Die Berücksichtigung des stationären Behandlungszeitrahmens zwang uns bei Planung der Studie dazu, die Behandlungszeit auf acht Wochen zu begrenzen. Diese Zeit ist, verglichen mit all den anderen Studien, mit Abstand die kürzeste. Entsprechend liegen die hier erzielten Endwerte der Haupt- und Nebenkriterien um einige Punkte höher, was eine ungünstige Voraussetzung für die Katamnese und den weiteren Verlauf darstellt. Es wurde ferner von verschiedenen Seiten überzeugend argumentiert (vgl. Hautzinger et al., 1996a, S. 142), daß für die optimale Entfaltung der therapeutischen Möglichkeiten der kognitiven Verhaltenstherapie gerade bei depressiven Patienten ein längerer Zeitraum (vier bis sechs Monate), bei gleicher Menge an Therapiekontakten, benötigt wird. Über den Erfolg einer Pharmakotherapie wird i.d.R. bereits nach vier, spätestens nach sechs Wochen entschieden. Die Symptomreduktion sollte bis zu diesem Zeitpunkt erfolgt sein, so daß, wie in unserer Studie, der Zeitraum von acht Wochen für die Pharmakotherapie völlig ausreichend ist.

5. Die Anwendung von Verhaltenstherapie führt zu besserer Toleranz der antidepressiven Medikation.

Auch wenn die Unterschiede zwischen der reinen Verhaltenstherapie und der Kombinationstherapie gering waren, so ist doch auffallend, daß durch die Hinzufügung von Verhaltenstherapie zu einer pharmakologischen Behandlung deren Akzeptanz erhöht wird, die Klagen über Nebenwirkungen zurückgehen und weniger Patienten diese Behandlung frühzeitig abbrechen (vgl. Hautzinger et al., 1996a, S. 140).

Bei endogen depressiven Patienten (insbesondere unter ambulanter Versorgung) führt die Kombination von Medikament und kognitiver Verhaltenstherapie längerfristig zu besseren Erfolgen als die Pharmakotherapie allein (deJong-Meyer et al. 1996). Inzwischen liegen erste Erfahrungen (Thase et al., 1996) dahingehend vor, daß offensichtlich auch bei dieser besonderen Patientengruppe die kognitive Verhaltenstherapie alleine gute Erfolge erbringt.

Stellt man unsere Ergebnisse neben aktuelle internationale Befunde (ELKIN et al., 1989; MILLER et al., 1989; HOLLON et al., 1991, McLEAN, 1991; REUS et al., 1991), dann ist die Befundlage erfreulich einheitlich und positiv. Die kognitive Verhaltenstherapie hat sich bei der Behandlung depressiver Erkrankungen unterschiedlichster Subtypen durchweg bewährt und stellt – aus unserer Sicht – eine wirkungsvolle Alternative zur pharmakologischen Antidepressivabehandlung dar. Hautzinger (1993) sowie Jarrett und Rush (1994) stellen in einer zusammenfassenden Übersicht aktueller Studien heraus, daß die kognitive Verhaltenstherapie inzwischen mit Wartekontrollgruppen, reiner Verhaltenstherapie, Gestalttherapie, psychodynamischer Therapie, Pharmakotherapie und Placebotherapie verglichen wurde und sich dabei als gleich wirksam oder überlegen erwiesen hat (siehe Tabelle). Auch die Kombination der kognitiven Verhaltenstherapie mit antidepressiven Medikamenten resultierte meist in vergleichbaren bzw. deutlicheren Effekten (siehe Tabelle).

(I)	Kognitive Verhaltenstherapie verglichen mit:	KVT-Ergebnis besser	gleich	schlechter
	Placebomedikation	0	1	0
	Wartekontrollgruppe	8	2	0
	Unspezifische Therapie	0	2	0
	Interpersonale Psychotherapie	0	1	0
	Psychodynamische Therapie	2	2	0
	Pharmakotherapie	2	5	0
	Reine Verhaltenstherapie	1	4	0
	Gestalttherapie	0	1	0

(II)	Kombination aus KVT und Antidepressiva:	Kombinationsergebnisse besser	gleich	schlechter
	Placebomedikation	0	1	0
	Wartekontrollgruppe	1	0	0
	Kognitive Verhaltenstherapie	1	6	0
	Psychodynamische Therapie	1	0	0
	Pharmakotherapie	3	3	0

Indikation zur kognitiven Verhaltenstherapie

Versucht man die bisherigen Erfahrungen und empirischen Befunde in einige Indikationsregeln zusammenzufassen, dann gilt:

1. Depressive Störungen, die eher lebensgeschichtlich bedingt, von reaktiver oder chronischer Natur sind oder bei denen Angsterleben vorherrscht, stellen die typischen Indikationen für die im folgenden beschriebene kognitive Verhaltenstherapie dar.
2. Die Diagnose einer „endogenen Depression" stellt keine Kontraindikation dar. Nach allen bisherigen Befunden (in jüngerer Zeit z.B. in einer großen Studie des NIMH, vgl. ELKIN et al. 1989) erweist sich die Berücksichtigung der „Melancholiekriterien" nach dem DSM III als unbedeutender Prädiktor des Behandlungserfolgs sowohl bei Pharmakotherapie als auch bei Psychotherapie. Vielfach wird jedoch aus ethischen Gründen betont, daß einem Patienten mit einer endogenen Depression eine pharmakologische Behandlung nicht vorenthalten werden darf. Hier empfiehlt sich daher eine Kombinationsbehandlung.
3. Höheres Lebensalter, mangelnde geistige Beweglichkeit oder unterdurchschnittliche Intelligenz stellen ebenfalls keine Anwendungshindernisse dar. Hier liegt es vielmehr am Therapeuten, wie es ihr/ihm gelingt, Zugang zu dem jeweilgen Patienten zu finden und das vorliegende Programm entsprechend anzupassen.
4. Die Anwendung des im folgenden beschriebenen verhaltenstherapeutischen Vorgehens ist nicht auf die ambulante Behandlung oder die Einzeltherapie begrenzt. Wir selbst (vgl. DeJONG et al. 1980, HAUTZINGER 1985) und verschiedene andere Kliniker (vgl. WOLFERSDORF et al. 1985) haben mit vergleichbaren Ansätzen im stationären Rahmen und als Gruppentherapie gute Erfolge erzielt.
5. Bei pharmakotherapieresistenten depressiven Patienten ist der Versuch mit kognitiver Verhaltenstherapie (durch einen erfahrenen Therapeuten) immer lohnend.
6. Ein besonderer zusätzlicher Wert der Verhaltenstherapie liegt in der Verringerung der Behandlungsabbrecher und der Verhinderung von Rezidiven bzw. dem Hinausschieben des depressiven Rückfalls. Daher sollte eine gute Depressionstherapie immer auch psychotherapeutisch („verhaltenstherapeutisch") sein.

IV. Verhaltensanalyse und Depressionsdiagnostik

1. Verhaltensanalyse

Die Verhaltensanalyse (HAUTZINGER 1981) ist das wichtigste diagnostische Verfahren in der Verhaltenstherapie. Sie stützt sich auf die Annahme, daß menschliches Verhalten durch die Lerngeschichte eines Patienten, durch ein teilweise daraus ableitbares Verhaltensrepertoire, durch situative Bedingungen und Konsequenzen des eigenen Verhaltens (für einen selbst und andere) und Kognitionen des Patienten bestimmt wird. Eine derartige Diagnostik zielt deshalb auch nicht darauf, relevante Informationen über die „Persönlichkeitsstruktur" eines Individuums zu erheben, von der traditionelle Diagnostiker annehmen, daß sie dem beobachtbaren Verhalten zugrunde liegt. Die Verhaltensdiagnostik dient vielmehr dazu, die Reaktionsweisen eines Patienten in unterschiedlichen Lebenssituationen zu erheben, problematisches Verhalten und dessen kontrollierenden Bedingungen zu beobachten und die Mittel, durch die dieses Verhalten geändert werden kann, zu beschreiben. In einer kurzen Übersicht lassen sich die wichtigsten Grundannahmen folgendermaßen darstellen:

Das Verhalten eines Patienten kann nur sinnvoll beschrieben werden, wenn gleichzeitig auch die situativen und kognitiven Bedingungen genannt werden (funktionaler Zusammenhang zwischen Verhalten, Gedanken und Situation). Verhaltensstörungen eines Patienten haben eine Lerngeschichte: Sie sind in der Vergangenheit durch auslösende und kontingente (Verstärker–) Bedingungen entstanden und werden gegenwärtig durch dieselben oder neue Bedingungen ausgelöst und aufrechterhalten. Verschiedene Personen reagieren auf gleiche situative Bedingungen nicht notwendigerweise auch identisch. In Abhängigkeit von der individuellen Lerngeschichte des Einzelnen entscheidet sich, welche Komponenten einer Situation für einen Patienten unter den gegebenen äußeren Rahmenbedingungen wirksam sind.

Das Verhaltensrepertoire eines Patienten läßt sich nicht beliebig erweitern. Patient und Therapeut werden folgende Variablen bei der Therapieplanung berücksichtigen müssen: Biologische und soziale Faktoren, intellektuelle Fähigkeiten, die Verstärkungsgeschichte von Verhaltensweisen, die Normen der Gruppe, zu der ein Patient zählt. Nur innerhalb dieser Begrenzungen können Therapieziele sinnvoll bearbeitet und aus einer verhaltenstherapeutischen Diagnostik abgeleitet werden.

Die Ergebnisse einer Verhaltensdiagnose werden als Hypothesen formuliert. Sie gelten erst dann als bestätigt, wenn sich der erwartete Therapieerfolg einstellt, wenn sich also das Verhalten in die erwünschte Richtung verändert. Tritt der erwartete Erfolg nicht ein, müssen die Hypothesen über die funktionale Beziehung zwischen „Symptom" und „Umweltreizen" erneut überprüft, gegebenenfalls verändert werden.

Diese Punkte machen deutlich, wie wichtig ein individualisiertes Vorgehen ist: Wenn nämlich Probleme (Verhaltensstörungen) eines Patienten als Reaktionen angesehen werden, die unter gewissen Bedingungen gelernt und durch bestimmte innere und äußere Reize aufrecht erhalten werden, muß für jeden Patienten und unterschiedliche Verhaltensweisen eine eigene Verhaltensanalyse erstellt werden.

In diese Analyse sollten in jedem Fall immer psychologische, biologische, intellektuelle, sozioökonomische und soziale Faktoren als potentiell bedeutsame Variablen eingehen. Leitfaden der Verhaltensanalyse kann das eingangs dargestellte theoretische Modell der Depression sein. Eine solche Konzeption macht außerdem deutlich, daß die üblichen diagnostischen Methoden zur Erfassung des Patientenverhaltens ungenügend sind, weil sie in der Regel die Bedingungen nicht beschreiben, unter denen dieses Verhalten auftritt.

Verhaltensdiagnostische Verfahren zur Informationsgewinnung umfassen im wesentlichen:
1. Die Beobachtung von Patienten in natürlichen Situationen.
2. Das Herstellen von experimentellen Analogien natürlicher Situationen im Rollenspiel.
3. Das Auswerten von Berichten des Patienten über seine Reaktionen in gegebenen Situationen.
4. Das Auswerten von Berichten wichtiger Bezugspersonen, die Auskunft über bestimmte Reaktionsweisen des Patienten geben.
5. Standardisierte Testverfahren (z.B. zur Bestimmung des intellektuellen Niveaus oder später noch zu nennende Befindens und Symptommaße).

Plan für die Informationserhebung

1. Analyse des aktuellen Verhaltens.
2. Analyse der problematischen Situation.
3. Motivationsanalyse.
4. Selbstkontrollanalyse
5. Analyse der sozialen, kulturellen und physikalischen Umwelt.

Als entscheidendes Kriterium für eine gute Verhaltensanalyse gilt die Fähigkeit des Diagnostikers, sich bei der Datenerhebung auf die wesentlichen Informationen beschränkt zu haben, die zur Beantwortung folgender Fragen notwendig sind:

1. Welche Verhaltensweisen und intern ablaufenden Prozesse bedürfen einer Veränderung in Auftretenshäufigkeit, Dauer oder Intensität?
2. Unter welchen Bedingungen wurde dieses Verhalten erworben und wodurch wird es momentan bedingt?
3. Durch welche Maßnahmen können die angestrebten Veränderungen am besten bewirkt werden? Diesen drei Fragestellungen entsprechen die diagnostischen Schritte der (1) Zielanalyse, (2) funktionalen Verhaltensanalyse und der (3) Therapieplanung. Im folgenden werden nun die fünf genannten Analysebereiche ausführlicher dargestellt.

Analyse des aktuellen Verhaltens

(a) Verhaltensexzesse: Verhalten, das wegen der Dauer, Intensität oder Häufigkeit seines Auftretens vom Patienten und/oder von Personen seiner Umgebung als störend empfunden wird. Bei depressiven Personen sind oft Steigerungen des klagenden, weinerlichen, hilfesuchenden Verhaltens zu beobachten. Ein anderer Bereich exzessiven Verhaltens sind Äußerungen der Hoffnungslosigkeit, des Pessimismus, der negativen kognitiven Überzeugungen und viele Befürchtungen.

(b) Verhaltensdefizite: Verhaltensweisen werden als problematisch beschrieben, weil sie nicht mit ausreichender Häufigkeit, Intensität oder in angemessener Form auftreten. Beispiele dafür sind Rückzugsverhalten, Passivität, Nichtbeteiligung an sozialen Aktivitäten, sowie fehlende Initiative. Dabei kann ein grundlegender Mangel an Fertigkeiten, an Bewältigungs-, Arbeits- bzw. Freizeitverhalten zugrunde liegen. Bei depressiven Patienten ist jedoch recht häufig eher eine Hemmung bzw. das Fehlen adäquater Verhaltensauslöser für die Verhaltensdefizite verantwortlich.

(c) Unproblematisches Verhalten: Verhalten, das dem Patienten keine Schwierigkeiten bereitet, als angemessen erlebt wird oder Verhalten, bei dem sich spezielle Fähigkeiten und Talente beobachten lassen. Somit ein Verhaltensbereich, der nicht Gegenstand der

Veränderung, sondern Basis für Interventionen darstellen kann.

Beispielfragen:
Wie äußert sich das problematische Verhalten auf den unterschiedlichen Manifestationsebenen (motorisch, emotional, kognitiv, verbal, physiologisch)? Wie häufig (oder selten) tritt es auf? Mit welcher Intensität? Lassen sich bestimmte Intervalle oder Schwankungen im Verhalten beobachten? Wovon sind diese abhängig? Welche kurz– und langfristigen Auslöser bestimmen Verhaltensdefizite und –exzesse (welche Personen, Situationen, Gedanken)? Welche kurz– und langfristigen Konsequenzen ergeben sich daraus (positive Erfahrungen, z.B. erhöhte Zuwendung, Hilfe; negative Erfahrungen, z.B. Ablehnung, Verärgerung)? Wodurch genau wird das Verhalten des Patienten „symptomatisch"? Was ist daran für ihn selbst störend und belastend und was für seine Umgebung? Welche angemessenen Verhaltensweisen des Patienten lassen sich für die Therapie nützen?

Analyse der problematischen Situation

Folgende Fragen helfen, typische Reizbedingungen und Auslöser, vorausgehende Bedingungen und problematische Situationen zu erkennen:

Wie sahen die ursprünglichen Reizbedingungen (Auslöser, Stimulusbedingungen bei erstmaligem und wiederholtem Auftreten) aus? Ergeben sich Hinweise, die auf eine Reizgeneralisierung schließen lassen? Läßt sich die Symptomatik durch die Mechanismen des respondenten oder des operanten Lernens erklären? Wie genau?

Zur Bestimmung **auslösender und aufrechterhaltender Bedingungen** der aktuell vorliegenden depressiven Symptomatik gilt es außerdem, folgende Informationen einzuholen:

Ergaben sich für den Patienten Umweltveränderungen, die mit einem Verstärkerverlust, Verlust der Verstärkerwirksamkeit oder dem Verlust diskriminativer Reize (für operantes Verhalten) in Zusammmenhang gebracht werden können (Familie, Freunde, Beruf, Freizeit etc.)? Wenn positive Verstärker reduziert sind, welche Maßnahmen müßte der Patient dann ergreifen, um sie wieder zu erlangen? Lassen sich Alternativverstärker finden, die den Verlust kompensieren können? Hat die Umweltveränderung zu einer Zunahme aversiver Stimuli geführt? In welchen Lebensbereichen? Mit welchen Auswirkungen auf den Patienten? Welches Verhalten müßte der Patient initiieren, um die aversiven Stimuli zu reduzieren? Wie sehen die Verstärkerpläne aus, die das Verhalten des Patienten kontrollieren? Was kann er selbst tun, um die Kontrolle über sein Verhalten zu vergrößern (z.B. neues Verhalten erlernen)? Welche Bedingungen in seiner Umwelt müssen geändert werden, damit das Ausmaß an Fremdkontrolle abnimmt?

Bei der Analyse der problematischen Situation kommt es ganz wesentlich darauf an, die Symptomatik des Patienten als Interaktion von (Umwelt) Situation, Kognition und (Verhalten der) Person zu beschreiben. Bei dem hier vorliegenden Konzept einer kombiniert verhaltenstherapeutisch kognitiven Behandlung der Depression schließt die Analyse der Verstärkerbedingungen selbstverständlich auch die in einer Person intern ablaufenden gedanklichen Prozesse und Empfindungen mit ein. Sie gelten ebenfalls als positiv oder negativ zu bewertende Verstärker und müssen ebenfalls erhoben werden. Die Veränderung von Einstellungen und Empfindungen eines Patienten unterliegt in unserem Modell den gleichen Gesetzmäßigkeiten und führt zu ähnlichen Auswirkungen wie die Veränderung von Umweltbedingungen.

Motivationsanalyse

Zur Diagnostik der Motivationslage des Patienten bieten sich folgende Fragen an:

Welche Vorstellungen hat der Patient über die Ursachen seiner Erkrankung? Wie beurteilt er seinen eigenen Beitrag zur Therapie? Welche positiven Aspekte der Erkrankung könnten so bedeutend für ihn sein, daß sie die negativen Auswirkungen aufwiegen? Ist eine aktive Mitarbeit des Patienten an der Bestimmung und Erarbeitung von Therapiezielen zu erkennen? Oder ergeben sich Widersprüche zwischen verbal formulierten Therapiezielen und dem tatsächlichen Handeln?

Selbstkontrollanalyse

Hierunter versteht man die Versuche des Patienten, mit seinen Beschwerden alleine fertig zu werden.

Welche Erfahrung hat der Patient bislang mit Selbstkontrollversuchen gemacht? Worauf kann man in der Therapie aufbauen? Welche falschen Vorstellungen über Ausmaß, Form und Erfolgserwartungen von Selbstkontrollverfahren müssen revidiert werden? Unter welchen situativen Bedingungen, bei welchen Verstärkern und in Anwesenheit welcher Personen gelingt eine Selbstkontrolle? Wann gelingt sie nicht?

Analyse der sozialen, kulturellen und physikalischen Umwelt

Zur Analyse der sozialen Lebenswelt, der kulturellen Einflüsse, der Norm- und Wertvorstellungen, sowie der objektiven Lebenswelt bieten sich folgende Fragen an:

Welche Menschen sind für den Patienten wichtig?

Wie beeinflussen sie ihn und mit welchem Ziel?

Welche gegenseitigen Erwartungen ergeben sich (ausgesprochen oder unausgesprochen) aus der Interaktion zwischen dem Patienten und seinen Bezugspersonen?

Welche Hilfestellungen sind für die Therapie aus dem „sozialen Netzwerk" des Patienten zu erwarten?

Welche Normen herrschen im sozialen Milieu des Patienten bezüglich des symptomatischen Verhaltens, aber auch allgemein im Hinblick auf erstrebenswertes Verhalten und erwünschte Lebensbedingungen? Hat der Patient sich unterschiedlichen Normen anzupassen (z.B. Familie vs. Beruf)? Ergeben sich daraus Konflikte?

Welche Grenzen sind der Erarbeitung von Therapiezielen gesetzt: soziale, intellektuelle,

Zielerreichungsskalierung

Ziele	Arbeit, Beruf Ausbildung	Selbst- und Umweltorganisation	Freizeitaktivitäten	Sozialbereich: Partner, Familie, Freunde	Sozialbereich: Kontaktaufbau, Bekanntenkreis	Sozialbereich: nonverbale Fähigkeiten
kurzfristig (z.B. nächste Woche)						
mittelfristig (z.B. bis zum Therapie-Ende, ca 8 Wochen)						
langfristig (z.B. in 6-8 Monaten)						

Ziele	Bewertung der eigenen Person	Bewertung der Umwelt	Bewertung der Zukunft	Allgemeines Stimmungsniveau	Suizidalität	Medikamenten-, Alkohol-, Drogenmißbrauch
kurzfristig (z.B. nächste Woche)						
mittelfristig (z.B. bis zum Therapie-Ende, ca 8 Wochen)						
langfristig (z.B. in 6-8 Monaten)						

moralische, religiöse, sexuelle, berufliche, ökonomische oder körperliche (gesundheitliche)?

Der hier dargestellte Plan soll dem Therapeuten als Leitlinie dienen. Die Verhaltensanalyse wird nicht nur zu Beginn der Behandlung durchgeführt, sondern kann auch schrittweise, im Zusammenhang mit weiteren Interventionsschritten erstellt werden.

Zusätzlich umfaßt eine Verhaltensanalyse:
1. Erhebung einer **Grundrate** des spontan auftretenden symptomatischen (also depressiven) Verhaltens.
2. Verwendung des **Zielerreichungs**bogens, bei der Therapeut und Patient gemeinsam kurz-, mittel- und längerfristige Therapieziele formulieren. Diese Zielerreichungsbestimmung soll helfen, die angestrebten Veränderungen zu präzisieren, das therapeutische Vorgehen für den Patienten transparenter werden zu lassen und seine Therapiemotivation durch selbst gesetzte Ziele zu erhöhen.

2. Depressionsdiagnostik

Wie bereits mehrfach erwähnt, lassen sich bei dem depressiven Syndrom emotionale, motivationale, kognitive, somatische und motorische Symptome und Auffälligkeiten unterscheiden. Entsprechend dem Diagnostik und Statistik Manual (DSM III-R 1988) wird dann eine Depressive Erkrankung (**Major Depression**) diagnostiziert, wenn folgende Kriterien erfüllt sind:

Mindestens fünf der folgenden Symptome müssen während einer zweiwöchigen Phase gleichzeitig vorhanden sein.

Eines dieser Symptome muß entweder depressive Verstimmung oder der Verlust jeglichen Interesses und Freude sein.

Symptome, die auf physische Veränderungen, körperliche oder hirnorganische Veränderungen beruhen, bleiben unberücksichtigt (Ausschluß). Stimmungsinkongruente Realitätsverkennungen, Halluzinationen, Inkohärenzen im Denken oder andere formale Denkstörungen sind ebenfalls Ausschlußkriterien.

Weitere mögliche Symptome sind: 1. Depressive Verstimmung während der meisten Zeit des Tages; 2. Verlust des Interesses oder des Vergnügens und der Freude an nahezu allen Aktivitäten; 3. Gewichtsverlust oder Gewichtszunahme, ohne daß dies auf Diät oder Bulimie zurückzuführen ist; 4. Insomnia oder Hypersomnia; 5. psychomotorische Agitiertheit oder Retardierung; 6. Energielosigkeit und Müdigkeit; 7. Gefühl der Wertlosigkeit, Schuldgefühle; 8. Denk und Konzentrationsstörungen, Unentschlossenheit, Entscheidungsschwierigkeiten; 9. Todeswünsche, Selbstmordideen, Selbstmordversuch.

Dabei kann die Krankheit durch das Vorliegen folgender Zusatzkriterien (mindestens 5 gleichzeitig) so schwer sein, daß man von einer **Melancholie** (endogene Depression) spricht:

Über einen Zeitraum von ebenfalls zwei Wochen: 1. besondere Qualität der Stimmung oder pervasiver Verlust des Interesses und der Freude an allem; 2. Mangel an Reagibilität (auf positive Dinge); 3. Stimmung morgens am schlechtesten (Morgentief); 4. morgentliches Früherwachen (2 Stunden und mehr); 5. psychomotorische Retardierung; 6. Appetit- und Gewichtsverlust; 7. unauffällige (prämorbide) Persönlichkeit; 8. frühere depressive Phasen; 9. (früheres) Ansprechen auf Antidepressiva, Elektrokrampftherapie oder Lithium.

Sind die depressiven Symptome noch einfühlbar und (damit) weniger intensiv, doch dafür persistierend und chronisch, dann spricht man von einer **Dysthymie** oder einer neurotischen Depression. Für diese Diagnose ist das Vorliegen von zumindest zwei depressiven Symptomen über einen Zeitraum von zwei oder mehr Jahren erforderlich. Diese Symptome müssen dabei die meiste Zeit, ohne längere Unterbrechungen vorhanden gewesen sein und es darf in der Vergangenheit niemals eine Major Depression diagnostiziert worden sein.

Zur reliablen Erhebung dieser klinischen Bilder und diagnostischen Depressionskategorien haben sich in den letzten Jahren verschiedene strukturierte und standardisierte Interviews bewährt. Das aktuellste und sicherlich bislang am besten bewährte Instrument ist das „**Strukturierte klinische Interview für DSM III-R**" (SKID, WITTCHEN et al. 1987).

Ohne hier ausführlich auf die Vielfalt der zusätzlichen Vorschläge zur Erfassung depressiver

Symptome eingehen zu wollen (vgl. HAUTZINGER und HERRMANN 1981, SARTORIUS und BAN 1986), erscheint es im Rahmen der **Behandlungskontrolle** sinnvoll Selbstbeurteilungsskalen und Fremdbeurteilungen zu verwenden. Bei den Selbstbeurteilungsinstrumenten ist das BECK-Depressionsinventar (BDI, BECK et al. 1986) eines der weltweit am meisten verwendeten Fragebogenverfahren. Bei den Fremdbeurteilungsinstrumenten dominiert die HAMILTON-Depressionsskala (HAMILTON 1960, CIPS 1981) international.

Beide Meßinstrumente sind inzwischen auch für den deutschen Sprachraum evaluiert (vgl. BAUMANN 1976, KAMMER 1983, HAUTZINGER 1991), jedoch mit Problemen behaftet (vor allem auf seiten der Akzeptanz bei Patienten und der Definitionen der Urteilsabstufungen, HAUTZINGER 1988). Aus Gründen der Vergleichbarkeit des eigenen Handelns empfiehlt sich jedoch in jedem Fall die Verwendung dieser beiden Instrumente **zu Anfang und am Ende** der Behandlung.

Das „Beck Depressionsinventar" liegt inzwischen als deutschsprachige Testpublikation vor (Hautzinger, Bailer, Worrell & Keller 1995). Es sind so Norm- und Vergleichswerte verschiedener klinischer Gruppen zugänglich.

3. Verlaufskontrolle mit Beispielen

Zwei andere Depressionsinstrumente erscheinen uns geeignet, um im **Verlauf** einer Behandlung wiederholt eingesetzt zu werden. Es handelt sich zum einen um das Depressionsinventar des „Center for Epidemiological Studies" des National Institute of Mental Health (**CES-D**, RADLOFF 1977, HAUTZINGER 1987) als Selbstbeurteilungsskala und um das „Inventar depressiver Symptome" (**IDS**) von RUSH et al. (1982, HAUTZINGER 1988) als Fremdbeurteilungsverfahren.

Die Korrelationen dieser neueren, doch von der Konstruktion her verbesserten Instrumente mit dem BDI bzw. dem HAMD sind hoch (Korrelationen zwischen .81 und .92, zusammenfassend siehe HAUTZINGER 1988). Inzwischen wurde das CES-D zu einer hier überprüften und gültigen Skala weiterentwickelt und publiziert. Unter dem Namen „Allgemeine Depressionsskala – ADS" (HAUTZINGER und BAILER 1992) liegt diese Testpublikation vor. Erfahrungen bei verschiedensten psychiatrischen und psychosomatischen Patientengruppen, sowie bei epidemiologischen Untersuchungen an Bevölkerungsstichproben belegen die Nützlichkeit und vor allem die gute Akzeptanz bei den Befragten. Eine Kurzform mit 15 Items liegt ebenso vor, wie Empfehlungen (sog. Lügenkriterium) zum Ausschluß von unrichtig beantworteten Bögen. Normwerte für die lange und die kurze Version der ADS können als Vergleich herangezogen werden.

Beispiel:
Die Verwendung dieser Instrumente sei am Beispiel einer 39jährigen Patientin verdeutlicht. Diese Frau litt seit Jahren an phasenweise sich verstärkender, doch eigentlich nicht wirklich remittierender Depression (Diagnose nach ICD 9 neurotische Depression (300.4), nach DSM III eine aktuelle Major Depression bei gleichzeitiger Dystymie). Mehrere Behandlungsversuche brachten vorübergehende Linderung, wurden jedoch meist nach kurzer Zeit von der Patientin abgebrochen. Die anfängliche Verhaltensanalyse erbrachte zunächst nur zwei Problembereiche, nämlich ein stark eingeschränktes Aktivitätsniveau und deutliche soziale Unsicherheiten.

Die Ausgangswerte im ADS waren 32 Punkte und im IDS 26 Punkte. Die soziale Situation war durch ein wenig adäquates Freizeitverhalten, deutliche Spannungen bei der Arbeit verbunden mit Leistungsabfall, sowie unzureichenden sozialen Kontakten gekennzeichnet.

Die Abbildung 3 zeigt die Verlaufskurve der wöchentlichen Selbsteinschätzung über den insgesamt 26 Therapiekontakte umfassenden Behandlungszeitraum. Die mit „A" gekennzeichnete Phase war vor allem durch das Arbeiten am Aktivitätsaufbau geprägt. Bei „B" lag der Fokus auf dem Abbau der

ADS (CES-D)

Bitte kreuzen Sie bei den folgenden Fragen die Antworten an, die ihrem Befinden während der letzten Woche entspricht/entsprochen haben.

Antworten:
- 0 selten oder überhaupt nicht (weniger als 1 Tag)
- 1 manchmal (1 bis 2 Tage lang)
- 2 öfters (3 bis 4 Tage lang)
- 3 meistens, die ganze Zeit (5 bis 7 Tage lang)

Während der letzten Woche …	selten 0	manchmal 1	öfters 2	meistens 3
1. haben mich Dinge beunruhigt, die mir sonst nichts ausmachen	❏	❏	❏	❏
* 2. hatte ich kaum Appetit	❏	❏	❏	❏
3. konnte ich meine trübsinnige Laune nicht loswerden, obwohl mich meine Freunde/Familie versuchten aufzumuntern	❏	❏	❏	❏
* 4. kam ich mir genauso gut vor wie andere	❏	❏	❏	❏
5. hatte ich Mühe mich zu konzentrieren	❏	❏	❏	❏
6. war ich depremiert/niedergeschlagen	❏	❏	❏	❏
7. war alles anstrengend für mich	❏	❏	❏	❏
* 8. dachte ich voller Hoffnung an die Zukunft	❏	❏	❏	❏
9. dachte ich, mein Leben ist ein einziger Fehlschlag	❏	❏	❏	❏
10. hatte ich oft Angst	❏	❏	❏	❏
11. habe ich schlecht geschlafen	❏	❏	❏	❏
12. war ich fröhlich gestimmt	❏	❏	❏	❏
13. habe ich weniger als sonst geredet	❏	❏	❏	❏
14. fühlte ich mich einsam	❏	❏	❏	❏
* 15. waren die Leute unfreundlich zu mir	❏	❏	❏	❏
16. habe ich das Leben genossen	❏	❏	❏	❏
* 17. mußte ich manchmal weinen	❏	❏	❏	❏
18. war ich traurig	❏	❏	❏	❏
19. hatte ich das Gefühl, daß mich die Leute nicht leiden können	❏	❏	❏	❏
20. konnte ich mich zu nichts aufraffen	❏	❏	❏	❏

* Item fällt bei Kurzform weg

© Beltz Test Gesellschaft

IDS
Name: _____ Datum:

Bitte kreuzen Sie zu jeder der folgenden (Symptom-) Fragen jeweils nur eine Antwort an, die den Patienten für die zurückliegende Woche am besten beschreibt.

1. Einschlafschwierigkeiten
0 Patient brauchte nie länger als 30 Minuten um einzuschlafen
1 Patient brauchte in weniger als der Hälfte der Woche mindestens 30 Minuten um einzuschlafen
2 Patient brauchte in mehr als der Hälfte der Woche mindestens 30 Minuten um einzuschlafen
3 Patient brauchte in mehr als der Hälfte der Woche über eine Stunde um einzuschlafen

2. Nächtliches Erwachen
0 Patient erwachte während der Nacht nicht
1 Patient berichtete von ruhelosem, leichtem Schlaf mit einigen Malen Erwachen
2 Patient wurde zumindest einmal jede Nacht wach, doch er schlief leicht wieder ein
3 Patient wurde mehr als einmal pro Nacht, während mehr als der Hälfte der Woche wach und es dauerte mindestens 20 Minuten, um wieder einzuschlafen.

3. Früherwachen
0 Patient wurde in weniger als der Hälfte der Woche eine halbe Stunde oder weniger früher wach als notwendig
1 Patient wurde während mehr als der Hälfte der Woche eine halbe Stunde oder mehr früher wach als notwendig
2 Patient wurde während mehr als der Hälfte der Woche eine Stunde zu früh wach
3 Patient wurde während mehr als der Hälfte der Woche zwei Stunden zu früh wach

4. Hypersomnia
0 Patient schlief nicht mehr als acht Stunden
1 Patient schlief nicht mehr als 10 Stunden während 24 Stunden
2 Patient schlief nicht mehr als 12 Stunden während 24 Stunden
3 Patient schlief mehr als 12 Stunden während 24 Stunden

5. Stimmung (Traurigkeit, Niedergeschlagenheit)
0 Patient war nicht traurig, niedergeschlagen
1 Patient fühlte sich weniger als die Hälfte der Woche traurig, niedergeschlagen
2 Patient fühlte sich mehr als die Hälfte der Woche traurig, niedergeschlagen
3 Patient fühlte sich praktisch die gesamte Woche über sehr traurig, niedergeschlagen

6. Stimmung (Verunsicherung, Irritation)
0 Patient fühlte sich nicht verunsichert, irritiert
1 Patient fühlte sich verunsichert, irritiert, doch weniger als die Hälfte der Woche
2 Patient fühlte sich mehr als die Hälfte der Woche verunsichert und irritiert
3 Patient fühlte sich praktisch die ganze Woche sehr verunsichert, irritiert

7. Stimmung (Angst, Verspannung)
0 Patient war nicht ängstlich, verspannt
1 Patient war weniger als die Hälfte der Woche ängstlich, verspannt
2 Patient war mehr als die Hälfte der Woche ängstlich, verspannt
3 Patient war praktisch die ganze Woche sehr ängstlich und verspannt

8. Reaktivität der Stimmung
0 Nach positivem Ereignis verbesserte sich die Stimmung des Patienten bis hin zu Normalbefinden und hielt mehrere Stunden an
1 Nach positivem Ereignis hellte sich die Stimmung des Patienten zwar auf, doch Normalbefinden wurde nicht erreicht
2 Patient zeigte nur geringe Stimmungsaufhellung nach Eintritt eines sehr erwünschten, seltenen Ereignisses
3 Patient zeigte keine Stimmungsaufhellung, selbst dann nicht, wenn sehr positive oder sehr erwünschte, herbeigesehnte Ereignisse eintraten

9. Stimmungsvariabilität
0 Bei Patient war kein offensichtlicher Zusammenhang zwischen Stimmungsveränderung und Tageszeit festzustellen
1 Stimmung des Patienten erschien oft abhängig von Dingen und Umständen, die sich zu bestimmten Tageszeiten ereigneten
2 Während der meisten Zeit der Woche schien die Stimmung des Patienten mehr von der Tageszeit als von Ereignissen abhängig
3 Stimmung des Patienten war eindeutig vorhersagbar, indem zu einer bestimmten Tageszeit die Stimmung besser bzw. schlechter war. Stimmung üblicherweise schlechter:
0 morgens   0 nachmittags   0 abends

10. Qualität der Stimmung
0 Stimmung und Gefühle des Patienten waren ungestört bzw. entsprachen echter Traurigkeit
1 Stimmung des Patienten war meist wie bei Trauer, obgleich nicht immer vermittel- und erklärbar, mit mehr Angst verbunden oder sehr viel intensiver
2 Stimmung des Patienten war weniger als die Hälfte der Woche qualitativ deutlich verändert und von dem Gefühl der Trauer verschieden und daher anderen schwer zu erklären
3 Stimmung des Patienten war praktisch die ganze Woche qualitativ verändert (im Vergleich zur Traurigkeit)

Nur 11 oder 12 beantworten:

11. Appetit (Reduktion)
0 Patient zeigte keine Veränderung des gewöhnlichen Appetit- und Hungergefühls
1 Patient aß weniger als gewöhnlich (Frequenz und/oder Menge)
2 Patient aß deutlich weniger als gewöhnlich und nur unter großer Anstrengung (sich überwinden)
3 Patient aß selten während 24 Stunden und nur mit großer Anstrengung oder mit Aufforderung/Kontrolle durch andere

12. Appetit (Steigerung)
0 Patient zeigte keine Veränderung des gewöhnlichen Appetit- und Hungergefühls
1 Patient verspürte häufig während der Woche eine Steigerung des Appetitgefühls
2 Patient aß regelmäßig mehr als gewöhnlich (Frequenz und/oder Menge)
3 Patient verspürte deutliche Steigerung des Appetits, verbunden mit dem Drang zum Überessen und/oder zu Zwischenmahlzeiten

Nur 13 oder 14 beantworten:

13. Gewichtsabnahme (während letzten 2 Wochen)
0 Patient zeigte keine Gewichtsveränderungen
1 Patient empfindet, als ob geringe Gewichtsredukion auftrat
2 Patient verlor zwei oder mehr Pfund
3 Patient verlor fünf oder mehr Pfund

14. Gewichtszunahme (während letzten 2 Wochen)
0 Patient zeigte keine Gewichtsveränderung
1 Patient empfindet, als ob geringe Gewichtszunahme auftrat
2 Patient nahm 2 oder mehr Pfund zu
3 Patient nahm 5 oder mehr Pfund zu

15. Konzentration, Entscheidungsvermögen
0 Patient zeigte keine Veränderung im Konzentrations- und Entscheidungsvermögen
1 Patient fühlte sich gelegentlich unentschlossen und unaufmerksam
2 Patient hatte die meiste Zeit Schwierigkeiten, sich zu konzentrieren oder sich zu entscheiden
3 Patient konnte sich selbst auf Kleinigkeiten, wie Lesen, nicht konzentrieren oder Entscheidungen selbst bei Kleinigkeiten nicht treffen, war entscheidungsunfähig

16. Selbstbewertung
0 Patient sah sich als ebenso wertvoll und verdienstwürdig wie andere Menschen
1 Patient war mehr selbstanklagend als üblich
2 Patient glaubte, daß er /sie für andere nur eine Last sei und Probleme verursache
3 Patient grübelte über viele größere und kleinere Fehler nach, die er/sie alle in seiner Person begründet sah

17. Sicht der Zukunft
0 Patient sah die Zukunft mit normalem Optimismus
1 Patient hatte gelegentlich pessimistische Phasen, die jedoch durch andere Personen oder Ereignisse überwunden werden konnten
2 Patient war meist sehr pessimistisch in Bezug auf seine nächste Zukunft
3 Patient sah zu keiner Zeit Hoffnung für sich und seine Lage in der Zukunft

18. Suizidvorstellungen
0 Patient hatte keinerlei Gedanken an Selbstmord oder Tod
1 Patient empfand das Leben leer oder nicht lebenswert
2 Patient dachte mehrfach während der Woche an Selbstmord oder den Tod
3 Patient dachte wiederholt und ernsthaft an Selbstmord oder Tod, machte spezifische Pläne oder versuchte Selbstmord zu begehen

19. Interesse/Beteiligung am Leben
0 Patient zeigte keine Veränderung des gewöhnlichen Interesses an anderen Menschen und Aktivitäten
1 Patient bemerkte eine Verminderung des frühen Interesses an Dingen und Aktivitäten
2 Bei dem Patient waren noch ein oder zwei frühere Interessen vorhanden
3 Patient zeigte kein Interesse mehr an geliebten Dingen und früheren Aktivitäten

20. Energielosigkeit
0 Patient war voll unveränderter, gewohnter Energie
1 Patient ermüdete leichter als gewöhnlich
2 Patient mußte sich sehr anstrengen, um alltägliche Dinge zu schaffen und durchzuhalten
3 Patient war aufgrund von Energielosigkeit nicht in der Lage alltägliche Dinge zu schaffen

21. Vergnügen, Lustempfinden (außer sexuelle Aktivitäten)
0 Patient beteiligte und vergnügte sich in gewohnter Weise an angenehmen Aktivitäten oder Ereignissen
1 Patient zog weniger Vergnügen aus angenehmen Aktivitäten oder Ereignissen
2 Patient zog ganz selten Vergnügen oder Lust aus irgendwelchen Aktivitäten oder Ereignissen
3 Patient war unfähig, jegliche Art von Vergnügen/Lust aus irgendwelchen Aktivitäten oder Ereignissen zu ziehen

22. Sexuelles Interesse
0 Patient berichtete von unverändertem Interesse an oder Vergnügen durch sexuelle Aktivitäten
1 Patient berichtete von leicht verändertem Interesse an oder Vergnügen durch sexuelle Aktivitäten
2 Patient berichtete von deutlich verringertem Interesse oder reduziertem Vergnügen an sexuellen Aktivitäten
3 Patient berichtete vom Fehlen jeglichen Interesses an oder Vergnügen durch sexuelle Aktivitäten

23. Psychomotorische Verlangsamung
0   Patient zeigte normale Geschwindigkeit im Denken, Sprechen und der Gestik/Mimik
1   Patient bemerkte verlangsamtes Denken und die Stimmodulation ist eingeschränkt
2   Patient berichtete von verlangsamtem Denken und es dauerte einige Sekunden, bis der Patient auf Fragen reagierte
3   Patient reagierte auf Fragen ohne ausdrückliches Daraufbestehen meist nicht

24. Psychomotorische Agiertheit
0   Patient zeigte keine Steigerung der Geschwindigkeit oder Disorganisation im Denken oder der Gestik/Mimik
1   Patient war ruhig, rutschte oft hin und her, rieb seine Hände aneinander, war zappelig o.ä.
2   Patient beschrieb Impulse, sich (ziellos) bewegen zu müssen oder zeigte motorische Ruhelosigkeit
3   Patient konnte nicht stillsitzen, mußte sich trotz Aufforderung dazu, es nicht zu tun, Hin- und Herbewegen

25. Somatische Klagen
0   Patient klagte nicht über Schmerzen oder Beschwerden
1   Patient klagte über Kopf-,Bauch-, Rücken- oder Gliederschmerzen, jedoch behinderten ihn/sie diese Beschwerden nicht
2   Die genannten Beschwerden waren mäßig stark und während mehr als der Hälfte der Woche vorhanden
3   Die genannten Beschwerden waren so stark, daß der Patient funktionell behindert war

26. Sympathotone Erregung
0   Patient zeigte keine Anzeichen von Herzrasen, Schwitzen, Tremor, verschwommenem Sehen, Hitze-/Kälteschauer, Ohrengeräuschen/-sausen, Brustschmerzen Atemnot/Kurzatmigkeit
1   Die genannten Symtome waren bei dem Patienten nur leicht und zeitweilig vorhanden
2   Die genannten Symptome waren bei dem Patienten mäßig stark und während mehr als der Hälfte der Woche vorhanden
3   Die genannten Symptome waren so stark, daß der Patient funktionell behindert war

27. Panik/Phobische Symptome
0   Patient zeigte keine Anzeichen von Panik oder von phobischen Symptomen
1   Patient zeigte leichte Anzeichen von Panik oder von phobischer Symptomatik, was jedoch den Patienten nicht weiter behinderte oder sein Verhalten beeinflußte
2   Patient zeigte deutliche Panik oder phobische Symptomatik, was Patientenverhalten beeinflußte ohne gleichzeitig zu behindern
3   Patient erlebte (mindestens einmal in der Woche) lähmende Panikanfälle oder phobische Symptome, die den Patienten Vermeideverhalten zeigen ließen

28. Verdauungsbeschwerden
0   Patient hatte normale Verdauung, keine Veränderung oder Beschwerden
1   Patient hatte gelegentlich Verstopfung und/oder Durchfall von leichtem Ausmaß
2   Patient litt die meiste Zeit unter Verstopfung und/oder Durchfall, was jedoch die Funktionsfähigkeit des Patienten nicht beeinträchtigte
3   Patient litt wieder an Verstopfung und/oder Durchfall. Dies erforderte Behandlung oder bewirkte Funktionsbeeinträchtigung des Patienten

sozialen Unsicherheit und der Stärkung sozialer Fertigkeiten. Erst in der Phase „C" ging es um kognitive Phänomene (automatische Gedanken und Grundannahmen).
Die „Pfeile" in der Abbildung 3 zeigen Veränderungen an, die (1) die Kündigung der Wohnung, (2) das Kennenlernen von neuen Leuten und (3) das Identifizieren und Bearbeiten von Grundannahmen umfassen. Der Verlauf zeigt deutlich, daß durch die anfängliche Förderung angenehmer Aktivitäten eine Stimmungsverbesserung eintrat, die durch das Bearbeiten sozialer Fertigkeiten wenig gesteigert wurde. Erst nach dem Erkennen und Verändern verschiedener negativer Erwartungen (in bezug auf die sozialen Kontakte) und die Beeinflussung verschiedener Grundannahmen (vor allem hinsichtlich der eigenen Person) kam deutliche Bewegung in die Verlaufskurve. Die Fremdurteile des behandelnden Therapeuten decken sich weitgehend mit diesem Bild. Am Ende der Behandlung wurde ein IDS Wert von 3 Punkten (somatische Klagen, Verdauungsunregelmäßigkeiten und leichte Störungen des Durchschlafens) erreicht. Knapp drei Monate nach Abschluß der Therapie lag der selbsteingeschätzte ADS-Wert bei 7 Punkten und damit noch immer im unauffälligen Wertebereich.

Das IDS umspannt als Fremdbeurteilungsmaß einen Wertebereich von 0 bis 78 Punkten, wobei höhere Werte depressivere Beeinträchtigungen repräsentieren. Werte über 25 Punkten dürfen als bereits deutlich erhöht und klinisch relevant aufgefaßt werden. Im Rahmen der bereits erwähnten Therapiestudien wurde das IDS regelmäßig jede Woche von dem behandelnden Therapeuten und jeden Monat über die Einjahreskatamnese zur Beurteilung depressiver Beeinträchtigungen eingesetzt. Nach kurzer Einweisung konnte die Handhabung des IDS inzwischen auch in verschiedenen Kliniken erfolgreich erprobt werden. Die Untersuchungen zur deutschsprachigen Adaption des IDS sind inzwischen abgeschlossen und werden demnächst als Testpublikation (HAUTZINGER und BAILER, in Vorbereitung) zugänglich sein.

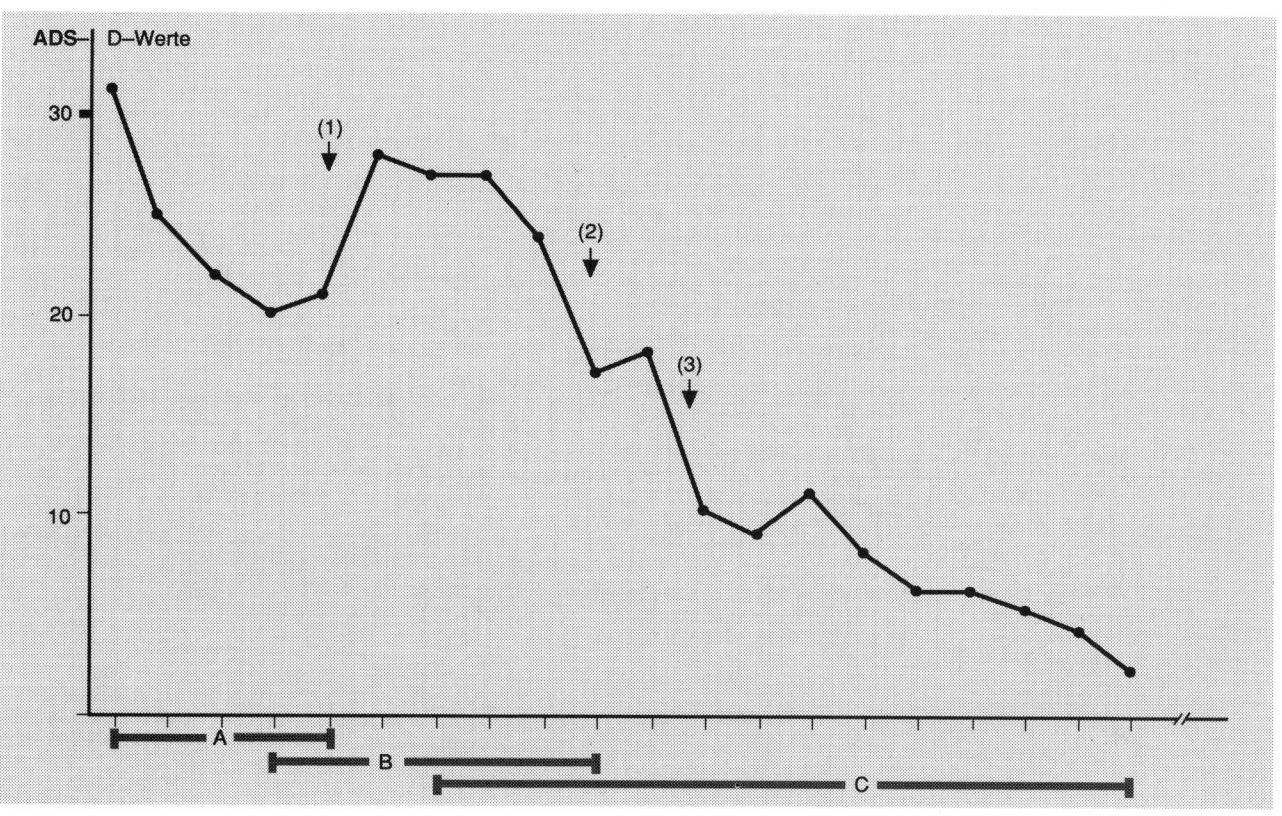

Neben dem IDS und ADS hat sich bei unserer Arbeit wiederholt eine **tägliche Befindlichkeits- und Ereignisbeurteilung** bewährt (HAUTZINGER et al. 1987). Auf einer DIN A4 Seite sind sechs **Visuelle Analogskalen** (VAS, FÄHNDRICH und LINDEN 1984) plus einer Frage nach den Tagesaktivitäten und Besonderheiten gedruckt, die jeden Abend kurz vor dem Einschlafen beantwortet werden (Bearbeitungszeit 2 Minuten).

Ohne Belastung des Patienten erhält man so eine brauchbare Rückmeldung über das tagtägliche Befinden. Diese Information kann sowohl Behandlungsinhalt sein, indem wiederholt über diese Einschätzungen und Tagesereignisse während der Sitzungen gesprochen wird, als auch Grundlage für eine einzelfallstatistische Auswertung sein. Die VAS sind 100 mm lange Linien, deren beide Pole definiert sind. Durch einfaches Abmessen erhält man so einen Wert zwischen 0 und 10 (entspricht 100 mm), wobei 10 den jeweils negativen Extremwert repräsentiert. Zwei Beispiele sollen diese Art der kontrollierten Praxis verdeutlichen.

Beispiel:
Beide Patientinnen (Major Depression, 300.4 nach ICD 9) wurden über 14 bzw. 19 Wochen kognitiv-verhaltenstherapeutisch behandelt. Täglich füllten beide ein Tagebuchblatt mit dem VAS aus, zweimal wöchentlich (zu jeder Therapiesitzung) wurde der BDI erhoben. Die depressiven Symptome (BDI Werte) reduzierten sich über diesen Zeitraum von 23 bzw. 27 (vor Behandlungsbeginn) auf 4 bzw. 6 Punkte (nach der Behandlung). Das tägliche Gesamtbefinden (VAS Skala 6) ist für beide in der Abbildung 4 wiedergegeben. Im Mittel lag das Befindensurteil während der dreiwöchigen Grundlinie (A Phase ohne Intervention) bei 4,5 bzw. 4,9 (SD 1,9 bzw. 2,1). Während den drei letzten Wochen der Behandlung (B Phase) war das mittlere, tägliche Befinden 1,8 bzw. 2,1 (SD 1,6 bzw. 1,5). Die zeitreihenanalytische Auswertung (vgl. HAUTZINGER et al. 1987) erbrachte in beiden Fällen signifikante Interventionseffekte (t-Wert $-3,23$ bzw. $-2,27$, $p = .01$).

Visuelle Analog Scala

Datum:...............

Meine Stimmung ist gut, ich bin voller Zuversicht. |————————————————| Meine Stimmung ist sehr schlecht, ich bin hoffnungslos und kann nicht einmal richtig traurig sein.

Ich bin ruhig, ausgeglichen und nicht ängstlich. |————————————————| Ich bin flatterig und ängstlich und spüre innere Unruhe.

Ich bin aktiv und unternehmenslustig. |————————————————| Ich bin völlig lahm, schaffe nichts und kann mich zu nichts mehr aufraffen.

Ich fühle mich körperlich frisch und habe keine oder nur geringfügige Beschwerden. |————————————————| Ich fühle mich körperlich schlecht, matt, zerschlagen und habe viele Beschwerden.

Ich schlief letzte Nacht sehr gut, ich fühle mich ausgeruht und erholt. |————————————————| Ich schlief letzte Nacht sehr schlecht, ich bin wie gerädert.

Insgesamt ist mein Zustand gut. |————————————————| Insgesamt ist mein Zustand schlecht.

Tagesnotizen:

_____
_____
_____
_____

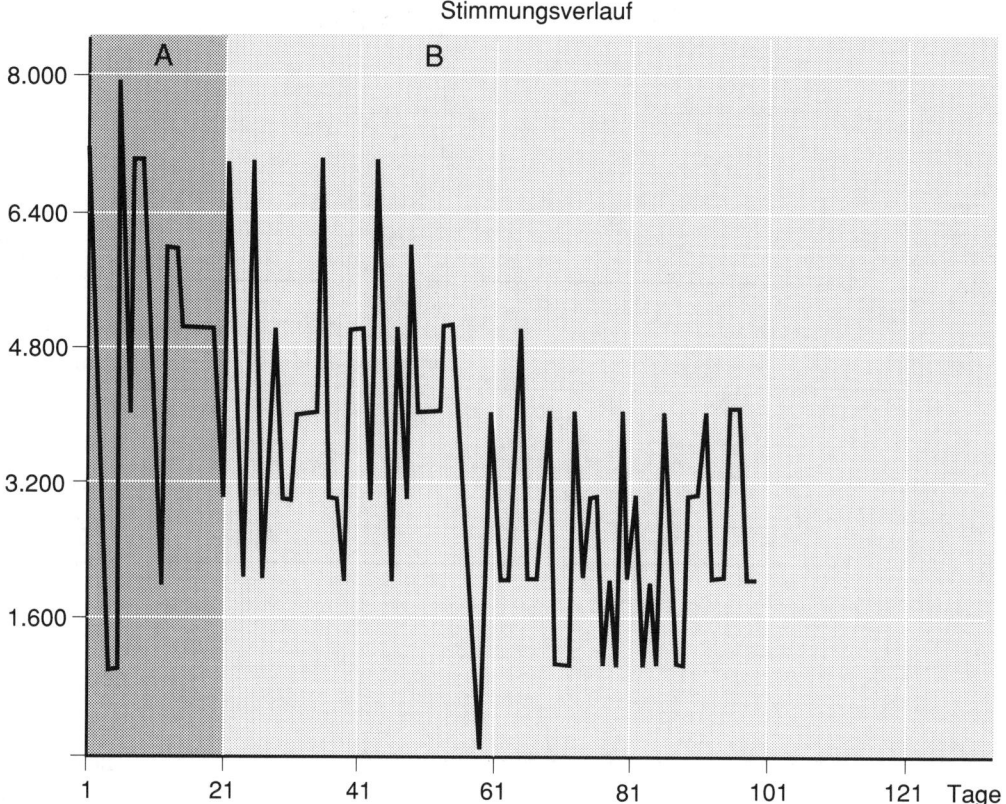

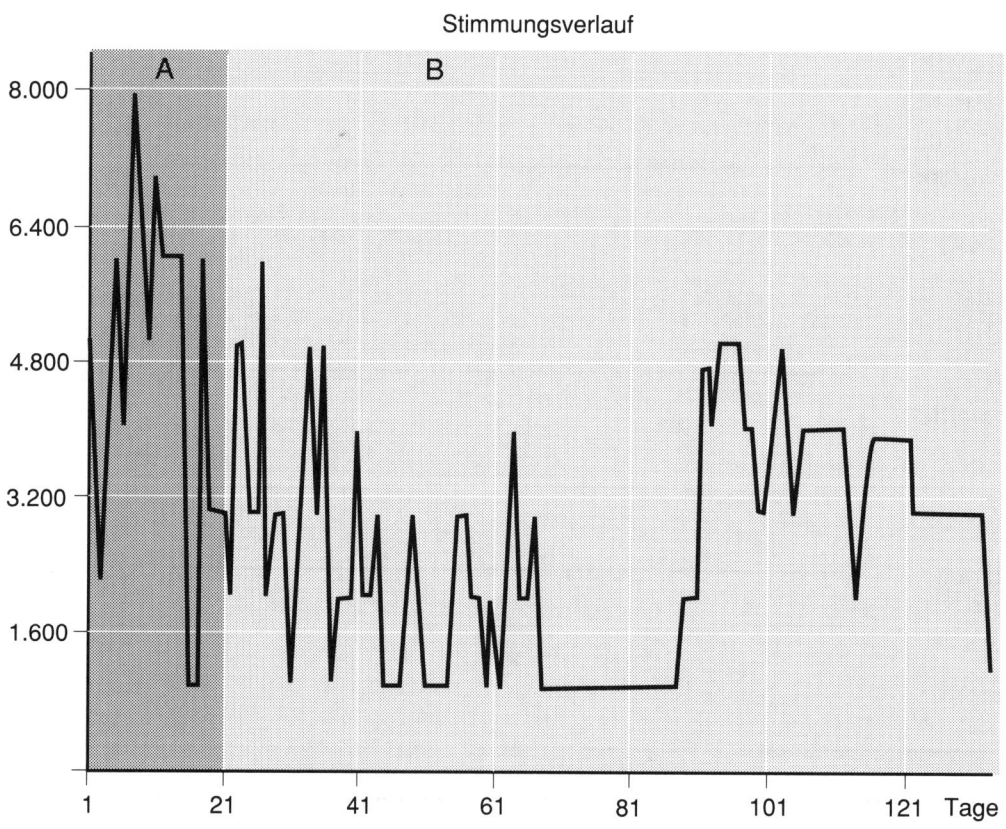

Abbildung 4: Tägliche Befindensurteile (VAS) von 2 depressiven Patientinnen über den Behandlungszeitraum (Erläuterungen im Text).

V. Basiselemente des therapeutischen Handelns

1. Grundmerkmale des Therapeutenverhaltens

Das verhaltenstherapeutische Vorgehen stellt eine Reihe von Anforderungen an den Therapeuten, die sowohl die Beherrschung verschiedener Behandlungstechniken einschließen, als auch zwischenmenschliche Qualitäten, besondere Verhaltensweisen und Einstellungen verlangen. Im folgenden sollen therapeutische Grundelemente, wünschenswerte Therapeutenmerkmale und spezielle Richtlinien für das Handeln des Therapeuten charakterisiert werden. Dabei stützen wir uns auf Arbeiten von TRUAX und CARKHUFF (1967), STRUPP (1973), GOLDSTEIN (1975) und PETERMANN (1986) zur Beziehungsgestaltung, zum Vertrauen und zu den wesentlichen Merkmalen psychotherapeutischer Gespräche.

Basiskompetenz

Ein Verhaltenstherapeut sollte wie jeder „gute Psychotherapeut" empathisch, aufrichtig, interessiert und interaktionsfähig sein. Dies ist eine wesentliche Voraussetzung für die Anwendung der für die Therapieform spezifischen Techniken. Der Patient muß sich verstanden und ernstgenommen fühlen, damit die Veränderungstechniken wirksam eingesetzt werden können. Fühlt der Patient sich technizistisch behandelt oder gar kritisiert und manipuliert, gerät er in die Defensive und wird eher auf seinen depressionsfördernden Vorstellungen und Befürchtungen beharren, als bereit sein, diese mit dem Therapeuten zu bearbeiten. Die Gefahr, sich von der Vielzahl der Techniken blenden zu lassen, ihre Anwendung perfekt beherrschen zu wollen und die zwischenmenschlichen Aspekte zu vernachlässigen, ist für den Therapeuten groß, doch sollte klar sein, daß therapeutische Techniken erst dann Veränderungen beim Patienten bewirken, wenn der Therapeut auch über die bereits genannten Basiskompetenzen verfügt.

Therapeuten müssen versuchen, die Gedanken und Gefühle des Patienten, also seine „Welt", zu verstehen und dieses Verständnis dem Patienten auf möglichst eindeutige, präzise und einfühlende Weise zu vermitteln. Ein hohes Ausmaß an **empathischem** Verstehen zeigen Therapeuten, die sich intellektuell auf die Ebene des Patienten begeben, ihm zuhören, seine verbalen und nonverbalen Äußerungen beachten und sich auf die intellektuellen Fähigkeiten und das Sprachverhalten des Patienten einstellen. Dieses Verhalten fördert die therapeutische Beziehung. Die gebräuchlichsten Methoden, Verständnis auszudrücken, sind Paraphrasieren, Zusammenfassen des Besprochenen, angemessene Wiedergabe der vom Patienten geäußerten Gefühle und Empfindungen. Effektive therapeutische Interventionen erfordern ein klares Verständnis der Wahrnehmungswelt des Patienten.

Gute **Interaktionsfähigkeit** zeigt sich in Aufmerksamkeit, Interesse, Aufrichtigkeit, Wärme, Vertrauen und einer überzeugenden professionellen Kompetenz. Es sollte dem Therapeuten gelingen, Vertrauen und Kompetenz bezüglich seiner Fähigkeiten, dem Patienten zu helfen, zu vermitteln. Exzessives Fragen, Feindseligkeit, Kritik, Vorwürfe oder auch Therapeuten, die ungeduldig, herablassend, ignorierend und distanziert sind, stehen solchen zwischenmenschlichen Fähigkeiten entgegen. Im Gegensatz dazu vermittelt ein interaktionsfähiger Therapeut, auf verbaler und nonverbaler Ebene, daß er aufrichtig, offen und echt ist. Die Atmosphäre ist akzeptierend und, wenn nötig, fürsorgend.

Geschickte Verhaltenstherapeuten zeigen ein Gleichgewicht zwischen **Interesse**, emotionaler **Wärme** und **Direktivität**. Kühles, distanziertes Verhalten erschwert die Entwicklung einer kooperativen, entspannten Beziehung, die eine Grundvoraussetzung für den Therapieprozeß darstellt. Ein schlechter Therapeut behandelt den Patienten auf kühle, distanzierte, uninteressierte Art und Weise und ist allein bemüht, die Tagesordnung oder irgendwelche organisatorischen Abläufe einzuhalten. Bei einem guten Therapeuten ist es dem Patienten möglich, seine Anliegen vorzubringen und darauf vom Therapeuten Antwort und Rückmeldung zu erhalten. Trotz eines interessierten Eingehens auf den Patienten verliert der Therapeut die Struktur der Therapiestunde dennoch nicht aus dem Auge. Es herrscht ein adäquates Verhältnis von Interesse und Aufgabenorientierung.

Fachliche Kompetenz (Expertenstatus)

Jede therapeutische Arbeit setzt voraus, daß der Patient den Therapeuten für fachlich kompetent hält. Dieser Expertenstatus wird einerseits dadurch erzeugt, daß der Therapeut die zuvor beschriebenen Basiskompetenzen beherrscht, d.h. den Patienten versteht, an dem Patienten interessiert ist und gute Interaktionsfähigkeiten zeigt. Andererseits sollte der Therapeut zu Beginn der Behandlung dem Patienten einige persönliche Informationen hinsichtlich seiner Ausbildung, seiner Erfahrungen und seiner Funktion geben.

Der depressive Patient begegnet dem Therapeuten oft mit depressionstypischen negativen Einstellungen, negativen Erwartungen und einer Hoffnungslosigkeit, die sich in einer Ambivalenz gegenüber der Behandlung ausdrückt. Als kurzfristige Interventionsmöglichkeit dafür bieten sich sogenannte beruhigende Versicherungen an (Abschnitt 4). Diese Methode setzt wiederum voraus, daß der Patient den Therapeuten für kompetent hält, daß dessen Äußerungen glaubhaft wirken und überzeugend dargestellt werden. Um dem Patienten gegenüber kompetent zu erscheinen, sollten Anzeichen von Distanziertheit, Mißtrauen, Hierarchiedenken, Arroganz oder ähnliche Verhaltens- und Einstellungsmerkmale **nicht** auftreten.

Transparenz und Strukturiertheit

Wiederholt wurde in den letzten Jahren darauf hingewiesen, daß über verschiedene therapeutische Vorgehensweisen hinweg der Aspekt der Transparenz therapeutischen Handelns und der zeitlichen und inhaltlichen Strukturiertheit des Vorgehens zentrale Merkmale erfolgreicher Therapie sind. Unter Transparenz wird dabei verstanden:

- Offenheit und Bereitschaft des Therapeuten, Angaben zu seiner Person zu machen;
- Begründung des Vorgehens während der Therapie;
- Veränderungen, Schwierigkeiten und Erfahrungen auch wiederholt (theoretisch) zu begründen und verstehbar zu machen;
- Sinn und Zweck von Vorschlägen (z.B. Aufgaben) konkret darzulegen bzw. auf Nachfragen zu beschreiben.

Transparenz in diesem Sinn erzeugt und verbessert nicht nur die vertrauensvolle Beziehung, sondern liefert über die konkreten Erfahrungen hinaus auch Hilfe bei der Anwendung des Gelernten im Alltag und in der Zukunft. Transparenz ist also Voraussetzung für die Generalisierung therapeutischer Inhalte und den Erwerb von präventiven Bewältigungsfertigkeiten.

Strukturierung beinhaltet neben dem zeitlichen Aspekt auch den Versuch, therapeutische Themen nach Problembereichen zu organisieren, konkrete Ziele für die Sitzung und die gesamte Behandlung zu formulieren und damit einer Bearbeitung und Lösung zugänglich zu machen. Auch dahinter verbirgt sich neben der Hilfe im therapeutischen Problemlöseprozeß das Ziel, dem Patienten „Strukturierung" als wichtige Bewältigungsstrategie zu vermitteln.

Problemorientierung

Ein Verhaltenstherapeut bemüht sich, die Berichte des Patienten zu konkretisieren, so daß aus vagen Berichten über Probleme, Belastungen usw. möglichst konkret benennbare und abgrenzbare Probleme herausgearbeitet werden können. Diese Problemorientierung erlaubt einerseits, die Lage des Patienten, die er als überwältigend erlebt, in bestimmte problematische (bzw. als problematisch erlebte) Bereiche zu unterteilen, andererseits die Voraussetzung für Lösungen zu schaffen. Dies wird vom Patienten meist unmittelbar als eine Erleichterung erlebt.

Depressionen entstehen und werden aufrecht erhalten über eine Reihe von externalen und internalen Ereignissen, die auf das Verhalten, die Kognitionen und die Emotionen einer Person Einfluß nehmen. Problemorientierung beinhaltet dabei folgende Schritte:

- Ausrichtung der Aufmerksamkeit auf zentrale Probleme,
- Eingrenzung bzw. Abgrenzung verschiedener Problembereiche,
- Benennen problematischer Verhaltens- und Denkmuster,
- Hierarchisieren von Problemen nach Bedeutung und Wichtigkeit,
- Sammeln von Lösungsmöglichkeiten und Alternativen,
- Setzen von konkreten Zielen,
- Durchführen und Erproben von Verhaltensalternativen,
- Bewerten dieser neuen Erfahrungen.

Ein zu bearbeitendes Problem im Rahmen der Therapie kann daher nicht „die Depression" sein, sondern Bereiche des Verhaltens (z.B. Aktivitäten, Durchsetzen, Partnerkommunikation), des Denkens (z.B. Selbstverantwortlichmachen für Mißerfolge, Überzeugung der Unfähigkeit, Schuld, Erinnerungen), der Umwelt und Lebensbedingungen (z.B. Arbeit, Familie, Freizeit), von Krisen und Ereignissen (z.B. Verluste, Veränderungen), sowie von Anforderungen und Verpflichtungen (z.B. Erledigung von Aufgaben, Beendigung von Arbeiten, Ausbildung). Der Therapeut muß sich daher wiederholt konkrete Beispiele, Abläufe und Bewältigungsprozesse hinsichtlich eines Lebensbereichs schildern lassen. Erst daraus ergeben sich die zur Lösung anstehenden Probleme, Ziele und Alternativen.

Gesprächsverhalten

Das Gesprächsverhalten des Therapeuten unterscheidet sich in charakteristischer Art und Weise von der Gesprächsführung anderer Therapieverfahren. Ein wesentliches Element ist die zielgerichtete, hypothesengeleitete und didaktisch geschickte Verwendung von Fragen (siehe auch Abschnitt „**sokratische Gesprächsführung**").

Im folgenden werden einige **Grundregeln** des Gesprächsverhaltens dargestellt, die im Rahmen dieses therapeutische Vorgehens bedeutsam sind:

1. Fragen sollten in der Regel spezifisch und konkret formuliert sein.
2. Fragen, die suggestiv sind oder die mit „ja" bzw. „nein" beantwortet werden können, sind zu vermeiden.
3. Die Fragen des Therapeuten sollten nicht von dem gerade bearbeiteten Problem wegführen.
4. Um den Patienten nicht in die Defensive zu drängen oder bei ihm das Gefühl aufkommen zu lassen, man wolle ihm eine Falle stellen, ist ein „Trommelfeuer" von Fragen oder eine Art Kreuzverhör zu vermeiden.
5. Der Therapeut erfragt detailliert Informationen über geschilderte Symptome des Patienten (Auftretenshäufigkeit und -intensität).
6. Der Therapeut erfragt sehr genau vom Patienten geschilderte Situationen und Ereignisse (genauer Zeitpunkt, Ort, Beschreibung des Ortes, Beschreibung der beteiligten Personen und deren Verhalten, Verhalten des Patienten, Hintergrund des Ereignisses).

7. Der Therapeut erfragt sehr differenziert gefühlsmäßige und physiologische Reaktionen des Patienten in den geschilderten Situationen (wie war die Stimmung vorher, während und nach dem Ereignis? Wie veränderte sie sich im Laufe des Tages? etc.).
8. Der Therapeut erfragt die Bedeutung eines Ereignisses und seine Bedeutung für den Patienten.
9. Der Therapeut versucht, wenn der Patient Schwierigkeiten hat, durch Nachfragen die Situationen plastisch herauszuarbeiten, damit es dem Patienten leichter fällt, sich in die Situation neu hineinzuleben.

Schlüsselprobleme benennen

Verbunden mit der Strukturiertheit des Vorgehens ist es wichtig, daß der Therapeut sich nicht in Einzelheiten des Verhaltens und Erlebens des Patienten verliert, sondern diese im Zusammenhang mit zentralen Schwierigkeiten, Konflikten und Problemen des Patienten sieht und entsprechend formuliert. Dieses Benennen und Herausarbeiten von zentralen Problembereichen fokussiert die Aufmerksamkeit des Therapeuten und des Patienten. Es erlaubt, die Therapiezeit effektiver auszunutzen und inhaltliche Zusammenhänge verschiedener diskreter Schwierigkeiten aufzuzeigen.

Ein optimales Therapeutenverhalten hierbei wäre, daß der Therapeut ein oder zwei Schlüsselprobleme in einer Sitzung benennt und dazu weitere Beispiele erfragt. Danach befragt er den Patienten über seine Meinung hinsichtlich der Formulierung der Schlüsselprobleme durch den Therapeuten und erklärt bestimmte Hausaufgaben, die sich auf die Schlüsselprobleme beziehen.

Zusätzlich wichtig ist in diesem Zusammenhang das Formulieren konkreter Hypothesen über spezielle Verarbeitungsmuster, Denkgewohnheiten, Verhaltensweisen und Wahrnehmungsstrategien des Patienten. Hierbei ist entscheidend, daß Vorstellungen über die Entstehung und Aufrechterhaltung bestimmter Problembereiche des Patienten bzw. deren Folgeerscheinungen entwickelt und diese Hypothesen dem Patienten mitgeteilt werden, um sie mit ihm gemeinsam den individuellen Bedingungen anzupassen bzw. um überhaupt zu entscheiden, ob sie als mögliche Erklärung für einen bestimmten Sachverhalt dienen können.

Anhand des Berichts des Patienten über sein Verhalten und seine Gedanken kann der Therapeut bestimmte Vorstellungen über den Zusammenhang zwischen Aktivitäten, Verhalten, Interpretationen, Grundannahmen und Gefühlen des Patienten entwickeln. So kann der Patient z.B. über fortgesetzt automatische Gedanken berichten, die sich darauf beziehen, ob andere Leute ihn gern haben oder nicht. Der Therapeut kann dazu folgende Hypothese anbieten: „Sie verbringen viel Zeit mit Vermutungen darüber, wie die einzelnen Personen, denen Sie begegnen, über Sie denken. Offensichtlich konzentriert sich Ihre Aufmerksamkeit für die Ereignisse in Ihrer Umgebung vor allem auf die Frage, ob Sie ein liebenswerter Mensch sind oder nicht. Sogar Begebenheiten, die damit kaum oder gar nicht in Zusammenhang stehen z.B. wie sich die Aufsicht im Supermarkt verhält - werden von Ihnen als bedeutsam für die Frage, ob Sie liebenswert sind oder nicht, interpretiert."

Bei der Formulierung der Hypothesen ist zu beachten, daß es sich hierbei um Annahmen des Therapeuten und keine Tatsachen handelt. Die Informationen bestehen aus den Beobachtungen des Patienten, sowie aus seinen Berichten über die Überprüfungen und ihre Ergebnisse.

Angemessenes Therapeutenverhalten:

- Der Therapeut benennt ein oder zwei Schlüsselprobleme des Patienten.
- Der Therapeut erbittet Rückmeldung über sein Verständnis der Probleme durch den Patienten.
- Der Therapeut erbittet weitere relevante Beispiele zu den Schlüsselproblemen bzw. äußert selbst Hypothesen darüber.
- Die Schlüsselprobleme werden vom Therapeuten klar umrissen und exakt definiert.
- Der Therapeut bemüht sich, spezielle Gedanken, Annahmen, Bilder, Bedingungen oder Verhaltensweisen in Zusammenhang

mit Schlüsselproblemen zu identifizieren.
- Der Therapeut formuliert von seinem theoretischen Hintergrund ausgehend Hypothesen und erfragt deren mögliche Relevanz.
- Der Therapeut entwickelt mit dem Patienten gemeinsam Möglichkeiten der Überprüfung des Wahrheitsgehalts spezieller Hypothesen.

Ungünstiges Therapeutenverhalten:

- Es werden in dieser Stunde vom Therapeuten überhaupt keine konkreten Probleme definiert.
- Der Therapeut formuliert ganz allgemeine, globale Hypothesen über depressives Verhalten, ohne auf die individuellen Besonderheiten des Patienten Rücksicht zu nehmen.
- Der Therapeut erbittet kein Feedback zu seinem Verständnis der Schlüsselprobleme des Patienten.
- Die vom Therapeuten mit dem Patienten gemeinsam entwickelten Möglichkeiten zur Überprüfung spezieller Hypothesen besitzen nur geringe Entscheidungsaussichten.
- Der Therapeut benennt sehr viele Schlüsselprobleme des Patienten und springt während der Stunde zwischen den verschiedenen Themenbereichen hin und her, ohne ein bestimmtes Problem konsequent zu Ende zu führen.

Kooperation

Der Therapeut ist kooperativ und bemüht sich um eine aktive Mitarbeit des Patienten, um zu einem gemeinsamen Vorgehen zu gelangen. Er ermutigt den Patienten zur aktiven Teilnahme und verstärkt den Patienten, wenn er aktiv wird. In diesem Sinn bilden Patient und Therapeut ein „Team". Der Schwerpunkt der Zusammenarbeit liegt im gemeinsamen Interesse an den Aktivitäten und den Gedanken, Gefühlen und Wünschen, sowie den Verhaltensweisen des Patienten. Der besondere Beitrag des Patienten zu diesem gemeinsamen Bemühen besteht darin, die Rohdaten für diese Kooperation zu liefern, nämlich Aktivitäten, Verhalten, Gedanken, Gefühle und Wünsche in bestimmten Situationen zu nennen. Der spezielle Beitrag des Therapeuten besteht in der Anleitung des Patienten bei der Sammlung und therapeutischen Verwertung dieser Informationen.

Jeder einzelne Schritt im Therapieverlauf wird genutzt, um die Zusammenarbeit zu entwickeln und zu vertiefen. Der idealste Ansatz, den Patienten zur Mitarbeit und selbständigen Bearbeitung seiner Störungen zu motivieren, liegt einerseits in der möglichst raschen Reduktion seiner Probleme und andererseits in der jeweils gemeinsamen Herangehensweise an die Beschwerden. Der Therapeut gibt zu jedem Behandlungsschritt und zu jeder Aufgabe genaue Begründungen. Er bemüht sich, die Behandlung so verständlich und glaubwürdig wie möglich darzustellen, damit der Patient bei der Identifizierung und Lösung von Problemen lernt, in welcher Weise der Therapeut vorgeht. Daß der Patient viele therapeutische Techniken zu übernehmen beginnt, ist ein wirkungsvoller Bestandteil des psychologischen Lernmodells. Um dies zu erreichen, wäre es falsch, den Patienten von irgendetwas „überzeugen" zu wollen. Therapeuten, die sich hauptsächlich durch Belehrungen, Überredungen, „harte" Diskussionstechniken oder Kritik auszeichnen, verletzen das Grundmerkmal der „gemeinsamen Arbeitshaltung" (Kooperation).

Rückmeldung geben und anregen

Rückmeldung geben und anregen ist ein sehr wichtiges Element des therapeutischen Gesprächsverhaltens, das in jeder Therapiestunde berücksichtigt werden muß. Nur durch häufigere Rückmeldung ist es für den Patienten und für den Therapeuten gleichermaßen möglich, zu entscheiden, ob sie gemeinsam an der Erreichung eines Ziels arbeiten, also eine gemeinsame Sprache sprechen, oder mehr oder weniger aneinander vorbeireden.

- Rückmeldung zur Verbesserung der Beziehung: Gerade für depressive Patienten besteht häufig ein großes Problem darin, ihre Meinung oder gar Kritik zu äußern. Aus Angst, zurückgewiesen oder selbst kritisiert zu werden, können sie häufig ihre eigenen Wahrnehmungen, Gedanken und Gefühle zum Therapeuten und zur Therapie nicht äußern oder zeigen die Tendenz, bestimmten Äußerungen des Therapeuten kritiklos zuzustimmen. Beide Verhaltensstrategien sind für eine optimale Patient-Therapeut-Beziehung nicht günstig. Häufiges Geben und Anregen von Rückmeldung durch den Therapeuten können hier positive Veränderungen bewirken.

- Rückmeldung zur Vermeidung von Mißverständnissen: Rückmeldung ist auch deshalb besonders wichtig, weil viele Patienten häufig Aussagen und Fragen des Therapeuten falsch auslegen. Eine Patientin sagte z.B. nach den Erläuterungen zu ihren negativen Selbstbewertungen den Tränen nahe: „Als ich kam, fühlte ich mich deprimiert. Nun sagen Sie mir auch noch, daß meine Gedanken schlecht sind." Nur durch Rückmeldung dieser Art kann der Therapeut feststellen, ob er und der Patient auf derselben „Wellenlänge" liegen und es verhindert werden kann, daß Mißverständnisse entstehen, die den Therapiefortgang blockieren und zu einer Symptomverschlechterung führen.
- Die Modellwirkung des Therapeuten für den Patienten: Durch das häufige Geben und Erfragen von Rückmeldung wirkt der Therapeut als Modell für die Entwicklung dieser speziellen Verhaltensweise auf den Patienten. Eine Aufgabe für den Therapeuten besteht also darin, gerade zu Beginn der Therapie sehr häufig Rückmeldung zu geben und Ansätze dieses Verhaltens beim Patienten zu bekräftigen, oder wenn der Patient dieses Verhalten nicht zeigt, häufig Rückmeldung zu erbitten.
- Rückmeldung zur Entwicklung und Konkretisierung von Therapiezielen: Häufige Rückmeldungen haben auch die Funktion, Therapieziele für eine bestimmte Stunde zu konkretisieren. Sie gewährleisten ferner, daß diese Ziele nicht aus den Augen verloren werden. Durch wechselseitige Rückmeldung wird es möglich, ein spezielles Problem des Patienten immer weiter zu konkretisieren und einer Lösung zugänglich zu machen, die seinen Bedürfnissen gerecht wird.

Es lassen sich **inhaltlich** folgende Bereiche der Rückmeldung unterscheiden:

1. Rückmeldung des Therapeuten über sein Problemverständnis, über die Ausführung der Hausaufgaben, über Entwicklungsfortschritte des Patienten, über besondere verbale und nonverbale Verhaltensweisen des Patienten, zu Ereignissen aus der letzen Therapiestunde.
2. Rückmeldung des Patienten zu Erkenntnissen und Erlebnissen aus der letzten Therapiestunde, über die Realisierung der Hausaufgaben, über Erkenntnisse und Eindrücke der laufenden Therapiestunde (am Ende der Stunde), über störende verbale und nonverbale Verhaltensweisen des Therapeuten, über Therapiefortschritte bzw. – rückschritte, über die (zur nächsten Sitzung) aufgegebenen Hausaufgaben.

Für die Gestaltung der Rückmeldung ist es günstig, zu Beginn der Sitzung um eine Einschätzung der letzten Hausaufgabe und zur vorangegangenen Therapiesitzung zu bitten.

Beispiel:

„Haben Sie irgendwelche Überlegungen zur Hausaufgabe?" oder „Sie haben sich sicherlich Gedanken über unsere letzte Sitzung gemacht. Was ist Ihnen eingefallen?"
Es ist außerdem wichtig, gegen Ende jedes Treffens Rückmeldung zu der jeweiligen Sitzung zu fordern.

Beispiel:

„Haben Sie bis jetzt irgendwelche Gedanken oder Gefühle zur heutigen Sitzung?", „Fühlen Sie sich etwas besser oder schlechter als zu Beginn der Sitzung?".
Ferner sollte der Therapeut sorgfältig auf nonverbales Verhalten als mögliche Ausdrucksform von Rückmeldung achten (z.B. eine deutliche Veränderung der Stimmlage, des Gesichtsausdrucks, Tränen in den Augen etc.). Beobachtet er nonverbale Reaktionen, so kann er z.B. fragen: „Was ging Ihnen gerade durch den Kopf?" Falls negative auto-

matische Gedanken feststellbar sind, werden sie im Rahmen der Therapiestunde bearbeitet. Während der Therapiestunde sollte der Therapeut sich wiederholt um die Rückmeldung des Patienten zu eigenen Äußerungen bemühen.

Angemessenes Therapeutenverhalten:

- Der Therapeut erfragt Rückmeldung zur letzten Therapiestunde, wenn sich der Patient nicht selbst dazu äußert.
- Der Therapeut erbittet Rückmeldung zur Hausaufgabe.
- Der Therapeut erfragt Eindrücke und Gefühle des Patienten zur Therapiestunde und zum eigenen Verhalten am Ende der Sitzung.
- Der Therapeut achtet auf ungewöhnliche verbale und nonverbale Reaktionen des Patienten (ungewöhnliche Begriffe, Laute, mimische und gestische Reaktionsformen etc.) und spricht darüber.
- Der Therapeut gibt wiederholt dem Patienten Rückmeldung über sein Verständnis der geschilderten Problemsituationen, Gefühle usw. in Form von Kurzwiederholungen (z.B. „Ich verstehe das jetzt so,...").
- In bestimmten Situationen der Stunde erfragt der Therapeut die Ansichten und Meinungen des Patienten zur Anwendung bestimmter therapeutischer Vorgehensweisen.
- Der Therapeut erbittet Rückmeldung, wenn er selbst bestimmte Probleme und Ansichten des Patienten in seiner Sichtweise (seinem Verständnis) wiedergegeben hat und der Patient sich nicht spontan dazu äußert.

Ungünstiges Therapeutenverhalten:

- Der Therapeut erfragt keine Rückmeldung zu den Erlebnissen der letzten Therapiestunde.
- Der Therapeut geht auf die Übungen, Aufgaben überhaupt nicht ein und erfragt keine Rückmeldung.
- Der Therapeut erbittet während der Stunde nur selten oder nie Rückmeldung vom Patienten, noch achtet er auf eindeutige verbale und nonverbale Reaktionsformen des Patienten, die Unverständnis, Unklarheit, Ablehnung, Widerwillen, Unmut, starke Gefühlsausbrüche etc. signalisieren.
- Der Therapeut erfragt zwar Rückmeldung, geht aber inhaltlich nicht darauf ein, wenn der Patient von Problemen und Schwierigkeiten berichtet.
- Der Therapeut erbittet Rückmeldung zu seiner eigenen Person, geht jedoch mit Kritik seitens des Patienten nicht konstruktiv um, sondern beginnt sich zu verteidigen bzw. die Kritik gänzlich von sich zu weisen.
- Der Therapeut gibt dem Patienten Rückmeldung, jedoch in ungeschickter, unkonkreter, kritisierender Art und Weise.

2. Struktur der Sitzungen

Planung der Therapiestunde

Zum Beginn jeder Therapiestunde erstellt der Therapeut gemeinsam mit dem Patienten eine Tagesordnung. Diese Tagesordnung hat den Zweck, die vorhandene Therapiezeit von ca. 60 Minuten pro Sitzung sinnvoll zu strukturieren. Es soll dadurch gewährleistet werden, daß die wesentlichen Probleme des Patienten behandelt werden, daß Problembereiche angegangen werden, die dem Patienten einsichtig und durchschaubar sind (Motivationseffekt), und daß durch die vorherige Festlegung und Operationalisierung von Therapiezielen therapeutisches Handeln vorstrukturiert und letztlich auch evaluierbar wird.

Die Grobstruktur einer Tagesordnung besteht aus zwei retrospektiven und einem prospektiven Element: einer kurzen Zusammenfassung der Erfahrungen des Patienten seit der letzten Therapiestunde, einer kurzen Besprechung der Hausaufgaben des Patienten, der Formulierung spezieller Zielsetzungen für die kommende Sitzung.

Die beiden retrospektiven Elemente sind sehr

wichtig und sollten nach Möglichkeit immer Bestandteil einer Tagesordnung sein. Zum einen ergibt sich hieraus häufig Material für die speziellen Zielsetzungen der Stunde, zum anderen können Mißverständnisse und fehlerhafte Verhaltensweisen erst durch die Berücksichtigung dieser Rückmeldungskomponenten vermieden werden.

Die Festlegung spezieller Ziele für die beginnende Therapiesitzung ist ein wesentlicher Bestandteil einer Tagesordnung. Zu beachten ist hierbei die präzise Beschreibung und Festlegung des angestrebten Zielverhaltens, damit beide, Therapeut und Patient, entscheiden können, ob das angestrebte Ziel erreicht werden konnte. Der gesamte strukturelle Aufbau einer Tagesordnung wird durch mehrere Faktoren beeinflußt, die vom Therapeuten mitzubedenken sind:

1. Stadium der Therapie: Das Stadium der Therapie bzw. die Therapiefortschritte eines Patienten bestimmen vor dem theoretischen Hintergrund ganz wesentlich den Inhalt einzelner Elemente einer Tagesordnung. Bestimmte therapeutische Elemente können erst dann vermittelt oder bestimmte Therapieziele anvisiert werden, wenn bei dem Patienten bestimmte Grundbausteine vorhanden sind. So muß z.B. der Patient erst einmal ein angemessenes Aktivitätsniveau wiedererlangen, bevor kognitive Strategien eingeführt werden können.

2. Aktuelle Probleme des Patienten: Aktuelle Probleme des depressiven Patienten beeinflussen z.T. sehr stark den Inhalt einer Tagesordnung. Gerade zu Beginn einer Therapie wird der Therapeut häufig mit bedeutsamen Ereignissen und Erlebnissen des Patienten konfrontiert. Hier ist es sehr wichtig, aber mitunter auch sehr schwierig, herauszufinden, welches dieser Ereignisse und Erlebnisse für den Patienten und für den Fortschritt der Therapie am bedeutungvollsten ist und im Rahmen dieser Stunde auch behandelt werden muß. Andererseits gibt es depressive Patienten, die von sich aus nicht über bedeutsame Erlebnisse sprechen bzw. bestimmten Erlebnissen keine große Bedeutung mehr beimessen, weil sie sie in immer gleicher Art und Weise wahrnehmen oder interpretieren. Für den Therapeuten bedeutet dies, daß er bei der Planerstellung konkret und gezielt nach negativen und positiven Erlebnissen und Erfahrungen fragen und u.U. selbst entscheiden muß, welches Thema bearbeitet werden soll.

3. Intensität der Depression: Dem theoretischen und therapeutischen Verständnis entsprechend werden bei schwer depressiven Menschen eher verhaltensaufbauende, stabilisierende und stützende Techniken angewendet. Erst wenn die Depression im Verlauf der Therapie etwas abgeklungen ist, werden kognitive Themen und Aufgaben bzw. das Arbeiten an sozialen Fertigkeiten, die in einem sehr viel stärkeren Maße eine Beteiligung des Patienten erfordern, Inhalte der Tagesordnung sein.

4. Offene Tagesordnung: Tagesordnungspunkte aus der letzten Therapiesitzung, die aus bestimmten Gründen nicht behandelt werden konnten, sollten auf keinen Fall einfach wegfallen. Der Therapeut sollte sie noch einmal ansprechen und gegebenenfalls in die Tagesordnung der kommenden Sitzung erneut aufnehmen.

5. Reaktionen auf die letzte Therapiesitzung: Häufig zeigen sich psychische Reaktionen auf bestimmte Ereignisse einer Therapiesitzung erst einige Stunden oder Tage später. Diese Reaktionen können aber wesentliche Informationen über die Einstellung des Patienten zu sich selbst, der Therapieform und/oder dem Therapeuten gegenüber beinhalten. Deshalb sollte der Therapeut immer bei der Planerstellung nach derartigen rückwirkenden Effekten fragen.

6. Heimliche Tagesordnung des Patienten: Damit bezeichnet man Verhaltensstrategien des Patienten, z.B. bestimmte Themen nicht anzusprechen oder sie als unbedeutend abzutun bzw. bestimmte wichtige Erlebnisse erst am Schluß der Stunde „anzubieten", wenn die verbleibende Therapiezeit für eine intensive Besprechung nicht mehr ausreicht. Für den Therapeuten bedeutet dies, daß er auf derartige Vermeidungsstrategien achten und sie zum Thema der Stunde machen muß.

Bei der Gestaltung der Tagesordnung sind folgende Aspekte zu berücksichtigen:

- Die Erstellung der Tagesordnung sollte nicht länger als fünf Minuten dauern.
- Die Tagesordnung bietet für Patient und Therapeut einen Orientierungsrahmen, der nach Möglichkeit eingehalten werden soll, der aber nicht vom Therapeuten und vom Patienten als statische, unveränderbare, einengende Struktur begriffen werden darf.
- In einer einstündigen Sitzung sind selten mehr als zwei Tagesordnungspunkte (außer den hausaufgabenbezogenen Teilen) zu bearbeiten. Oft reicht die Zeit nicht einmal für die Bewältigung eines Inhalts.
- Bei einzelnen Fällen bzw. zu einzelnen Sitzungen kann es außerdem sinnvoll sein, bereits zu Beginn der Sitzung gemeinsam mit dem Patienten festzulegen, wieviel Zeit für jeden der anstehenden Punkte eingeplant werden soll.

Angemessenes Therapeutenverhalten:

Das Gesprächsverhalten des Therapeuten bei der Erstellung der Tagesordnung ist aktiv, ohne dominant zu sein. Der Therapeut stellt Fragen, regt Themen an, wenn der Patient sie nicht selbst vorbringt („Wäre das ein Punkt über den wir sprechen sollten? Könnten wir uns einmal über dieses Thema unterhalten? Lassen Sie uns das doch einmal zum Thema machen. Was halten Sie davon?" etc.), stellt Fragen zur Diskussion etc. Der Therapeut ist also immer um die Meinung und die Ansicht des depressiven Patienten bemüht und versucht nicht, für ihn zu denken oder gar für ihn zu entscheiden. Folgende Verhaltensweisen sollte ein Therapeut bei der Erstellung einer Tagesordnung bedenken:

- Der Therapeut erfragt Erkenntnisse, Probleme und Schwierigkeiten des Patienten bei der Hausaufgabendurchführung und schlägt dies eventuell als Punkt der Tagesordnung vor.
- Der Therapeut erfragt Erkenntnisse, Eindrücke, Erlebnisse und Probleme des Patienten als Reaktion auf die letzte Therapiestunde.
- Der Therapeut fragt nach bedeutsamen Ereignissen und Erlebnissen des Patienten in der Zeit nach der letzten Therapiestunde.
- Der Therapeut fragt nach Aufgaben und Ereignissen, die auf den Patienten zukommen werden.
- Der Therapeut fragt den Patienten, über welche weiteren Themenbereiche er sprechen möchte.
- Der Therapeut schlägt die Besprechung von Themen vor, die in der letzten Therapiestunde nur sehr kurz oder nicht mehr behandelt werden konnten.
- Der Therapeut schlägt eigene Themenbereiche vor.
- Der Therapeut erstellt gemeinsam mit dem Patienten eine Prioritätenliste, wobei entschieden wird, welche Themen in dieser Stunde behandelt und welche auf später vertagt werden sollen.
- Therapeut und Patient legen gemeinsam eine Reihenfolge der in dieser Stunde zu behandelnden Themen fest.
- Der Therapeut faßt noch einmal die erarbeiteten Tagesordnungspunkte zusammen und beginnt mit der Besprechung des ersten Punktes.

Ungünstiges Therapeutenverhalten:

- Der Therapeut legt die Tagesordnung fest, ohne sich mit dem Patienten darüber abzusprechen.
- Der Therapeut erkundigt sich nicht nach Ereignissen und Problemen bei der Hausaufgabenausführung und erfragt keine weiteren Eindrücke zur letzten Therapiestunde, wenn nicht der Patient von selbst darauf zu sprechen kommt.
- Der Therapeut erfragt keine zukünftigen schwierigen Aufgaben und Probleme des Patienten.
- Der Therapeut geht an wesentlichen Bedürfnissen bei der Erstellung der Tagesordnung vorbei.
- Kaum oder nicht behandelte Themenbereiche aus der letzten Stunde werden nicht mehr angesprochen.

> - Die speziellen Therapieziele für diese Stunde werden nur sehr ungenau benannt.
> - Bei der endgültigen Erstellung der Tagesordnung wird keine Priorität und keine Reihenfolge festgelegt.
> - Es wird von dem Therapeuten überhaupt keine Agenda erarbeitet, sondern er beginnt sofort mit der Therapie, obwohl hierfür keine Gründe feststellbar sind (z.B. sehr verzweifelte Grundstimmung des Patienten).
> - Der Therapeut beharrt auf der Bearbeitung einer Tagesordnung, obwohl der Patient aktuell dazu nicht in der Lage ist (z.B. wegen einer Krise, starker Verzweiflung etc.).

Die Erstellung der Tagesordnung sollte mit Ausnahme der ersten Therapiestunde jedesmal erfolgen. Lediglich bei akuten depressiven Krisen kann die explizite Stundenplanung wegfallen. Ferner ist die Tagesordnung als Rahmen zu verstehen, d.h. neue, wichtige Themen, die während der Therapiestunde angesprochen werden, können die vorher erarbeitete Tagesordnung verändern (neue Themen können sich ergeben oder der zeitliche Rahmen für die Besprechung der einzelnen Themen verändern etc.). Einhalten und Bearbeiten der Tagesordnung in der Sitzung ist gemeinsames Ziel von Therapeut und Patient. Es stellt eine beträchtliche Anforderung an den Therapeuten dar, trotz Beachtung der gemeinsamen Sitzungsplanung ausreichende Flexibilität zu zeigen, um Probleme, die während des Therapieverlaufs auftauchen, noch zu berücksichtigen. Eine gute und richtige Strukturierung ermöglicht Raum für nicht vorhersagbare Themen und Schwierigkeiten.

Die effektive Verwendung der Therapiezeit

Die optimale Verwendung der Therapiezeit ist sehr wichtig, da die Verhaltenstherapie sich von anderen therapeutischen Verfahren gerade durch eine relativ geringe Anzahl von Therapiestunden unterscheidet. Für die Durchführung bedeutet dies konkret, daß die vorherige Grobplanung der Therapiestunden in den meisten Fällen auch in die Tat umzusetzen ist. Die Tagesordnungspunkte sollten in der Regel nacheinander behandelt und die vorher u.U. eingeräumte Therapiezeit für die Dauer der einzelnen Punkte weitestgehend eingehalten werden (wobei sich natürlich Veränderungen aufgrund aktueller Ereignisse ergeben können).

Der Therapeut leitet in der verfügbaren Zeit das Gespräch auf die therapeutisch wesentlichen Aspekte und Problembereiche und versucht, dem Patienten zu neuen Einsichten und Erkenntnissen zu verhelfen, ohne den Patienten zu überfordern. Er beendet einen Themenbereich möglichst zu der vorgegebenen Zeit oder aber auch früher, wenn sich keine wesentlich neuen Aspekte ergeben und geht nach einer kurzen Zusammenfassung zum nächsten Tagesordnungpunkt über. Der Therapeut leitet häufig die Gesprächsführung (vor allem in der ersten Phase der Therapie) und führt immer wieder auf das Kernthema zurück, wenn der Patient abschweift (z.B. „Lassen Sie uns doch noch einmal zum Ausgangspunkt zurückzukommen. Sie haben eben gesagt, ..."). Zu einem optimalen Therapeutenverhalten gehört hier auch die Flexibilität, eine ursprüngliche Strukturierung zugunsten eines neuen wichtigen Themas zu verändern. Diese Änderung muß jedoch so erfolgen, daß noch genügend Zeit (mindestens zehn Minuten) verbleibt, um an dem neuen Punkt zu arbeiten.

> **Angemessenes Therapeutenverhalten:**
>
> - Der Therapeut unterbricht den Patienten, wenn er wiederholt abschweift und führt ihn auf das Thema zurück.
> - Der Therapeut versucht, die Struktur dieser Therapiestunde themen- und zeitmäßig einzuhalten.
> - Wenn wesentliche neue Erkenntnisse und/oder bisher nicht bekannte Problembereiche angesprochen werden, ist der Therapeut flexibel genug, nicht das Gespräch abzubrechen und zu einem neuen Punkt überzugehen, sondern verfolgt dieses neue wichtige Thema zielorientiert weiter.
> - Der Therapeut unterbricht längere Schweigephasen des Patienten.

> **Ungünstiges Therapeutenverhalten:**
>
> - Der Therapeut orientiert sich ohne ersichtlichen Grund nicht an der festgelegten Tagesordnung.
> - Der Therapeut springt von einem Thema zum anderen, ohne auf eines näher einzugehen.
> - Dem Therapeuten gelingt es nicht, den ständig abschweifenden Patienten auf das Thema zurückzubringen.
> - Der Therapeut unterbricht längere Schweigephasen des Patienten nicht.
> - Der Therapeut orientiert sich ausschließlich an den Inhalten der Tagesordnung und ist nicht flexibel genug, wichtige neue Themen aufzugreifen.

Zusammenfassungen geben und erbitten

Ein sehr bedeutsames didaktisches Element des therapeutischen Gesprächsverhaltens ist das Geben und Erbitten von Zusammenfassungen. Erst durch regelmäßiges, kurzes Zusammenfassen von Gesprächs- bzw. Übungsinhalten, Schlüsselproblemen oder Ergebnissen wird es möglich, die Kodierung lernrelevanter Informationen zu erhöhen, die Aufmerksamkeit des Patienten auf spezielle Bereiche zu lenken und seine Gedächtnisleistung im weitesten Sinne zu optimieren. Zusammenfassungen gewährleisten, daß konkrete Probleme besprochen und bearbeitet werden bzw. der derzeitige Stand der Problemlösung erkannt wird.

Auf inhaltlicher Ebene lassen sich vor allem zwei Aspekte einer Zusammenfassung unterscheiden:

1. Durch Zusammenfassungen kristallisieren sich spezielle Schlüsselprobleme des Patienten, wie sie sich im Gespräch darstellen, im Laufe der Zeit immer konkreter heraus. Der Kern der speziellen Probleme und Schwierigkeiten des Patienten wird deutlich, und es verringert sich die Gefahr der Bearbeitung globaler und diffuser Problemlagen.
2. Durch Zusammenfassungen erhält der Therapeut die Möglichkeit, den derzeitigen Entwicklungsstand des Patienten bezüglich der Problemerkennung und -lösung im Vergleich zu anderen Phasen der Therapie aufzuzeigen, um ihm Veränderungen bewußt zu machen.

Die Zusammenfassung dient als therapeutische Technik einem zentralen Ziel: Dem Patienten als Leitfaden die Inhalte der Therapiestunde so transparent, logisch einsichtig und nachvollziehbar wie nur möglich zu machen und darüber hinaus wesentliche Therapieinhalte (z.B. eine Problemerkenntnis oder eine mögliche Problemlösestrategie etc.) fest in seinem Denken zu verankern. Untersuchungsergebnisse haben gezeigt, daß depressive Patienten auf die Möglichkeit, Zusammenfassungen und Feedback selbst geben zu können, im allgemeinen sehr positiv reagieren. Diese Techniken fördern darüberhinaus Vertrauen und dienen somit auch einer Optimierung der Patient-Therapeut-Beziehung.

Der Therapeut gibt und erbittet im Laufe der Therapiestunde in der Regel mindestens drei Kurzzusammenfassungen:

1. Nach der Erstellung der Tagesordnung faßt er die wichtigsten Punkte noch einmal zusammen.
2. Nach der Bearbeitung eines bestimmten Tagesordnungspunktes, spätestens jedoch nach der Hälfte des Gesprächs, faßt er die wichtigsten Aspekte zusammen oder bittet den Patienten, dies zu tun.
3. Gegen Ende der Sitzung gibt er eine Kurzzusammenfassung oder bittet den Patienten, dies zu tun.

Über diese drei groben Anhaltspunkte hinaus sollte der Therapeut immer dann eine kurze Zusammenfassung geben, wenn seiner Auffassung nach sehr bedeutsame Ergebnisse im Laufe des Gesprächs erzielt werden konnten, um dies dann noch einmal verdeutlichend aufzuzeigen und es aus dem allgemeinen Gesprächsfluß herauszuheben.

Ferner sollte der Therapeut den Patienten immer dann um eine Kurzzusammenfassung bitten, wenn er sich nicht sicher ist, ob ein bestimmtes Gesprächsergebnis wirklich vom Patienten verstanden worden ist oder wenn er generell Mißverständnisse befürchtet. In einer Zusammenfassung müssen auf jeden Fall die wichtigsten Elemente des vorherigen Gesprächs in sehr prägnanter, verdichteter Form enthalten sein, ohne kompliziert und verwirrend zu wirken.

Zweckmäßigerweise sollten bestimmte Erkenntnisse und Ergebnisse mit einprägsamen Begriffen bezeichnet werden („Eselsbrücken"), die leicht im Gedächtnis haften bleiben. Zeitlich sollte eine Zusammenfassung nur in seltenen Fällen länger als eine Minute dauern.

Angemessenes Therapeutenverhalten:

- Der Therapeut rekapituliert und reformuliert ab und zu die Probleme, an denen während der Stunde gearbeitet wurde.
- Der Therapeut faßt die speziellen therapeutischen Maßnahmen in bezug auf ein bestimmtes Problem zusammen oder bittet den Patienten, dies zu tun.
- Der Therapeut faßt Fortschritte des Patienten im Vergleich zu früheren Phasen der Therapie bei der Analyse und Bearbeitung eines Problems zusammen.
- Der Therapeut erbittet eine Zusammenfassung am Ende der Stunde bzw. gibt selbst eine.
- Der Therapeut faßt am Anfang noch einmal die erarbeiteten Punkte der Tagesordnung zusammen.
- Der Therapeut läßt am Ende der Stunde den Patienten die aufgegebenen Hausaufgaben kurz zusammenfassen.

Ungünstiges Therapeutenverhalten:

- Der Therapeut gibt selbst keine kurzen Zusammenfassungen und fordert sie auch nicht vom Patienten.
- Der Therapeut gibt zwar Zusammenfassungen, die aber nicht korrekt sind (der Patient reagiert dann z.B. ablehnend).
- Der Therapeut gibt sehr komplizierte, weitschweifige Zusammenfassungen, die nur schwer verständlich sind und sehr viel Zeit in Anspruch nehmen

3. Hausarbeiten und Übungen zwischen den Sitzungen

Bedeutung von Hausarbeiten

Als Hausarbeit wird jegliche Aufgabe verstanden, die außerhalb der Sitzung zu leisten ist. Die Bedeutung von Hausaufgaben für eine wirksame Psychotherapie ist wiederholt hervorgehoben worden. Die systematische Anwendung und Einhaltung von Hausaufgaben scheint wesentlich dazu beizutragen, daß eine Besserung eintritt und der Erfolg nach Beendigung der Behandlung anhält. Dauerhafte Veränderungen sind leichter zu erreichen, wenn der Patient aktiv an Erfahrungen außerhalb der Praxis beteiligt ist.

Außerdem erhält er dadurch Gelegenheit, die speziellen Techniken und Fertigkeiten anzuwenden, die er zuvor während der Therapie gelernt hatte. Hausarbeiten dienen zur Verstärkung und Ergänzung des Lernens in der Therapie.

Der Patient wird angehalten, die Hausarbeiten als einen wesentlichen Bestandteil der Behandlung zu betrachten. Hausarbeiten sind nicht bloß ein fakultatives, zusätzliches Verfahren. Der Therapeut wendet Zeit dafür auf, jede Hausaufgabe zu begründen. Während der ganzen Behandlung hebt er immer wieder hervor, wie wichtig es ist, sich jeder Aufgabe zu unterziehen.

Patienten engagieren sich mit größerer Wahrscheinlichkeit für eine Aufgabe, wenn sie die Gründe dafür verstehen und wenn sie Gelegenheit erhalten, ihre Einwände dagegen vorzubringen.

Der Therapeut und der Patient formulieren gemeinsam die Hausaufgaben. Diese Strategie gestattet es dem Therapeuten, die Hausarbeiten auf die Situation des einzelnen Patienten zuzuschneiden. Durch dieses gemeinsame Vorgehen werden die Hausarbeiten zu einer ungeschriebenen Vereinbarung und man vermeidet Machtkämpfe zwischen Patient und Therapeut. Der Patient sollte sehen, daß er bei der Formulierung der Hausarbeiten eine wichtige Rolle spielt oder daß er zumindest konsultiert worden ist.

Wann immer es möglich ist, legt der Therapeut die theoretischen und therapeutischen Gründe für die Hausarbeiten dar. Um zu erreichen, daß die Hausaufgaben gemacht werden, kann der

Therapeut die Aufgabe als Experiment darstellen. Statt zu sagen: „Das wird Ihnen gut tun", könnte der Therapeut sagen: „Warum versuchen Sie es nicht damit?" oder: „Was haben Sie zu verlieren und was haben Sie zu gewinnen?" oder: „Sehen wir einmal, ob wir einen Weg finden könnten, um diese Gedanken zu überprüfen".

Formulierung der Hausarbeiten

Jede Hausarbeit ist auf den einzelnen Patienten zugeschnitten. Stärker depressiven Patienten werden einfachere Aufgaben gestellt. Es ist wichtig, daß der Patient jede Aufgabe als einen relativen Erfolg erlebt. Soweit dies möglich ist, sollte der Therapeut versuchen, Probleme bei der Ausführung der Hausarbeiten vorwegzunehmen. Der Therapeut sollte sich bei der Beschreibung der Aufgabe so klar und genau wie möglich ausdrücken. Es ist besser zu sagen: „Schreiben Sie zehn bis zwanzig Aktivitäten nieder", als: „Halten Sie einige Aktivitäten fest".

Es ist oft nützlich, den Patienten die Aufgabe in seinen eigenen Worten wiederholen und die Probleme beschreiben zu lassen, mit denen er dabei rechnet. Manchmal kann man den Patienten veranlassen, sich vorzustellen, wie er die Aufgabe ausführt, so daß Probleme, mit denen der Patient rechnet, festgestellt und durch sorgfältigere Planung vermieden werden können.

Das Interesse des Therapeuten an den Aufgaben beeinflußt erfahrungsgemäß die Ausführung künftiger Aufgaben. Über jede Hausarbeit sollte zu Beginn der jeweiligen Sitzung Bericht erstattet werden. Gegen Ende jeder Sitzung sollten neue Hausaufgaben gestellt werden. Durch die Berichterstattung über jede Aufgabe bewirkt der Therapeut beim Patienten eine soziale Verstärkung für die Erfüllung der Aufgabe. Außerdem zeigt der Bericht, ob die jeweiligen Instruktionen verständlich waren.

Es ist wichtig, die Gedanken zu untersuchen, die durch die Hausarbeiten ausgelöst werden. Empfindet der Patient beispielsweise die Aufgabe als zu einfach, zu schwierig, oder meint er, dadurch voll in Anspruch genommen zu sein? Obwohl die Aufgabe dem Therapeuten vertraut oder einfach erscheinen mag, kann sie der Patient als fremdartig, kompliziert oder langweilig empfinden.

Der Therapeut sollte darauf achten, ob der Patient Aufgaben, die er in Angriff nahm, aber nicht zu Ende führte, als Mißerfolg verbucht und sollte diesen Eindruck korrigieren. Jeder Versuch, eine neue Aufgabe auszuführen, ist bereits als Erfolg anzusehen. Die Berichte des Patienten über unvollständig ausgeführte Aufgaben sind oft genau so nützlich, wie eine erfüllte Aufgabe. Wenn der Patient die Aufgabe gar nicht zu machen versucht, sollte der Therapeut feststellen, ob seine Instruktionen mißverständlich waren und ob der Patient die Relevanz der Aufgabe für die Überwindung seiner Probleme verstanden hat.

Mögliche Hausarbeiten:

- Selbstbeobachtungen verschiedenster Art (z.B. Verhaltensweisen, Aktivitäten, Gefühle, Gedanken).
- Notizen zu bestimmten Erlebnissen, Eindrücken und Gedanken (z.B. Tagebuch).
- Übungsprotokolle der Anwendung bestimmter Techniken (z.B. sozial kompetentes Verhalten; Selbstverstärkung).
- Planungen von Aktivitäten (z.B. Tages-/Wochenpläne).
- Analysen von Erfahrungen (z.B. Zusammenhang von Situationen-Gefühlen-Gedanken).
- Stimmungsbeurteilungen.

Die individuelle Ausgestaltung von Hausarbeiten soll durch diese Auflistung nicht aufgehoben werden. Es ist notwendig, daß der Therapeut sehr genau darauf achtet, inwieweit eine bestimmte Aufgabe zu dem bearbeiteten Therapiethema paßt. Standardmäßig formulierte und verabreichte Hausarbeiten helfen nicht weiter und rufen möglicherweise unnötigen Widerstand hervor. Gleichzeitig ist jedoch zu beachten, daß die konkrete Formulierung, die Festlegung und das Verfügbarhaben von vorgedruckten Materialien die Durchführung einer Aufgabe durch den größeren Aufforderungsgehalt begünstigt. Dies kann allein schon dadurch erreicht werden, daß der Therapeut z.B. eine vorgeschlagene Selbstbeobachtung durch die Ausgestaltung des Beobachtungsprotokolls (z.B. die Einteilung eines Blattes Papier in bestimmte Spalten) konkretisiert.

Angemessenes Therapeutenverhalten:

- Der Therapeut schlägt Hausarbeit in konkreter Weise vor.
- Der Therapeut erfragt Patienten nach möglichen Hausarbeiten zu einem bestimmten Thema.
- Verschiedene Alternativen an Hausarbeiten werden zusammengetragen.
- Der Therapeut gibt Begründung für Sinn und Zweck von Aufgabenvorschlägen.
- Der Patient wird über seine Meinung hinsichtlich einer Hausarbeit bzw. der Aufgabenalternativen befragt (Kooperation zwischen Therapeut und Patient).
- Mögliche Probleme bei der Erledigung der Hausarbeit werden antizipiert und diskutiert.
- Die Durchführung einer Hausarbeit wird als Experiment zur Prüfung von Hypothesen dargestellt.
- Materialien zur Durchführung einer Hausaufgabe werden gegeben bzw. erstellt.
- Ermutigung und Verstärkung für die Bereitschaft, Hausarbeiten durchzuführen oder Ideen für Hausarbeiten zu liefern.

Ungünstiges Therapeutenverhalten:

- Der Therapeut versäumt, Hausarbeit zu geben.
- Hinweis, daß Hausaufgabe gut wäre bzw. zu tun ist, ohne dies konkret vorzuschlagen oder zu erarbeiten.
- Der Therapeut verlangt dogmatisch bzw. autoritär die Erledigung einer Hausarbeit.
- Begründung für eine Aufgabe wird nicht gegeben.
- Mögliche Vorbehalte und Probleme werden nicht besprochen.
- Materialien oder Hilfen zur Hausaufgabenerledigung werden nicht gegeben.
- Positive Bemerkungen über Vorschläge des Patienten zu den Hausarbeiten unterbleiben.

Schwierigkeiten bei Hausarbeiten

Die folgenden Äußerungen von Patienten sind häufige und mögliche Schwierigkeiten bei der Erledigung von Aufgaben (vgl. BURNS 1983):

1. Ich fühle mich völlig hilflos. Ich bin überzeugt, daß mir nichts mehr hilft. Deshalb ist es sinnlos, sich abzuquälen.
2. Die Hausaufgabe wurde mir nicht ausreichend erklärt, ich habe nicht gewußt, was ich genau tun soll.
3. Ich kann in dieser Hausaufgabe keinen Sinn sehen, diese Methode hilft mir nicht.
4. Ich traue mir nichts zu. Ich denke: „Ich bin ein Versager" und dann fange ich erst gar nicht an.
5. Ich habe die Hausaufgaben machen wollen, aber ich vergesse es immer wieder.
6. Ich habe Vorbehalte gegenüber dem Therapeuten; er macht eine echte Zusammenarbeit schwer.
7. Ich fühle mich hilflos und glaube nicht, daß ich es wirklich tun kann, auch wenn ich es mir vornehmen würde.
8. Der Therapeut versucht, mich herumzukommandieren oder mich zu kontrollieren.
9. Ich habe Angst, daß der Therapeut mich kritisiert, da ich es bestimmt nicht gut genug mache.
10. Ich glaube, daß der Therapeut das eigentliche Problem nicht angeht und sich nicht mit dem beschäftigt, was für mich wirklich wichtig ist.
11. Mein Zustand ist gleichbleibend, die Hausaufgaben helfen nicht.
12. Ich habe schon genug ausprobiert, was nicht geholfen hat, es hat keinen Sinn, noch weiter herumzuprobieren.
13. Es ist die Aufgabe des Therapeuten, dafür zu sorgen, daß es mir besser geht.
14. Die Hausaufgaben sind zu kompliziert und bedeuten zuviel Arbeit.
15. Es ist für mich zu peinlich festzuhalten, was ich tue oder denke, weil es dann jemand sehen könnte.

Aufgrund bestimmter negativer Einstellungen zu den Hausarbeiten kann es vorkommen, daß

Patienten ihre Aufgaben nicht oder nur unvollständig ausführen. Diese negativen Einstellungen zeigen sich in den selbsthemmenden Sätzen Nr. 1, 3, 4, 7, 12, 15. Der Patient kann lernen, diese Gedanken in Frage zu stellen, genau so wie er andere verzerrte Kognitionen hinterfragt.

Manche Patienten glauben, daß sie „keinen Sinn darin sehen", Aufzeichnungen zu machen oder Strichlisten zu führen. Der Therapeut kann diese Überzeugung in Frage stellen, indem er sie befragt, ob es in der Vergangenheit Zeiten gegeben hat, in denen sie sich Listen machten (z.B. als Vorbereitung auf eine Reise). Manche Patienten muß man mit dem Gedanken vertraut machen, daß eine solche Buchführung eine nützliche Fertigkeit ist, die erlernt werden kann. Manche Patienten glauben, daß ihre Probleme „zu komplex" oder „zu tiefsitzend" seien, um sich durch einfache Aufgaben lösen zu lassen. Diesen Patienten kann man sagen, daß selbst die kompliziertesten Unternehmungen, wie die Entsendung eines Menschen in den Weltraum, aus einfachen, konkreten Schritten bestehen bzw. damit beginnen. Man kann die Patienten auch veranlassen, die Vor- und Nachteile ihrer Überzeugung, daß ihre Probleme nicht durch Hausarbeiten gelöst werden können, abzuwägen. So kann der Therapeut beispielsweise fragen: „Ist es nützlich, schon bevor Sie es versucht haben zu glauben, daß Ihnen Aufgaben nichts nützen?".

Manche Patienten scheuen schriftliche Aufgaben, weil sie Schwierigkeiten mit der Grammatik, der Formulierung oder der Rechtschreibung haben. Der Therapeut sollte feststellen, ob die Nichterledigung der Aufgaben auf einen dieser Faktoren zurückzuführen ist. Dieses Problem kann durch die einfache Mitteilung gelöst werden, daß die äußere Form der Hausaufgaben für ihren Zweck irrelevant ist. Durch die verstärkte Beteiligung des Patienten an der Planung von Aufgaben können Schwierigkeiten, die in den Sätzen 2, 9, 10, 14 angesprochen sind, aufgefangen werden. Oft empfiehlt es sich, dem Patienten zu helfen, diese neuen Ideen in konkrete Pläne umzusetzen.

Beispiel:
Ein Patient machte beispielsweise den Vorschlag daß er seine Selbstbeobachtung auf Kassette sprechen könne. Der Therapeut ermutigte ihn, diesen Gedanken zu verwirklichen und gab ihm zu diesem Zweck eine Kassette mit.

Schließlich können Schwierigkeiten in der Beziehung zum Therapeuten bzw. dessen Verhalten die Erledigung von Aufgaben blockieren. Die Sätze Nummer 6, 8, 9, 10, 13, 15 drücken solche Hindernisse aus. Zur Überwindung ist es wichtig, diese Schwierigkeiten zum Thema der Stunde zu machen, wobei es eventuell für den Therapeuten dann richtig ist, einen Fehler zuzugeben und gemeinsam über Lösungen nachzudenken.

4. Umgang mit Krisen

Im Verlauf jeder Behandlung können Krisen und Phasen plötzlicher Verschlechterung eintreten. Ziel ist es, diese Schwierigkeiten aufzufangen und dem Patienten die Möglichkeit zu geben, mit solchen Krisen in konstruktiver Weise umzugehen. Jedem Patienten sollte die Möglichkeit offenstehen, in Notsituationen seinen behandelnden Therapeuten anzurufen bzw. anzusprechen. Dieser sollte dem Patienten aber auch einen ihm bekannten Kollegen nennen, falls er nicht zu erreichen sein sollte.

Zentrale Verhaltensmerkmale des Therapeuten bei Krisen stellen die sogenannten „**beruhigenden Versicherungen**" dar. Diese Methode setzt voraus, daß der Patient den Therapeuten für kompetent hält, daß dessen Äußerungen glaubhaft wirken und überzeugend dargestellt werden. Sie wirken nur dann beruhigend auf den Patienten, wenn er merkt, daß seine Schwierigkeiten anerkannt werden und wenn ihm auch gleichzeitig deutlich gemacht wird, wie man ihm aus der Krise heraushelfen kann. Kaum beruhigend wirken oberflächliche Ratschläge. Im Gegenteil, Möglichkeiten der Hilfe und der Überwindung von Krisen sind spezifisch und konkret aufzuzeigen. Folgende beruhigende Versicherungen sind in Krisensituationen hilfreich:

1. Der Patient ist kein Einzelfall. Depressive Patienten sehen sich leicht als schwer behandelbare und in der Stärke der Beeinträchtigung als extrem seltene Fälle. Besonders in Krisen und Anfangsphasen der Behandlung ist es hilfreich, dem Patienten zu verdeutlichen, daß auch andere Menschen unter ähnlichen Stimmungen, Problemen und Beeinträchtigungen leiden.

2. Man kann die Störung beseitigen. Ähnlich hilfreich ist die Versicherung, daß der Therapeut vor diesem Patienten andere Fälle ähnlicher Art und Schwere erfolgreich behandelt hat und dies auch mit ihm gelingen wird, auch wenn es Mühe kosten sollte.

3. Verschlechterungen und Krisen werden während der Behandlung auftreten und aufgefangen. Der Therapeut sollte den Patienten wissen lassen, daß er Rückschläge und Krisen aufgrund seiner Erfahrung erwartet und für nicht ungewöhnlich hält. Diese Verschlechterungen bedeuten nicht, daß die Behandlung gescheitert ist oder abgebrochen werden muß. In Krisen steht der Therapeut, sofern notwendig, häufiger zur Verfügung, so daß der Patient die Sicherheit vermittelt bekommt, Verschlechterungen seines Befindens mitteilen zu können. Oft erweisen sich Krisen und deren Überwindung als wesentliche Phasen einer erfolgreichen Behandlung.

4. Der Patient soll Erfolge erleben. Während schwieriger Phasen ist es wichtig, durch das Aufgreifen aktuell belastender Dinge, dem Patienten Erfolge zu verschaffen. Das kann z.B. die unmittelbare Erledigung einer Sache (z.B. Brief abfassen, Telefonat führen), das exakte Durchdenken eines Ereignisses oder auch die Planung eines Vorhabens sein. Dies erlaubt häufig, daran anknüpfend Zwischenziele zu formulieren, die in den Aufbau von Aktivitäten und Hausaufgaben münden können. Die Zwischenziele sollten in jedem Fall bewältigbar sein, Mut machen und damit einer „Alles-oder-nichts-Haltung" entgegenwirken.

5. Der Therapeut knüpft an die Erfahrungen des Patienten an. Zukünftige Verbesserungen im Zustand des Patienten werden dann eher glaubhaft, wenn der Therapeut an frühere Depressionen und Bewältigungsversuche anknüpft. Der Therapeut kann daran verdeutlichen, daß bereits früher eine Besserung eingetreten bzw. die Überwindung stattgefunden hat. Er kann ferner daran die entsprechenden wirksamen Mechanismen und theoretischen Erklärungen aufzeigen und damit den Bezug zur gegenwärtigen Behandlung schaffen.

6. Die Entstehung von Depression und das Auftreten von Verschlechterungen sind erklärbar. Verstehbare und offen vorgebrachte Erklärungen des Zustandes des Patienten sind in sich schon angstreduzierend. Oft erleichtert bereits die Versicherung, daß die Krankheit, die Symptome und der Verlauf der Depression bekannt sind. Das Aufzeigen individueller Bedingungselemente der Depression bzw. der Verschlechterung des Befindens ist zusammen mit der Versicherung, dafür Hilfen anbieten zu können, eine weitere Möglichkeit, die Zuversicht des Patienten zu steigern.

Diese Vorschläge beruhigender Versicherungen dürfen nicht mechanisch angewandt werden. Sie bergen immer die Gefahr in sich, daß dadurch dem Patienten das Gefühl vermittelt werden kann, der Therapeut nehme seinen Zustand nicht ernst bzw. bagatellisiere die Gefühle des Patienten. Der Therapeut muß dem Patienten das Gefühl vermitteln, daß dessen Probleme (z.B. Verschlechterungen) ernst genommen werden, aber dennoch gelöst werden können.

Suizidtendenzen

Krisen können sich in der Verschlechterung der Symptomatik bis hin zur Verstärkung bzw. dem Auftreten von Selbstmordhandlungen auswirken.

Suizidneigungen des Patienten sollten den Therapeuten immer dazu veranlassen zu prüfen, inwieweit er glaubt, durch den regelmäßigen Kontakt und die verstärkten therapeutischen Maßnahmen Kontrolle über diese Selbsttötungstendenzen zu haben und zu behalten. Es sollte immer eine Beratung mit Kollegen, Vorgesetzten und/oder einem Supervisor gesucht werden. Vor allem bei den ambulant versorgten Patienten muß besonders sorgfältig erhoben werden, inwieweit suizidale Handlungen außerhalb der therapeutischen Kontakte verhindert werden können.

Fragen, die dabei bedacht werden sollten sind:
- Das Vorhandensein einer stabilen, vertrauensvollen Beziehung zwischen Therapeut und Patient.
- Das Eingehen bzw. das Vorhandensein eines Vertrages zwischen Therapeut und Patient, während des Behandlungszeitraums keine Suizidhandlungen zu begehen.
- Das Fortbestehen eines gewissen Aktivitätsniveaus, das soziale Kontakte einschließen sollte.
- Das Vorhandensein zumindest einer Bezugsperson bzw. einiger Kontaktpersonen.
- Das Gelingen, einige kurzfristige Ziele anzusteuern und dadurch zumindest von Sitzung zu Sitzung die Hoffnungslosigkeit zu durchbrechen.
- Die (täglichen) persönlichen bzw. telefonischen Kontakte, um dem Therapeuten Kontrolle und eventuell rasche Intervention zu ermöglichen.

Diese Aspekte reduzieren zwar die akute Suizidtendenz, doch sie stellen keine Gewähr für das Unterlassen von Selbstmordhandlungen dar.

Wirkkomponenten „guter" Depressionstherapeuten

Wiederholt haben sich Autoren mit der Frage beschäftigt: Was wirkt in der Psychotherapie der Depression? Welches sind wichtige, entscheidende Elemente des therapeutischen Handelns?

Nach Zeiss et al. (1979) ist es für eine wirksame Depressionstherapie wichtig, daß
(1) dem Patienten ein überzeugendes, auf ihn passendes Erklärungs- und die Therapie begründendes Modell vorgestellt wird.
(2) Diese Begründung sollte zu einem Plan bzw. einer Struktur für die Behandlung führen.
(3) Entscheidend ist es dabei, dem Patienten Fertigkeiten zur Lösung der Probleme des Alltags zu vermitteln und diese einzuüben.
(4) Der Transfer in die Lebenswelt des Patienten sollte angeregt, geplant und Gegenstand der therapeutischen Bemühungen sein.
(5) Damit wird erreicht, was längerfristig entscheidend ist, nämlich daß die Patienten „Selbstattributionen" für die Veränderungen und Erfolge vornehmen.

Stravinsky und Greenberg (1992) betonen, daß erfolgreiche Psychotherapeuten bei Depressionen (1) aktiv und (2) direktiv sind, (3) ein überzeugendes Erklärungs- und Begründungsmodell mit dem Patienten entwickeln, (4) zielorientiert sind, (5) gestuft und konkret vorgehen.

Elemente einer wirkungsvollen Depressionstherapie:

- Begründung der Erkrankung voranstellen
- Plan, Struktur für Behandlung formulieren
- konkrete Zielsetzung
- Fertigkeiten-orientiert
- gestuftes Vorgehen
- Anwendung von Besprochenem außerhalb des Therapiesettings
- aktive, direktive Therapeuten

Im Anhang ist in etwas erweiterter Form eine „Kompetenzliste kognitiver Verhaltenstherapeuten" abgedruckt, die für die Ausbildung und das Training entwickelt wurde. Dabei wird deutlich, daß die allgemeinen Merkmale (Teile I und III) von Psychotherapeuten bei der Arbeit mit Depressiven deutlich mehr Platz einnehmen als die „technischen" Aspekte und Therapiestrategien (Teil II).

VI. Struktur der Behandlung

Dieses Buch stellt eine Sammlung von Strategien und Materialien zum therapeutischen Vorgehen dar, die es auf der Grundlage der „Basiselemente des therapeutischen Handelns" ermöglichen, die Veränderung verschiedener Problembereiche bei depressiven Störungen zu planen und dabei die spezifische Situation und die Bedürfnisse des Patienten zu berücksichtigen. Obwohl die einzelnen Schritte des therapeutischen Vorgehens in diesem Buch ausführlich besprochen werden, werden die folgenden Kenntnisse für ein verantwortungs- und sinnvolles Arbeiten vorausgesetzt:

1. Verhaltenstherapeutisches Grundlagenwissen (z.B. KANFER und PHILLIPS 1975, KANFER und GOLDSTEIN 1977, BELLAK, HERSEN und KAZDIN 1982).
2. Kenntnis der grundlegenden Depressionsliteratur (z.B. HOFFMANN 1976, HAUTZINGER und HOFFMANN 1979, PAYKEL 1982).

Bei der Planung des therapeutischen Vorgehens geben die Abschnitte des vorausgehenden Kapitels dem Therapeuten Hinweise dafür, welche Verhaltensweisen und Einstellungen in der Interaktion mit dem Patienten günstig sind, wie einzelne Therapiesitzungen strukturiert werden sollten, wie bei der Gewinnung diagnostischer Informationen vorzugehen ist, wie der Therapeut auf Krisen während des Therapieprozesses reagieren sollte u.a. Diese Basiselemente bilden die Grundlage der Therapie und sollten, unabhängig von der Anwendung bestimmter Interventionsprinzipien oder der Bearbeitung verschiedener Problembereiche, dem Therapeuten präsent sein und von ihm beherrscht werden. Die vier Elemente der Behandlung verstehen sich als **Vorschläge** zum Vorgehen bei der Behandlung depressiver Störungen und der Überwindung der dabei typischerweise auftretenden Probleme. Im Rahmen dieser Strategiensammlung sollte der Therapeut je nach den individuellen Erfordernissen immer patientenzentriert vorgehen.

Planung der Therapie

Auf der Basis der durch eine Problem- oder Verhaltensanalyse gewonnenen diagnostischen Informationen über die depressive Störung des Patienten hat der Therapeut die Aufgabe, die Reihenfolge der Bearbeitung einzelner Problembereiche des Patienten und den Einsatz verschiedener Therapiemethoden zu planen. Dabei ist diese Planung als vorläufige aufzufassen, da im Therapieverlauf gewonnene neue Informationen und aktuelle Veränderungen im Leben des Patienten berücksichtigt werden müssen. Entscheidungen über die konkrete Therapieplanung sind mit dem Patienten zu besprechen (Prinzip der „Transparenz des therapeutischen Handelns"). Aufgrund der Problemanalyse und erster Erfahrungen im Therapieprozeß wird es sich bei vielen Patienten anbieten, Schwerpunkte beim therapeutischen Vorgehen zu setzen.

> **Beispiele:**
>
> So ist es z.B. sinnvoll, bei sehr passiven und zurückgezogenen Patienten, denen es jedoch prinzipiell nicht an sozialen Fertigkeiten mangelt, zunächst das Hauptaugenmerk auf die Erhöhung des Aktivitätsniveaus zu richten und im Zuge der Bearbeitung dieses Problembereichs auf die Verbesserung sozialer Fertigkeiten und die Veränderung kognitiver Verzerrungen zu achten. Bei vielen anderen Patienten kann es aufgrund der Verhaltensanalyse offensichtlich werden, daß ihre depressive Stimmung in engem Zusammenhang mit selbstabwertenden Gedanken und depressionsfördernden Grundannahmen steht. Bei solchen Patienten empfiehlt es sich, Methoden zur Veränderung von Kognitionen in das Zentrum des therapeutischen Vorgehens zu stellen und entlang dieses Vorgehens die Rate positiver Aktivitäten und sozialer Fertigkeiten zu erhöhen.

Die Entscheidung für einen Schwerpunkt oder die Gewichtung der verschiedenen Interventionsprinzipien sollte vom Therapeuten ständig kontrolliert und hinterfragt werden und somit entsprechend den Erfordernissen veränderbar sein. Unabhängig von der Wahl des Schwerpunkts sind folgende Grundelemente der einzelnen Problem- bzw. Interventionsbereiche des verhaltenstherapeutischen Vorgehens bei Depression in jedem Fall im Verlauf der Therapie zu bearbeiten, um nicht wichtige Problembereiche und therapeutische Veränderungen durch die einseitige Wahl eines Schwerpunkts zu vernachlässigen.

Diese Grundelemente sind:
1. Die Selbsteinschätzung des Aktivitätsniveaus, die Planung positiver Aktivitäten und der Einsatz von Verstärkern beim „Aufbau positiver Aktivitäten".
2. Die Identifikation und Kontrolle automatischer Gedanken und Grundannahmen bei der „Veränderung von Kognitionen".
3. Die Einschätzung der individuellen sozialen Kompetenz und Vermittlung von Grundfertigkeiten bei der „Verbesserung sozialer Fertigkeiten".
4. Der Abschnitt „Beibehalten der Therapieerfolge" steht am Ende jedes Therapieprozesses.

Sprechen keine wichtigen Gründe (z.B. Suizidalität, Krisen) dagegen, so sollte zunächst mit dem Bereich „Aufbau positiver Aktivitäten" begonnen werden, da die Bearbeitung dieses Bereichs rasch zur Verbesserung des Befindens beiträgt und außerdem damit Informationen über automatische Gedanken oder kognitive Fehler bzw. soziale Schwächen oder Stärken aufgedeckt werden. Wann diese einzelnen therapeutischen Grundelemente dann durch den Therapeuten in den Therapieprozeß eingebaut werden, sollte jeweils vom individuellen Verlauf der Behandlung abhängig gemacht werden.

Ein Übergang von einem Behandlungselement zu einem anderen sollte dem Patienten mitgeteilt und begründet werden. Dies kann notwendig sein, wenn ein Behandlungselement erfolgreich bearbeitet worden ist oder wenn mit einem neuen begonnen wird

> **Beispiel:**
>
> Die Erhöhung positiver Aktivitäten aufgrund gravierender sozialer Schwächen erscheint kaum erfolgversprechend – Übergang zu „Verbesserung sozialer Fertigkeiten"– oder positive Konsequenzen von Aktivitäten oder sozialen Interaktionen können aufgrund extremer Selbstabwertung nicht wahrgenommen werden – Übergang zu „Veränderung von Kognitionen"–.

Dauer der Behandlung

Kognitive Verhaltenstherapie stellt einen zeitlich begrenzten Versuch dar, einige Probleme des Patienten gemeinsam mit ihm/ihr zu lösen. Es ist unsere Erfahrung, daß derart durchgeführte Depressionsbehandlungen meist nicht länger als 30 bis 40 Sitzungen dauern. Eine vorläufige Festlegung auf diese Sitzungszahl, mit anfangs zweimal wöchentlichen, später einmal wöchentlichen oder sogar vierzehntägigen Kontakten, ist therapeutisch sinnvoll.

Im Rahmen der beiden eingangs erwähnten multizentrischen Therapiestudien (siehe Vorwort) wird das hier beschriebene Vorgehen in einem auf acht Wochen begrenzten Zeitraum durchgeführt. Dabei werden wöchentlich drei Therapiekontakte angeboten, so daß der Gesamtzeitraum insgesamt 24 Sitzungen zu jeweils einer Stunde umfaßt. Diese dichte Abfolge der Sitzungen wurde vor allem durch die Anwendung der kognitiven Verhaltenstherapie im stationären Rahmen psychiatrischer Kliniken bedingt.

Bevor darüberhinausgehende Therapiekontakte vereinbart werden, sollten der Therapeut und der Patient gemeinsam prüfen, welche zentralen Probleme bei Behandlungsbeginn vorlagen und welche davon inzwischen bearbeitet sind. Es ist weiter zu prüfen, ob eine Unterbrechung von z.B. 4 bis 8 Wochen nicht eine wichtige Erfahrung des selbständigen Zurechtkommens für den Patienten ist, bevor weitere Therapiesitzungen stattfinden.

Erweiterung therapeutischer Interventionen

Bei manchen Patienten mit starker innerer Unruhe oder hoher sozialer Angst sind therapeutische Interventionen angebracht, die hier nicht beschrieben werden (vgl. LINDEN & HAUTZINGER 1981). So kann es erforderlich sein, Techniken der **Angstbewältigung** durch systematische Desensibilisierung, Reizüberflutung oder Entspannungsverfahren anzuwenden, um ein erfolgreiches Vorgehen bei der Bearbeitung bestimmter Problembereiche zu fördern. Zur Korrektur **zwanghafter Verhaltensweisen**, die oft in Verbindung mit Depressionen auftreten können, ist es unter Umständen notwendig auf Reaktionsverhinderung, gelenktes Üben, Gedankenstopp oder Reizüberflutung zurückzugreifen. Es versteht sich von selbst, daß vor Anwendung dieser Verfahren eine ausführliche Verhaltensdiagnostik stattfinden sollte.

Der **Einbezug enger Sozialpartner** des Patienten in die Therapie kann sich als sinnvoll erweisen, wenn schwerwiegende Probleme in der Beziehung des Patienten mit diesem Sozialpartner ein Hindernis für den Fortgang der Therapie darstellen oder die Mitarbeit des Sozialpartners eine unverzichtbare Hilfe oder Unterstützung für den Therapieprozeß bedeutet. Das hier beschriebene Vorgehen kann daher um paar- oder familientherapeutische Elemente erweitert werden (siehe dazu den Abschnitt über die „Verbesserung sozialer Fertigkeiten").

Beendigung der Therapie

Die Beendigung der Therapie sollte nicht abrupt erfolgen, sondern ausreichend vorbereitet werden. Hierbei ist es notwendig, die wesentlichen Schritte in der Therapie noch einmal zusammenzufassen, die zentralen Problembereiche und die dazu in der Therapie erarbeiteten Lösungswege zu rekapitulieren und die vom Patienten erreichten Erfolge herauszustellen. Die verständlichen Ängste des Patienten vor dem Therapieende sollten schon vor der letzten Therapiestunde thematisiert werden. Wichtig ist es hierbei, auf eventuelle (wiederkehrende) kognitive Verzerrungen des Patienten zu achten, ihn darauf aufmerksam zu machen und ihn zu selbständigen Lösungen zu ermuntern (siehe auch „Beibehalten der Therapieerfolge").

VII. Behandlungselemente

Bei den nun folgenden Ausführungen waren folgende Quellen hilfreiche Anregung:
- Grundlagen und Strategien der Verhaltensmodifikation und der Psychotherapie (deJONG, HOFFMANN und LINDEN 1980, LINDEN und HAUTZINGER 1981)
- Steigerung angenehmer Aktivitäten, Abbau aversiver und belastender Aktivitäten (LEWINSOHN et al. 1982);
- Stärkung sozialer Fertigkeiten und Ausbau sozialer Kontakte (HERSEN, BELLACK und HIMMELHOCH 1982);
- Verbesserung partnerschaftlicher Kommunikation und Interaktion (HAHLWEG, SCHINDLER und REVENSTORF 1982, HAUTZINGER et al. 1982);
- kognitive Therapie, konstruktives Denken, multimodale Verhaltenstherapie (BECK et al. 1981, BURNS 1983, deJONG, HOFFMANN, LINDEN 1980, LINDEN und HAUTZINGER 1981);
- Beibehaltung des Therapieerfolgs, vorbeugende und rechtzeitige antidepressive Maßnahmen und Bewältigungsversuche (BURNS 1983, HAUTZINGER 1986, LEWINSOHN et al. 1982).

In vier Abschnitten werden der Aufbau positiver Aktivitäten, die kognitiven Strategien, der Aufbau sozialer Kompetenz und die Beibehaltung des Therapieerfolgs beschrieben. In den meisten Fällen steht die Steigerung positiver bzw. die Umstrukturierung alltäglicher Aktivitäten am Anfang der Depressionsbehandlung. Sie liefert meist viel Material und Informationen für das weitere Vorgehen, das je nach Patient mehr auf soziale und interaktive Fertigkeiten oder mehr auf kognitive Veränderungen zielt. Die Reihenfolge der Darstellung stellt daher keine Abfolge von Behandlungsschritten dar. Selbstverständlich steht der vierte Abschnitt, die Sicherung und Aufrechterhaltung therapeutischer Erfolge, sowie die Übertragung des Erreichten auf die alltägliche Situation eher am Ende des Behandlungszeitraums.

Aufbau positiver Aktivitäten

1. Thematische Einführung

Depressive Personen erleben oft einen überdurchschnittlichen Rückgang an positiver Verstärkung. Dieser Verlust von Verstärkung führt meist zu Verhaltensweisen wie Rückzug und unsicheres Auftreten und löst Gefühle der Niedergeschlagenheit und Depression aus. Ein Mittel zur Veränderung depressiver Stimmungen ist daher die Erhöhung der Rate positiver Verstärkung im Leben des Patienten.

Der Erhöhung positiver Aktivitäten bei der Therapie von Depressionen kommt insofern große Bedeutung zu, weil der Patient damit auch die Zahl seiner potentiellen Verstärker erhöhen kann. Ein allmählicher und vorsichtiger Aufbau eines ausgewogeneren Aktivitätsniveaus ist daher eine zentrale und unerläßliche therapeutische Maßnahme bei der Behandlung von Depressionen.

Was sind positive Aktivitäten?

Mit positiven Aktivitäten bezeichnen wir Tätigkeiten, die als positiv und angenehm vom Patienten erlebt werden. Dabei kann es sich sowohl um aktiv initiierte Tätigkeiten als auch um Ereignisse handeln, die in verschiedenen Bereichen des individuellen Lebens, wie Beruf, Freizeit und Alltag vorkommen. So können geplante Aktivitäten wie „zum Essen ausgehen" oder „zusammen mit Freunden ein Fußballspiel besuchen" ebenso positive Aktivitäten darstellen wie Ereignisse („einen alten Freund in der Stadt treffen" oder „ein Tennisspiel gewinnen"), die zwar nicht vorher planbar sind, aber eine gewisse Aktivitätsbereitschaft voraussetzen.

Wichtig ist die Unterscheidung von Aktivitäten, die (1) als neutral oder unangenehm erlebt werden, die wir aber aus den verschiedensten Gründen ausführen **müssen** und Aktivitäten die (2) von uns als **angenehm** und schön erlebt werden. Im täglichen Leben kann man nicht nur Aktivitäten ausführen, die man subjektiv als positiv betrachtet. Deshalb sollte die Ausgewogenheit dieser beiden Aktivitätsarten bei der Tages- oder Wochenplanung berücksichtigt werden.

Beziehungen zwischen angenehmen Tätigkeiten und Depression

Es ist eine Alltagsweisheit, daß sich das Erleben oder Durchführen angenehmer Aktivitäten positiv auf unsere Stimmung auswirkt. Gibt es für eine Person sehr wenige angenehme Tätigkeiten oder Ereignisse, dann fühlt sie sich depressiv, bedrückt und niedergeschlagen.

Psychologische Untersuchungen haben ergeben, daß hier rasch ein „Teufelskreis" eintritt: Ein sehr niedriges Niveau positiver Aktivitäten verschlechtert die Stimmung wesentlich und macht solche Personen deprimiert; wer deprimierter Stimmung ist, neigt dazu, sehr wenig aktiv zu sein und reduziert somit die Wahrscheinlichkeit positiver Erlebnisse. Ein niedriges Aktivitätsniveau und eine geringe Anzahl positiver Verstärker stellen sich im Erleben des depressiven Patienten als eine abwärtsführende Spirale dar, aus der er nur schwer entkommen kann. Diese Spirale läßt sich jedoch durch den systematischen und allmählichen Aufbau positiver Aktivitäten umkehren:

Je mehr positiv erlebte Aktivitäten der Patient regelmäßig durchführt, desto besser fühlt er sich; die verbesserte Stimmung steigert seine Bereitschaft, aktiver zu sein. Neben der Analyse des Zusammenhangs von der Häufigkeit angenehmer Aktivitäten und der Stimmung ist es wichtig, individuell bedeutsame Tätigkeiten zu identifizieren. Bedeutsam und wichtig für den Patienten können beispielsweise Aktivitäten sein, die er auch schon früher als angenehm und positiv erlebt hat; es können aber auch Aktivitäten sein, die neu für den Patienten sind und sich seiner jetzigen, veränderten Situation anpassen.

Kurz- versus langfristige Konsequenzen

Angenehme Tätigkeiten verbessern die Stimmung und erhöhen die Wahrscheinlichkeit, weitere Aktivitäten zu planen und durchzuführen. Da Depressive jedoch häufig nur den kurzfristigen Konsequenzen ihres Verhaltens Beachtung schenken, ist es notwendig, die Unterscheidung zwischen kurz und langfristigen Konsequenzen darzulegen. Angenehme Aktivitäten können demnach kurzfristig positive, langfristig aber negative Konsequenzen haben; umgekehrt können Aktivitäten zwar kurzfristig als negativ erlebt werden, langfristig aber positive Effekte haben. Hier muß die Therapie den Patienten in die Lage versetzen, sein eigenes Verhalten auf Dauer differenziert beurteilen und kontrollieren zu können.

Zielplanung und Bewertung

Bei der Therapie mit Depressiven müssen positive Aktivitäten möglichst genau geplant werden. Aus diesem Grunde ist die realistische Zielplanung, die Unterteilung der gesetzten Ziele in operationalisierbare Unterziele und die Bewertung dieser Ziele durch den Patienten ein wesentlicher Bestandteil. Unterziele sollten so gewählt werden, daß der Patient sie auch erreichen kann und Mißerfolge möglichst unwahrscheinlich sind. Die individuelle Bedeutung der Aktivitäten und die Erwartung der positiven/negativen Folgen sollten vom Patienten vorher eingeschätzt werden, um so möglichst realistisch einschätzen zu lernen, welche Ziele und Erwartungen man haben kann. In jedem Fall ist es für den Therapeuten hilfreich, einen Verstärkerplan aufzustellen, um den Patienten für das Erreichen von (Teil)Zielen kontingent zu verstärken.

Zielsetzung

Das allgemeine Ziel für den Patienten besteht darin, ein angemessenes Aktivitätsniveau mit einer ausgewogenen Verteilung von angenehmen, positiv erlebten Aktivitäten und solchen Tätigkeiten, die als neutral oder unangenehm erlebt werden, zu erreichen. Außerdem sollte der Patient in die Lage versetzt werden, depressionsfördernde Aktivitäten (wie z.B. grübeln, sich zurückziehen) zu reduzieren oder sie durch angenehme Aktivitäten zu ersetzen.

Im einzelnen lauten die Ziele:
1. Das Erfassen von Ereignissen oder Aktivitäten, die einen potentiellen Verstärkerwert für den Patienten haben.
2. Die Rückmeldung für den Patienten, daß es zwar eine Reihe für ihn potentiell angenehmer Verhaltensweisen gibt, er aber tatsächlich nur wenige positive Aktivitäten ausführt.
3. Die genau geplante und nach Schwierigkeitsgrad abgestufte Durchführung angenehmer Aktivitäten.
4. Das Erkennen des gegenseitigen Einflusses von Aktivitäten und Stimmung durch Protokollierung von Stimmungsveränderungen während und nach der Durchführung der Aktivitäten.
5. Das Identifizieren und Kontrollieren depressionsfördernder Verhaltensweisen.
6. Die Vermittlung von Fähigkeiten zur Aufrechterhaltung eines ausgeglichenen Aktivitätsniveaus und zur eigengesteuerten Veränderung und Kontrolle von Stimmungsschwankungen, die im Zusammenhang mit Passivität und Rückzug stehen.

Mit dem Erreichen dieser Ziele wird dem Patienten ein präzises Selbstbeobachtungsverhalten vermittelt, das ihm langfristig eine differenzierte Einschätzung seiner eigenen (depressionsfördernden) Verhaltensweisen ermöglicht. Außerdem erfährt er, daß er in der Lage ist, einen zuvor als unausweichlich betrachteten „Teufelskreis" zu stoppen und sein Verhalten selbst zu kontrollieren und zu ändern.

Grundsätzlich ist der „Aufbau positiver Aktivitäten" eine ausgezeichnete Methode, um neben der quantitativen Erhöhung des Aktivitätsniveaus dem Patienten erste wichtige Erfolgserlebnisse zu vermitteln und damit die Motivation für die Therapie zu stärken. Die damit einhergehende Stimmungsverbesserung kann als Basis für die Bearbeitung komplexerer Probleme hilfreich werden. Die Erhöhung positiver und die Reduzierung depressionsfördernder Aktivitäten steht daher im allgemeinen am Anfang der Behandlung.

Verhältnis zu anderen Therapieelementen

Bei der Planung und Durchführung positiver Aktivitäten können Probleme sozialer Kompetenz auftreten, die zum einen Hinweise auf wichtige Problembereiche im Kompetenzbereich liefern, zum andern unter Umständen aber auch vorrangig bearbeitet werden müssen, um eine Erhöhung der Aktivitätsrate des Patienten in sinnvoller Weise weiter verfolgen zu können (Verbesserung sozialer Fertigkeiten).

> **Beispiel:**
> Herr K. bekommt, obwohl er sich lange Zeit nicht mehr gemeldet hat, an seinem Geburtstag unerwartet Besuch von einem Freund, der ihm auch ein Geschenk mitbringt. Obwohl sich Herr K. sehr über den Besuch und das Geschenk freut, klagt er viel und redet vor allem über seine schlechte Verfassung, statt seine Freude auszudrücken. Der Freund verabschiedet sich schon bald, trotz seiner Absicht, den Abend mit Herrn K. zu verbringen.

Bei der Planung und Durchführung positiv erlebter, depressionsreduzierender Aktivitäten werden von den Patienten häufig vorausgehende, gleichzeitig auftretende oder nachfolgende automatische Gedanken, Befürchtungen oder Verallgemeinerungen geäußert, die Rückschlüsse auf zugrundeliegende depressionsfördernde Einstellungsmuster zulassen (Veränderung von Kognitionen).

> **Beispiel**:
> Frau B. nimmt sich für das Wochenende vor, ihre Wohnung sauber zu machen. Bei der nächsten Therapiesitzung erzählt sie niedergeschlagen, sie sei total unfähig, auch nur die selbstverständlichsten Arbeiten zu verrichten. Ihre Wohnung sei immer noch in einem sie störenden Zustand, außer dem habe sie beim Abspülen zwei Gläser zerbrochen. Eine genaue Analyse des Wochenendes ergibt, daß die Patientin am Wochenende nur nicht mehr dazugekommen war, Türen und Fenster gründlich abzuwaschen und es sich bei den Gläsern um billige Gebrauchsgläser handelte, die ihr Mann sehr ungeschickt in die Spülmaschine gestellt hatte.

Wie aus dem Beispiel ersichtlich, tendieren depressive Patienten offenbar zu überhöhten Ansprüchen und Übergeneralisierung. Diese kognitiven Problembereiche müssen daher für das Aktivitätstraining berücksichtigt und bei starker Ausprägung direkt (möglicherweise gleich) angegangen werden.

Probleme beim therapeutischen Vorgehen

Bei der Durchführung dieses Therapieelements können in der Praxis eine Reihe von Problemen auftauchen, die hauptsächlich durch Widerstand des Patienten gegen konkrete Aktivitäten gekennzeichnet sind:

1. Inaktivität: Viele depressive Patienten fühlen sich zu müde oder körperlich nicht in der Lage, eine Tätigkeit auszuführen und begründen damit ihre Inaktivität. Der Therapeut sollte diese Erklärungen akzeptieren, dann jedoch einfache und leichte Aktivitäten vorschlagen, die dem Patienten zu ersten Erfolgserlebnissen verhelfen können. Der Patient sollte ermutigt werden, kleine Tätigkeiten, die ihm selbst nicht zu anstrengend erscheinen, auszuführen. Sehr wichtig ist hier die prompte Rückmeldung über Erfolge in der nächsten Sitzung. Allmählich kann dann der Schwierigkeitsgrad der Aktivitäten gesteigert werden.

2. Sich zurückziehen: Oft ziehen sich depressive Patienten mit dem Argument: „Es ist sowieso alles sinnlos" in die totale Passivität zurück. Ohne diese Einstellung von vorne herein in Frage zu stellen, kann der Therapeut dem Patienten, da ihn die Passivität bisher auch nicht von seinen Problemen befreit hat, vorschlagen, für eine Weile eine andere Strategie einzuschlagen und den Erfolg zu kontrollieren.

3. Vermeidung: Bei Patienten, die jede Aktivität dadurch vermeiden, daß sie die Befürchtung und Überzeugung hegen, ihnen gehe es nach mißlungener Handlung nur wieder sehr schlecht, kann der Therapeut versuchen, mit Hilfe von Selbstbeobachtungsdaten aufzuzeigen, daß es dem Patienten erfahrungsgemäß eher schlechter gehen wird, wenn er weiter passiv bleibt. Auch hier sind diese Patienten zu einem Experiment zu ermuntern, mit Hilfe einfacher Aktivitäten die Chance zu nutzen, sich unter Umständen besser zu fühlen.

4. Nichtbeenden von Aufgaben: Charakteristisch für depressive Patienten ist es, eine Aufgabe zu beginnen, sie aber dann nicht zu Ende zu führen und den dadurch entstandenen Mißerfolg der eigenen Unfähigkeit zuzuschreiben. Hier ist es wichtig, klare Kriterien für die Beendigung und für den Erfolg einer Tätigkeit zu vereinbaren und unter Umständen schriftlich festzuhalten. Außerdem sollten die Aktivitäten in kleine, leicht erreichbare Schritte gegliedert sein, so daß der Patient sich von Stufe zu Stufe hangeln kann. Es kann für den Patienten leichter sein, eine Aktivität über kleinere Zeiteinheiten durchzuhalten, als ein inhaltliches Ziel zu erreichen. Weiter sollte eine nicht beendete Aufgabe vom Therapeuten niemals als Mißerfolg gewertet werden, sondern immer als eine erste erfolgreiche Erhöhung des Aktivitätsniveaus des Patienten.

WOCHENPLAN

	Montag	Dienstag	Mittwoch	Donnerstag	Freitag	Samstag	Sonntag
7 – 8							
8 – 9							
9 – 10							
10 – 11							
11 – 12							
12 – 13							
13 – 14							
14 – 15							
15 – 16							
16 – 17							
17 – 18							
18 – 19							
19 – 20							
20 – 24							

Diese Hinweise zur Bewältigung von problematischen Situationen bei der Durchführung des Therapiebausteins „Erhöhung positiver Aktivitäten" sollen jedoch nicht als Rezeptsammlung mißverstanden werden. Es kann durchaus sein, daß die Vermeidungs- bzw. Rückzugshaltung des Patienten ihren Ursprung in kognitiven Grundeinstellungen oder sozialen Defiziten hat, die vorrangig zu bearbeiten sind. Zentral bleibt also der individuell auf den Patienten ausgerichtete therapeutische Prozeß, nicht die starre Fixierung auf einen Leitfaden.

2. Selbsteinschätzung und Sammlung der Ausgangsdaten

Die objektivierende Selbstbeobachtung

Der erste Schritt zur Erhöhung positiver Aktivitäten bei Depressiven ist die systematische und kontrollierte Beobachtung der alltäglichen Aktivitäten des Patienten und der damit einhergehenden unterschiedlichen Stimmungen. Dies kann in Form einer „objektivierenden Selbstbeobachtung" geschehen.

Da depressive Patienten dazu tendieren, positive Aktivitäten nicht oder kaum wahrzunehmen und weitaus mehr auf unangenehme Ereignisse achten, sollte der Therapeut das Augenmerk des Patienten hauptsächlich auf positive Aktivitäten lenken und negative Aktivitäten oder Erlebnisse nicht ausdrücklich beobachten lassen. Schon die bewußte Beobachtung positiver Tätigkeiten oder Erlebnisse und die dabei gemachten Erfahrungen, in welcher Weise diese positiven Aktivitäten mit erlebten Stimmungsverbesserungen zusammenhängen, kann für viele Patienten eine erhebliche Verbesserung der depressiven Stimmung zur Folge haben.

Die objektivierende Selbstbeobachtung stellt daher für den Patienten eine wichtige Rückmeldung dar, die ihm hilft, seine einseitig auf negative Ereignisse ausgerichtete Wahrnehmung umzustrukturieren und die Aufmerksamkeit allmählich wieder mehr auf positive Aktivitäten zu lenken. Neben der wichtigen Feedback-Funktion, die die Selbstbeobachtung für den Patienten darstellt, liefert dieser Schritt ergänzende Informationen zu den bereits in der Diagnostikphase erhobenen Daten. Hier werden wichtige Hinweise auf das Aktivitätsniveau und auf „blinde Flecken" (wichtige Lebensbereiche, in denen der Patient überhaupt nicht aktiv ist) gewonnen, die dann bei der konkreten Planung positiver Aktivitäten von Bedeutung sein werden.

Die Selbstbeobachtung liefert daher sowohl die Ausgangsdaten für die gezielte Erhöhung positiver Aktivitäten als auch eine Kontrolle über qualitative und quantitative Veränderungen während der Therapie für Therapeut und Patient. Die Selbstbeobachtung von Aktivitäten und deren Zusammenhang mit der Stimmung des Patienten sollte deshalb während des ganzen Therapieprozesses aufrechterhalten werden. Notwendige Hilfsmittel hierzu sind ökonomische und einfache **Selbstbeobachtungsbogen** (z.B. Wochenplan) und eine **Aktivitätsliste (z.B. Liste angenehmer Aktivitäten)**.

Ziele dieses ersten Elements sind daher:
Das Erlernen und regelmäßige Durchführen der Selbstbeobachtung von (positiven) Aktivitäten und der jeweiligen Stimmung, das Verständnis und die Erfahrung des Zusammenhangs von Aktivitäten unterschiedlicher Qualität und den daraufolgenden Stimmungen, das Aufstellen einer persönlichen Aktivitätsliste mit Hilfe der „Liste angenehmer Ereignisse", das Erlernen der Einschätzung der unterschiedlichen Bedeutsamkeit solcher Aktivitäten und ihres Einflusses auf die Stimmung.

> **Beispiel**:
> Eine ältere depressive Patientin erhielt zwischen der dritten und vierten Tharapiesitzung die Aufgabe in den Wochenplan Stunde für Stunde die Ereignisse, Aktivitäten und Erlebnisse stichwortartig einzutragen. Dazu sollte sie jeweils ihre Stimmung festhalten. Ein einfaches System mit + und – wurde dazu verabredet: + bedeutet gute Stimmung, – bedeutet schlechte Stimmung, +/– bedeutet neutrale, weder schlechte noch gute Stimmung, ++ bzw. – – konnte für extreme Stimmungslagen verwendet werden. Den folgenden Wochenplan mit ihren Eintragungen brachte die Patientin zur

nächsten Sitzung mit. Auf die Frage hin, wie denn die beiden Tage verlaufen waren, gab sie zur Antwort: „Wie immer, schrecklich, deprimierend, so niedergeschlagen, nur quälende Erfahrungen, nichts geschafft, unverändert". Die genaue Betrachtung ihrer Eintragungen ergab jedoch, daß es Schwankungen in ihrem Befinden im Zusammenhang mit bestimmten Ereignissen gab. Diese Veränderungen – in positiver und auch in negativer Richtung wurden herausgearbeitet und konkretisiert. Der Patientin wurde dadurch klar, daß zum einen ihr Urteil über einen Tag nicht stimmte, zum anderen, daß ihr Befinden sehr wohl durch Ereignisse und Aktivitäten beeinflußt wurde und wird. Damit war die Grundlage geschaffen, daß die Patientin bereit war, genauer zu beobachten und eine Chance darin zu sehen, etwas an ihrem Tagesablauf, insbesondere der Anzahl angenehmer Aktivitäten zu verändern.

Durchführung

Zunächst wird dem Patienten der Zusammenhang zwischen Aktivitäten und Stimmungen anhand von Beispielen erklärt und die Notwendigkeit und Zielsetzung einer kontrollierten, objektivierenden Selbstbeobachtung mit Hilfe der **„Liste angenehmer Ereignisse"** und der **„Selbstbeobachtungsbögen"** verdeutlicht. Wichtig ist hierbei, immer wieder nach eigenen Erfahrungen des Patienten zu fragen und die beschriebenen Prinzipien anhand dieser Schilderung von Erfahrungen und Erlebnissen zu erklären. Ein Beispiel für einen Selbstbeobachtungsbogen ist hier abgedruckt. Der Therapeut kann dieses Beispiel zwar als Grundlage für den benötigten Selbstbeobachtungsbogen benutzen, sollte jedoch (zusammen mit dem Patienten) einen möglichst einfachen, den jeweiligen Erfordernissen entsprechenden Bogen erarbeiten, der dann jeweils ergänzt oder verändert wird.

Zur Übung wird der Patient gebeten, positive Aktivitäten dieses Tages (oder des gestrigen Ta-

Wochenplan

	Montag	Dienstag	Mittwoch	Donnerstag	Freitag	Samstag	Sonntag
9-10		– – seit 5 wach noch im Bett	wach, aufgestanden –				
10-11		– – endlich auf Bad	Bad – Kaffee				
11-12		– Sofa, Zeitg.	Neffe kommt, hilft im Garten				
12-13		Sofa, Kaffee, TV-Film –	Laub in Säcke, aufgeräumt +/–				
13-14		Sofa, TV Film +/–	gegessen, +/– Pizza f. N.				
14-15		Nachbarin +/– kommt, Kaffee	Sofa, Zeitg. Kaffee +/–				
15-16		allein, – Schreibtisch	allein, Sofa, – Schreibtisch				
16-17		Sofa, allein –	Nachbarin +/– erzwingt Spaziergang,				
17-18		Sofa, TV, – – Anruf Tochter	anschließend Kaffee b. Nachb.				
18-19		Sofa, TV – –	zu Hause, Sofa, TV +/–				
19-20		Eier gegessen Brot, TV – –	TV, Sofa, Essen, +/–				
20-24		TV, Sofa – gegen 1h im Bett	alleine, TV, Sofa –				

Liste angenehmer Ereignisse

1. Ins Grüne fahren
2. Teure oder exklusive Kleidung tragen
3. Für einen guten Zweck spenden
4. Sich über Sport unterhalten
5. Eine neue Bekanntschaft machen (gleiches Geschlecht)
6. Gut vorbereitet eine Prüfung bestehen
7. Zu einem Pop-Konzert gehen
8. Federball spielen
9. Ausflüge oder Urlaubsfahrten planen
10. Für sich selbst Dinge einkaufen
11. Am Strand sein
12. Sich künstlerisch betätigen (Malerei, Bildhauerei, Zeichnen, Filme drehen usw.)
13. Kletterfahrten oder Bergtouren machen
14. Die Bibel oder andere religiöse Schriften lesen
15. Golf oder Minigolf spielen
16. Zimmer oder Haus auf- oder umräumen
17. Nackt herumlaufen
18. Zu einer Sportveranstaltung gehen
19. Zu Rennveranstaltungen gehen (Pferde-, Auto-, Bootsrennen usw.)
20. Tips und Ratschläge zur Selbsthilfe lesen
21. Romane, Erzählungen, Theaterstücke oder Gedichte lesen
22. In ein Lokal gehen
23. Zu Vorträgen gehen
24. Autofahren
25. Ein Lied oder ein Musikstück texten oder komponieren
26. Sich betrinken
27. Eine Sache klipp und klar sagen
28. Segeln, Motorboot oder Kanu fahren
29. Seinen Eltern eine Freude bereiten
30. Antiquitäten restaurieren, Möbel aufarbeiten
31. Fernsehen
32. Selbstgespräche führen
33. Zelten
34. Sich politisch betätigen
35. An technischen Dingen arbeiten (Autos, Fahrräder, Motorräder, Hausgeräte usw.)
36. Positive Zukunftspläne schmieden
37. Karten spielen
38. Eine schwierige Aufgabe meistern
39. Lachen
40. Puzzle, Kreuzworträtsel usw. lösen
41. An Hochzeiten, Taufen, Konfirmationen usw. teilnehmen
42. Jemanden kritisieren
43. Mit Freunden oder Bekannten zusammen essen
44. Aufputschmittel einnehmen
45. Tennis spielen
46. Eine Dusche nehmen
47. Lange Strecken fahren
48. Holz- oder Schreinerarbeiten ausführen
49. Romane, Erzählungen, Theaterstücke oder Gedichte schreiben
50. Sich mit Tieren beschäftigen
51. Mit einem Flugzeug fliegen
52. Erkundigungsgänge machen (von gewohnten Straßen abweichen, unbekannte Gegenden erforschen usw.)
53. Eine offene und ehrliche Unterhaltung führen
54. In einem Chor singen
55. Über sich selbst oder seine Probleme nachdenken
56. Sich beruflich engagieren
57. Zu eine Party gehen
58. Eine Fremdsprache sprechen
59. Zu kirchlichen Veranstaltungen gehen (Wohltätigkeitsveranstaltungen, Vorträge, Bazare usw.)
60. Zu Versammlungen von gemeinnützigen oder sozialen Vereinen gehen
61. An einer Tagung teilnehmen
62. Einen Luxus- oder Sportwagen fahren
63. Ein Musikinstrument spielen
64. Skilaufen
65. Geholfen bekommen
66. Leger gekleidet sein
67. Sein Haar kämmen oder bürsten
68. Schauspielerisch tätig sein
69. Ein Nickerchen machen
70. Mit Freunden zusammen sein
71. Lebensmittel einmachen, einfrieren, Vorräte anlegen
72. Schnell fahren
73. Ein persönliches Problem lösen
74. Ein Bad nehmen
75. Vor sich hinsingen
76. Billard spielen
77. Mit seinen Enkelkindern zusammen sein
78. Schach oder Dame spielen
79. Mit künstlerischen Materialien arbeiten (Ton, Schmuck, Leder, Perlen, Weben usw.)
80. Zum Zirkus oder Zoo gehen

81. Sich kratzen
82. Make-up auflegen, sein Haar richten usw.
83. Etwas entwerfen oder zeichnen
84. Leute besuchen, die krank, inhaftiert oder sonstwie in Schwierigkeiten sind
85. Fröhlich sein, gute Stimmung verbreiten
86. Bowling spielen gehen
87. Tiere beobachten
88. Eine originelle Idee haben
89. Garten-, Landschafts- oder Hofarbeit verrichten
90. Im Geschäft etwas mitgehen lassen
91. Fachliteratur oder Sachbuch lesen
92. Neue Kleidung tragen
93. Tanzen
94. In der Sonne sitzen
95. Motorrad fahren
96. Nur so herumsitzen und nachdenken
97. In geselliger Runde etwas trinken
98. Miterleben, wie seiner Familie oder seinen Freunden etwas Positives widerfährt
99. Einen Vergnügungspark besuchen
100. Sich über Philosophie oder Religion unterhalten
101. Um Geld spielen
102. Etwas planen oder organisieren
103. Friedhof besuchen
104. Alleine etwas trinken
105. Den Geräuschen in der freien Natur zuhören
106. Verabredungen treffen, um mit jemandem zu flirten
107. Eine lebhafte Unterhaltung führen
108. Rennen fahren
109. Radio hören
110. Besuch von Freunden bekommen
111. An einem sportlichen Wettbewerb teilnehmen
112. Leute einander vorstellen, von denen man annimmt, sie könnten einander gut verstehen
113. Geschenke machen
114. Zu Gerichtsverhandlungen gehen
115. Massiert werden
116. Briefe erhalten
117. Den Himmel, Wolken oder einen Sturm beobachten
118. Sich im Freien aufhalten (in einen Park, Garten, zum Picknick, Grillen usw. gehen)
119. Basketball oder Volleyball spielen
120. Seiner Familie etwas kaufen
121. Fotografieren
122. Eine Rede oder einen Vortrag halten
123. Landkarten studieren
124. Dinge aus der Natur sammeln (wilde Früchte oder Beeren, Steine, Treibholz usw.)
125. Seine finanziellen Angelegenheiten regeln
126. Saubere Kleidung tragen
127. Eine Anschaffung oder Investition tätigen (Auto, Geräte, Haus- oder Vorratsgegenstände)
128. Jemandem helfen
129. Sich um neue Arbeit bewerben
130. Witze anhören
131. Eine Wette gewinnen
132. Über seine Kinder oder Enkel sprechen
133. Jemand neuen vom anderen Geschlecht kennenlernen
134. Über seine Gesundheit sprechen
135. Gut essen
136. Etwas für seine Gesundheit tun (die Zähne in Ordnung bringen lassen, eine neue Brille bekommen, seine Ernährungsweise umstellen usw.)
137. In der Stadt herumbummeln
138. Ringen oder boxen
139. Schießsport betreiben
140. In einer Musikgruppe mitspielen
141. Wandern
142. Ein Museum oder eine Ausstellung besuchen
143. Tagebuch schreiben
144. Eine Aufgabe gut ausführen
145. Freizeit haben
146. Angeln gehen
147. Etwas verleihen
148. Als sexuell attraktiv bemerkt werden
149. Arbeitgebern, Lehrern usw. eine Freude bereiten
150. Jemanden beraten
151. In ein Fitness-Center, eine Sauna usw. gehen
152. Etwas Neues lernen
153. Jemandem Komplimente machen oder ihn loben
154. Über Leute nachdenken, die man mag
155. An jemandem Rache nehmen
156. Mit seinen Eltern zusammen sein
157. Reiten
158. Telefongespräche führen
159. Tagträumen
160. Blätter, Sand, Kieselsteine usw. herumkicken
161. Boccia spielen
162. Zu Klassen-, Alterstreffen und dergleichen gehen
163. Berühmte Leute sehen
164. Ins Kino gehen
165. Küssen
166. Allein sein
167. Essen kochen
168. Einen „Neunmalklugen" hereinlegen
169. „Gelegenheitsarbeiten" im Hause verrichten

170. Weinen
171. Gesagt bekommen, daß man gebraucht wird
172. An einem Treffen oder einer Feier der Familie teilnehmen
173. Eine Party oder ein gemütliches Beisammensein veranstalten
174. Seine Haare waschen
175. Jemandem Anweisungen erteilen
176. Eine Blume oder Pflanze sehen oder riechen
177. Zum Ausgehen eingeladen werden
178. Kölnischwasser, Parfüm benutzen
179. Mit jemandem derselben Meinung sein
180. In Erinnerungen schwelgen, von früheren Zeiten sprechen
181. Morgens früh aufstehen
182. Ruhe finden
183. Experimente oder andere wissenschaftliche Versuche durchführen
184. Freunde besuchen
185. Sich beraten lassen, einen Rat erteilt bekommen
186. Beten
187. Jemanden massieren
188. Per Anhalter reisen
189. Meditation oder Yoga betreiben
190. Einem Kampf zusehen
191. Mit Arbeits- oder Klassenkameraden sprechen
192. Entspannt sein
193. Um Rat oder Hilfe gebeten werden
194. Über anderer Leute Probleme nachdenken
195. Gesellschaftsspiele spielen
196. Nachts tief und fest schlafen
197. Schwere Arbeiten im Freien verrichten (Bäume fällen oder Holz hacken, Gartenarbeiten)
198. Zeitung lesen
199. Leute schockieren, fluchen, obszöne Gesten machen usw.
200. An einer Selbsterfahrungsgruppe teilnehmen
201. Tischtennis spielen
202. Sich die Zähne putzen
203. Schwimmen
204. An einem Kampf beteiligt sein
205. Laufen, Jogging, Gymnastik, Fitness- oder Freiluftübungen betreiben
206. Barfuß laufen
207. Ein Wurfspiel oder Fangen spielen
208. Hausarbeit oder Wäsche erledigen; saubermachen
209. Musik hören
210. Sexuelle Befriedigung haben
211. Stricken, Häkeln, Sticken oder phantasievolle Näharbeiten ausführen
212. Schmusen
213. Leute erheitern
214. Über Sexualität sprechen
215. Zu einem Frisör oder Kosmetiker gehen
216. Gäste im Haus haben
217. Mit jemandem zusammensein, den man mag
218. Zeitschriften lesen
219. Ausschlafen
220. Ein neues Vorhaben beginnen
221. Eigensinnig sein
222. Diskutieren
223. Sexuelle Beziehungen haben
224. In eine Bibliothek gehen
225. Fußball oder Handball spielen
226. Ein neues oder spezielles Gericht zubereiten
227. Vögel beobachten
228. Einen Einkaufsbummel machen
229. Leute beobachten
230. Ein Feuer anzünden oder beobachten
231. Eine Auseinandersetzung erfolgreich bestehen
232. Etwas verkaufen oder mit etwas handeln
233. Ein Vorhaben oder eine Aufgabe zu Ende bringen
234. Etwas beichten oder für etwas Abbitte leisten
235. Gegenstände reparieren
236. Radfahren
237. Leute sagen, was sie zu tun haben
238. Mit fröhlichen Menschen zusammen sein
239. Partyspiele spielen
240. Briefe, Karten schreiben
241. Über Politik oder öffentliche Angelegenheiten reden
242. Um Hilfe oder Ratschläge bitten
243. Über sein Hobby oder spezielles Interessengebiet reden
244. Attraktive Frauen oder Männer beobachten
245. Leuten zulächeln
246. Im Sand, Gras oder an einem Fluß spielen
247. Über andere Leute reden
248. Mit seinem Ehepartner zusammen sein
249. Von anderen Leuten Interesse an seinen Äußerungen gezeigt bekommen
250. Tabak rauchen
251. Sich um Zimmerpflanzen kümmern
252. Mit Freunden Kaffee, Tee trinken
253. Einen Spaziergang machen
254. Verschiedene Dinge sammeln
255. Nähen
256. Sich an einen verstorbenen Freund erinnern

257.	Mit Kindern gemeinsam etwas unternehmen	268.	Einen Anhalter mitnehmen
258.	Komplimente erhalten oder hören, daß man etwas gut gemacht hat	269.	Einen Wettbewerb gewinnen
259.	Gesagt bekommen, daß man geliebt wird	270.	Über Beruf oder Schule sprechen
260.	Imbisse zu sich nehmen	271.	Cartoons, Comic-Hefte lesen
261.	Abends lange aufbleiben	272.	Etwas ausleihen
262.	Mit seinen Kindern zusammen sein	273.	An einer Gruppenreise teilnehmen
263.	Zu Auktionen, Versteigerungen usw. gehen	274.	Alte Freunde wiedertreffen
264.	Über eine interessante Frage nachdenken	275.	Reisen
265.	Freiwillige Arbeit tun, an gemeinnützigen Projekten mitarbeiten	276.	Ein Konzert, eine Opern- oder Ballettaufführung besuchen
266.	Wasserski laufen, surfen, tauchen	277.	Mit Haustieren spielen
267.	Jemanden verteidigen oder in Schutz nehmen; gegen Betrug oder Mißbrauch einschreiten	278.	Ein Theaterstück besuchen
		279.	Die Sterne oder den Mond betrachten
		280.	An einer spiritistischen Sitzung teilnehmen

Anleitung A

Bitte geben Sie an, **wie häufig** während der letzten 30 Tage jedes Ereignis dieser Liste in Ihrem Leben stattfand.

Sie machen ein Kreuz unter der „0", wenn es in den letzten 30 Tagen **nicht** passierte

Sie machen ein Kreuz unter der „1", wenn es **einige Male** (1 bis 6 mal) passierte

Sie machen ein Kreuz unter der „2", wenn es **häufig** (7 oder mehr mal) stattfand.

Vergessen Sie bitte kein Ereignis der Liste!

#				#				#				#			
1				31				61				91			
2				32				62				92			
3				33				63				93			
4				34				64				94			
5				35				65				95			
6				36				66				96			
7				37				67				97			
8				38				68				98			
9				39				69				99			
10				40				70				100			
11				41				71				101			
12				42				72				102			
13				43				73				103			
14				44				74				104			
15				45				75				105			
16				46				76				106			
17				47				77				107			
18				48				78				108			
19				49				79				109			
20				50				80				110			
21				51				81				111			
22				52				82				112			
23				53				83				113			
24				54				84				114			
25				55				85				115			
26				56				86				116			
27				57				87				117			
28				58				88				118			
29				59				89				119			
30				60				90				120			

	0	1	2
121			
122			
123			
124			
125			
126			
127			
128			
129			
130			
131			
132			
133			
134			
135			
136			
137			
138			
139			
140			
141			
142			
143			
144			
145			
146			
147			
148			
149			
150			
151			
152			
153			
154			
155			
156			
157			
158			
159			
160			

	0	1	2
161			
162			
163			
164			
165			
166			
167			
168			
169			
170			
171			
172			
173			
174			
175			
176			
177			
178			
179			
180			
181			
182			
183			
184			
185			
186			
187			
188			
189			
190			
191			
192			
193			
194			
195			
196			
197			
198			
199			
200			

	0	1	2
201			
202			
203			
204			
205			
206			
207			
208			
209			
210			
211			
212			
213			
214			
215			
216			
217			
218			
219			
220			
221			
222			
223			
224			
225			
226			
227			
228			
229			
230			
231			
232			
233			
234			
235			
236			
237			
238			
239			
240			

	0	1	2
241			
242			
243			
244			
245			
246			
247			
248			
249			
250			
251			
252			
253			
254			
255			
256			
257			
258			
259			
260			
261			
262			
263			
264			
265			
266			
267			
268			
269			
270			
271			
272			
273			
274			
275			
276			
277			
278			
279			
280			

Anleitung B
Bitte beurteilen Sie nun, wie **angenehm** Ihnen jedes dieser Ereignisse **ist oder wäre**.
Geben Sie sich eine „0", wenn es **unangenehm oder weder angenehm noch unangenehm** für Sie ist.
Geben Sie sich eine „1", wenn es **einigermaßen angenehm** für Sie ist.
Geben Sie sich eine „2", wenn es **sehr angenehm** für Sie ist.

Vergessen Sie bitte kein Ereignis der Liste!

	0	1	2
1			
2			
3			
4			
5			
6			
7			
8			
9			
10			
11			
12			
13			
14			
15			
16			
17			
18			
19			
20			
21			
22			
23			
24			
25			
26			
27			
28			
29			
30			

	0	1	2
31			
32			
33			
34			
35			
36			
37			
38			
39			
40			
41			
42			
43			
44			
45			
46			
47			
48			
49			
50			
51			
52			
53			
54			
55			
56			
57			
58			
59			
60			

	0	1	2
61			
62			
63			
64			
65			
66			
67			
68			
69			
70			
71			
72			
73			
74			
75			
76			
77			
78			
79			
80			
81			
82			
83			
84			
85			
86			
87			
88			
89			
90			

	0	1	2
91			
92			
93			
94			
95			
96			
97			
98			
99			
100			
101			
102			
103			
104			
105			
106			
107			
108			
109			
110			
111			
112			
113			
114			
115			
116			
117			
118			
119			
120			

	0	1	2
121			
122			
123			
124			
125			
126			
127			
128			
129			
130			
131			
132			
133			
134			
135			
136			
137			
138			
139			
140			
141			
142			
143			
144			
145			
146			
147			
148			
149			
150			
151			
152			
153			
154			
155			
156			
157			
158			
159			
160			

	0	1	2
161			
162			
163			
164			
165			
166			
167			
168			
169			
170			
171			
172			
173			
174			
175			
176			
177			
178			
179			
180			
181			
182			
183			
184			
185			
186			
187			
188			
189			
190			
191			
192			
193			
194			
195			
196			
197			
198			
199			
200			

	0	1	2
201			
202			
203			
204			
205			
206			
207			
208			
209			
210			
211			
212			
213			
214			
215			
216			
217			
218			
219			
220			
221			
222			
223			
224			
225			
226			
227			
228			
229			
230			
231			
232			
233			
234			
235			
236			
237			
238			
239			
240			

	0	1	2
241			
242			
243			
244			
245			
246			
247			
248			
249			
250			
251			
252			
253			
254			
255			
256			
257			
258			
259			
260			
261			
262			
263			
264			
265			
266			
267			
268			
269			
270			
271			
272			
273			
274			
275			
276			
277			
278			
279			
280			

ges, falls die Sitzung morgens stattfindet) aufzuzählen und diese in den Selbstbeobachtungsbogen einzutragen. Der Patient sollte danach seine Stimmung im Anschluß an diese Aktivitäten einschätzen.

In einem zweiten Schritt erfragt der Therapeut die persönliche Bedeutsamkeit der einzelnen Aktivitäten für den Patienten. Sollte sich der Patient an spezifische, diesen Aktivitäten vorausgehende Ereignisse erinnern, so können diese zusätzlich in den Selbstbeobachtungsbogen aufgenommen werden. Das Ausfüllen des Selbstbeobachtungsbogens wird am Beispiel mehrerer positiver Aktivitäten erprobt; dabei sollte auf Zweifel und Fragen des Patienten zwar eingegangen werden, jedoch immer wieder darauf hingewiesen werden, daß die regelmäßige Durchführung dieser objektivierenden Selbstbeobachtung wesentlich zu einer realistischen Selbsteinschätzung beitragen kann und damit einen ersten Schritt für das Ziel darstellt, das eigene Verhalten und die damit zusammenhängenden Stimmungen selbst steuern zu lernen. Der Therapeut bittet den Patienten, diese Bögen regelmäßig und sorgfältig jeden Tag auszufüllen und sie jeweils zur nächsten Therapiesitzung mitzubringen.

Die ausgefüllten Selbstbeobachtungsbögen sollten in jeder weiteren Therapiesitzung besprochen werden. Dabei können anfängliche Unklarheiten und Fehler beim Ausfüllen dieser Bögen bereinigt werden. In zunehmender Weise sollte der Patient vom Therapeuten angeregt werden, seine eigenen Schlüsse aus dieser regelmäßigen Selbstbeobachtung und Selbsteinschätzung zu ziehen, um ihn so mit der Zeit zu befähigen, diese Selbstbeobachtungsbögen für sich selbst auszuwerten und in entsprechendes Handeln umzusetzen. Wichtig ist dabei, das Ziel im Auge zu behalten, dem Patienten den Zusammenhang zwischen Aktivitäten und Stimmung zu vermitteln und darauf immer wieder hinzuweisen.

In jedem Fall sollte dem Patienten, bevor die erste Hausaufgabe gestellt wird, der Selbstbeobachtungsbogen und die „Liste angenehmer Ereignisse" mitgegeben werden. Letztere dient dazu, die Häufigkeit verschiedener positiver Aktivitäten im Alltag des Patienten zu erfassen und einzuschätzen, wie angenehm oder bedeutsam diese Aktivitäten für ihn sind. Patient und Therapeut werten dann diese Liste gemeinsam aus. Dies führt zu einem „individuellen Katalog angenehmer Aktivitäten", der auch als Grundlage für eine Sammlung effektiver Verstärker zu benutzen ist. Die „Liste angenehmer Ereignisse" kann dem Patienten auch als Gedächtnisstütze für das tägliche Ausfüllen der Selbstbeobachtungsbögen dienen.

Liste angenehmer Ereignisse

Der Patient hat dabei zwei Aufgaben: Zuerst sollte er/sie alle Items danach beurteilen, wie häufig er/sie diese in den letzten 30 Tagen durchgeführt hat (Anleitung A); danach soll er/sie alle Items nochmals durchgehen und nun die Annehmlichkeit jeder Aktivität beurteilen, gleichgültig, ob die Aktivität jemals bzw. in den letzten vier Wochen durchgeführt wurde (Anleitung B).

Der Therapeut bzw. der Patient haben nun die Möglichkeit diese Antworten in verschiedener Weise zu verwerten:

Rein **inhaltlich** als Quelle möglicher positiver Aktivitäten für den Aufbau eines höheren Niveaus derartiger Verstärker. Als **Diagnostikum** zur Beurteilung, ob die Frequenz oder die Annehmlichkeitsbeurteilungen oder die aus den tatsächlich durchgeführten Aktivitäten gezogenen Verstärkungen ungenügend sind.

Die Auswertung des Bogens erfolgt dafür zuerst getrennt entsprechend Anleitung A (Häufigkeitsangaben) und danach entsprechend Anleitung B (Annehmlichkeitsurteile). Die Antworten in Spalte „0" zählen dabei null Punkte, entsprechend zählt ein Kreuz in Spalte „1" ein Punkt und in Spalte „2" zwei Punkte. Diese einzelnen Werte lassen sich nun aufaddieren, so daß ein Summenwert für die Frequenzantworten und ein Summenwert für die Annehmlichkeitsantworten resultiert.

Um nun mittlere Häufigkeits- und mittlere Annehmlichkeitswerte zu erhalten, ist es sinnvoll, die Summenwerte durch die gesamte Itemzahl (also 280) zu dividieren. Die für den einzelnen Patienten resultierenden mittleren Werte können nun mit folgenden **Richtwerten** verglichen werden:

Wertebereiche		
Alter in Jahren	Häufigkeits- wert	Annehmlich- keitswert
20 - 39	0,60 - 0,95	0,80 - 1,20
40 - 59	0,55 - 0,90	0,80 - 1,15
über 60	0,50 - 0,85	0,75 - 1,10

Drei **häufige Muster** sind beim Vergleich der Tabellenwerte mit den persönlich erzielten Werten zu beobachten:

1. **Geringe Häufigkeit – geringe Annehmlichkeit**: Dies bedeutet, daß der Patient wenig Aktivitäten der Liste ausgeführt und obendrein wenig Freude aus den durchgeführten Aktivitäten der Liste zieht.
2. **Geringe Häufigkeit – durchschnittliche Annehmlichkeit**: Es werden wenige (keine) Tätigkeiten ausgeführt, die potentiell angenehm sind. Ein häufiges Muster depressiver Patienten.
3. **Durchschnittliche Häufigkeit – geringe Annehmlichkeit**: Der Patient unternimmt viel, doch ohne besondere Freude. Häufig ein Hinweis auf verzerrt-negative Einstellungen (Kognitive Ebene).

Eine weitere Verwendung dieser Sammlung positiver Aktivitäten besteht darin, dem Patienten ein Selbstkontrollinstrument an die Hand zu geben, das bereits während der Therapie, aber vor allem später, zur Vorbeugung depressiver Phasen eingesetzt werden kann.

Dazu sollte der Patient aus der Liste angenehmer Ereignisse all die Dinge herausschreiben, die er/sie mit einer „2" (also „sehr angenehm") bewertet hat. Erfahrungsgemäß ergibt dies eine individuelle Liste von etwa 40 bis 60 angenehmen Aktivitäten. Sollten weniger als 30 derartige Verstärker zusammen kommen, dann ist es sinnvoll auch Items mit der Annehmlichkeitsbeurteilung „1" dazuzunehmen.

Diese persönliche Liste angenehmer Tätigkeiten kann im therapeutischen Rahmen nun die Grundlage für den gestuften Aufbau von Aktivitäten liefern. Dazu ist es hilfreich, für einen Zeitraum von z.B. zehn Tagen den Patienten zu

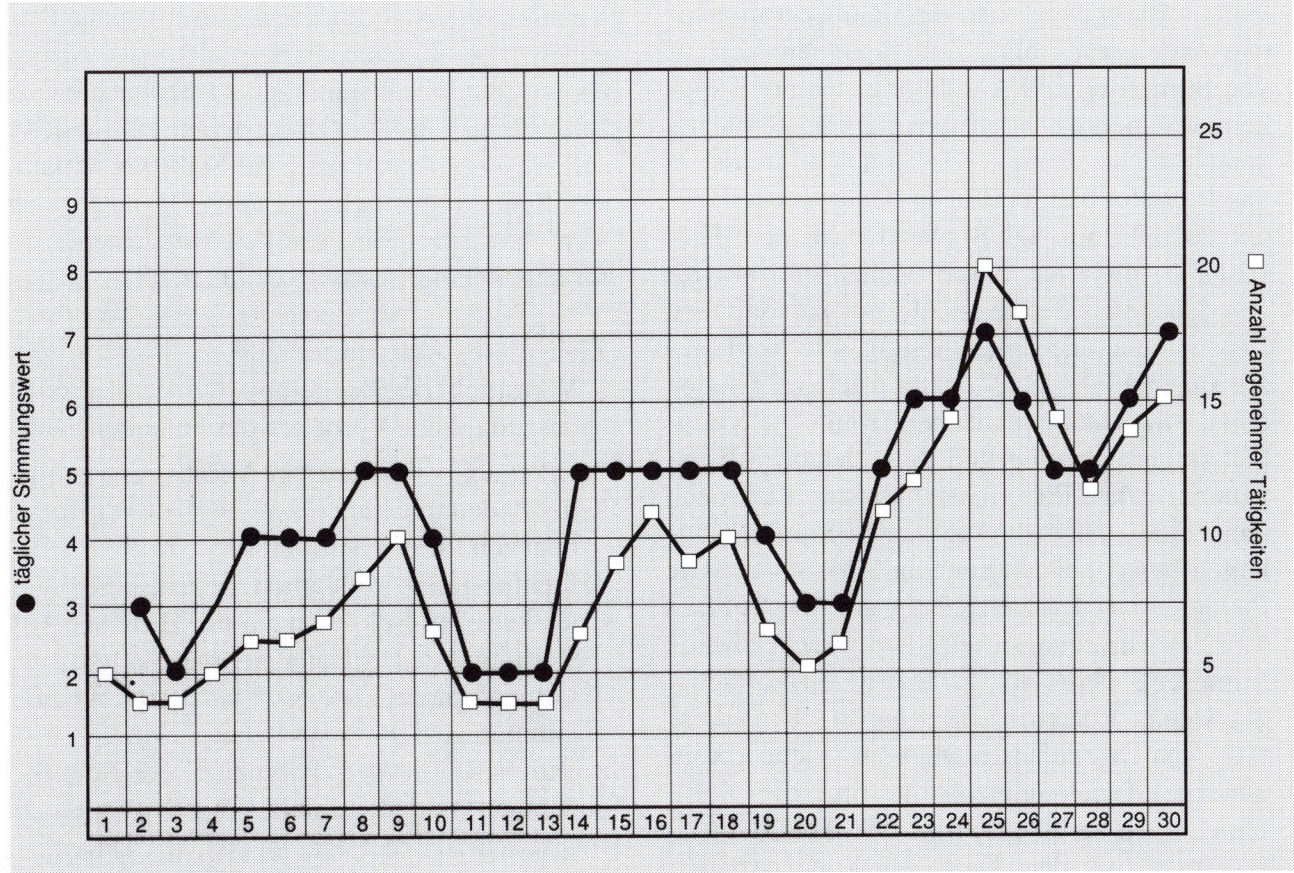

Abbildung 5: Tägliche Befindlichkeit und tägliche Menge angenehmer Aktivitäten über 30 Tage von Herrn E.

bitten, täglich abends die persönliche Liste angenehmer Aktivitäten durchzugehen und jeweils anzukreuzen, welche der Aktivitäten an dem betreffenden Tag durchgeführt wurden. Zusätzlich sollte täglich das Befinden eingeschätzt werden (z.B. auf einer Skala von 1 bis 10 o.ä.).

Nach dieser anfänglichen Selbstbeobachtungsphase kann nun der Patient dazu angeregt werden, die tägliche Menge angenehmer Aktivitäten aus der persönlichen Verstärkerliste zu erhöhen. War z.B. der durchschnittliche Wert in der ersten Beobachtungswoche 6 Aktivitäten, dann sollte der Patient für die folgende Woche versuchen, an keinem Tag unter 8 oder 10 Aktivitäten der Liste zu kommen. Es ist zusätzlich verstärkend ein Schaubild anzulegen, das erlaubt, die Kurven für die tägliche Stimmungsbeurteilung und die tägliche Aktivitätenmenge in ihrem Zusammenhang zu erkennen (siehe Abbildung 5).

Im Anhang finden sich einige dieser Materialien zum unmittelbaren Gebrauch in der Behandlung. Dies ist zum einen das bereits erwähnte Protokollblatt für „persönliche angenehme Tätigkeiten" und das damit zusammenhängende Arbeitsblatt zum täglichen Verlauf von Stimmung und Anzahl angenehmer Tätigkeiten. Patienten sollen ihre ganz persönlichen verstärkenden Tätigkeiten und Ereignisse in das Protokollblatt eintragen. Danach beobachten sie sich, um täglich abends (vor dem Einschlafen) die Liste durchzugehen und zu fragen: „Welches der Dinge aus der persönlichen Liste habe ich heute getan, umgesetzt und dies als angenehm erlebt?" Die Kästchen erlauben dann, ein Kreuz zu machen, wenn die Tätigkeit erfahren wurde und dies gleichzeitig angenehm war. Pro Behandlungstag läßt sich dann eine „Tagessumme" angenehmer Tätigkeiten berechnen (Summe an Kreuzchen). Die Patienten werden gleichzeitig gebeten, für den Tag ein Stimmungsurteil (1 = ganz schlechte Stimmung, depressiv, bis 9 = gute Stimmung, zufrieden, glücklich) abzugeben. Um diese täglichen Urteile anschaulich zu machen, können die Tagessummenwerte und die Stimmungswerte in eine Grafik (wie Abbildung 5) übertragen werden. Dazu wurde ein Arbeitsblatt beigefügt, das erlaubt, über einen vierwöchigen Zeitraum die Verläufe einzutragen.

Die verkürzte, in Teilen erneuerte Liste angenehmer Aktivitäten ist für viele Patienten einfacher handzuhaben, da nur nach der Annehmlichkeit gefragt wird. Aus den angenehm beurteilten Aktivitäten kann dann leicht die persönliche Verstärkerliste abgeleitet werden.

3. Verstärkung und Selbstverstärkung

Hier soll auf bereits erworbenen Selbstbeobachtungsfähigkeiten aufgebaut werden, wobei zusätzlich zur Beobachtung der verschiedenen Aktivitäten des Patienten und den vorausgehenden Bedingungen besonderes Gewicht auf die Beobachtung der Konsequenzen dieser Aktivitäten gelegt wird. Solche Konsequenzen oder nachfolgende Bedingungen haben immer einen verstärkenden oder nicht verstärkenden Charakter und beeinflussen so die Wiederholungswahrscheinlichkeit des vorher gezeigten Verhaltens bzw. der vorhergehenden Aktivität. Es wird daher das verhaltenstheoretische Konzept der Verstärkung eingeführt, um zum einen den Patienten zu befähigen, sein normalerweise gezeigtes Verhalten vollständiger zu beobachten, zu analysieren und damit zu verstehen; zum anderen soll ihm durch das Prinzip der Selbstverstärkung eine Steuerungsmöglichkeit in die Hand gegeben werden, die ihn beim gezielten Aufbau neuer, ihn für angenehmer Aktivitäten unterstützt.

Ziele dieses Abschnittes sind:
1. Vermitteln der Bedeutung, die Verstärker für das alltägliche Verhalten des Patienten haben.
2. Erkennen verschiedener Verstärkerarten und der Bedeutung kurz- bzw. langfristiger Konsequenzen für das Verhalten.
3. Identifizieren persönlich bedeutsamer Verstärker bzw. Belohnungen mit Hilfe der Auswertung der „Liste angenehmer Ereignisse".
4. Lernen, solche Verstärker als persönliche Belohnung gezielt einzusetzen.

Zusammen mit der Fähigkeit zur Selbstbeobachtung sind die Inhalte dieser Einheit die Basis dafür, daß der Patient positive Aktivitäten systematisch planen, aufbauen und bewerten kann.

Das Prinzip der Verstärkung

Eines der grundlegenden Gesetze der Lerntheorie ist, daß die Konsequenzen des Handelns einen Einfluß darauf haben, wie wahrscheinlich diese Handlungen in der Zukunft sind. Das heißt, Handlungen, die für das Individuum positive Konsequenzen zur Folge haben, werden in der Zukunft häufiger ausgeführt als solche, deren Konsequenzen der Einzelne als negativ erlebt.

Dieses Prinzip der Verstärkung kann auch im Sinne der Selbstverstärkung zur gezielten Modifikation des eigenen Verhaltens und zum Aufbau neuer Verhaltensweisen eingesetzt werden. Grundlegend hierfür ist das Erkennen und die Erfahrung, welchen Einfluß Verstärker bzw. Belohnungen auf das eigene alltägliche Verhalten ausüben. Verstärker steuern nicht nur „positives", persönlich erwünschtes Verhalten und Handeln, sondern auch „unangepaßtes" Handeln oder sogenanntes Vermeidungsverhalten.

Beispiel:
Frau N. soll sich heute um 13 Uhr in einem Geschäft, bei dem sie sich um Arbeit beworben hat, vorstellen. Schon beim Frühstück ist Frau N. sehr nervös, da sie diesem Gespräch mit sehr gemischten Gefühlen entgegensieht und sich solchen Vorstellungssituationen nur sehr ungern aussetzt. Um sich abzulenken, bummelt sie vor dem Termin noch ein wenig durch die Straßen, kann jedoch nur schwer Ruhe finden. Sie trifft nach kurzer Zeit eine Bekannte, die sie überredet, mit ihr eine Tasse Kaffee trinken zu gehen. Diese Bekannte hat früher einmal in einem ähnlichen Geschäft gearbeitet und hat dort etliche negative Erfahrungen gemacht, was sie Frau N. sehr plastisch erzählt.
Das Gespräch zieht sich hin und als Frau N. wieder auf die Uhr schaut, ist es bereits zu kurz vor dem verabredeten Vorstellungsgesprächs. Halb schuldbewußt und halb erleichtert läßt Frau N. den Termin endgültig sausen und beschließt, mit der Bekannten einen Einkaufsbummel zu machen.

In dem beschriebenen Fall wirken materielle Verstärker (z.B. Einkaufsbummel, Kaffeetrinken) und soziale Verstärker (z.B. akzeptiert werden von Freunden, Unterhaltung mit Bekannten) aber auch das Aufhören negativer Bedingungen als Konsequenzen der beschriebenen Verhaltensweisen und erhöhen damit die Wahrscheinlichkeit, daß eine Person in ähnlichen Situationen ähnlich reagiert. Das heißt, Frau N. wird in einer ähnlichen Situation vielleicht wieder einen Termin versäumen und so sich einer antizipierten unangenehmen Situation entziehen.

Das zuletzt genannte Vermeidungsverhalten läßt sich sehr häufig bei depressiven Menschen beobachten, die dann oft zu dem damit selbst erzeugten Schluß kommen, sie wären niemals in der Lage, solche als „unangenehm" oder bedrohlich vorgestellten Situationen zu bewältigen. Vermeidungsverhalten hat noch einen weiteren Aspekt, der hier sehr wesentlich ist: Depressive Menschen tendieren dazu, die Dinge eher unter kurz- als unter langfristiger Perspektive zu sehen, vor allem, was die Folgen ihrer eigenen Aktivitäten anbetrifft.

Jede Aktivität hat sowohl kurz- als auch langfristige Effekte oder Konsequenzen (in unserem Beispiel ist die kurzfristige Konsequenz, statt einen unangenehmen Termin wahrzunehmen einen Einkaufsbummel zu machen; die langfristige Konsequenz ist die Vergabe der Stelle an eine andere Person und die weitere Arbeitslosigkeit von Frau N.). Umgekehrt können jedoch auch kurzfristig unangenehme Tätigkeiten auf lange Sicht positive Konsequenzen haben (z.B. wenn Frau N. aufgrund des (zwar unangenehmen) Vorstellungsgesprächs eine Arbeit angenommen hätte, die ihr sehr viel Spaß bereitet und viel Anerkennung eingebracht hätte). Patienten in depressiven Stimmungen achten jedoch meist nicht auf die Möglichkeiten, die langfristig positiv für sie sein können. Um Depressionen zu überwinden, ist es wichtig, die langfristigen Effekte von Verhalten genauso zu beachten, wie die kurzfristigen.

Aufbau von Verstärkerplänen

Es gibt zwar im Erleben und Verhalten von Menschen einige allgemeingültige Belohner (wie z.B. Geld, Sozialkontakte o.ä.), viele Verstärker sind jedoch nur für den Einzelnen persönlich bedeutsam. Es kann z.B. belohnend sein, Zeit zu erübrigen, um erwünschte Dinge zu tun, zu denen man selten kommt (ein entspannendes Bad nehmen, ausschlafen, ein Sonnenbad nehmen, telefonieren, Zeit verbummeln usw.). Intellektuelle Belohnungen sind z.B. „Selbstbelobigungen" (Nachdenken über die eigenen Fähigkeiten, Erfolge, die Beziehungen zu anderen) oder geistige Freuden (Tagträume von angenehmen Dingen, Meditation oder Musik hören). Die in der „Liste angenehmer Ereignisse" aufgezählten Aktivitäten bzw. Tätigkeiten können Anregungen bieten bei der Erstellung einer eigenen, persönlichen Liste von Verstärkern.

Bei der **Auswahl von Verstärkern** gilt es, vier wichtige Punkte zu beachten:

1. Es muß sich um etwas handeln, das dem Patienten positive Gefühle vermittelt.
2. Der Patient muß Zugang zu dem Verstärker haben. Er kann nicht im Sommer skilaufen wollen; eine weite Reise kann er sich möglicherweise finanziell nicht leisten.
3. Der Belohnungswert des Verstärkers ist zu beachten. Ist die Belohnung eine hinreichende Entschädigung für die Zeit und die Mühe, die der Patient zur Erreichung des Zieles aufbringen mußte? Ausgewählte Verstärker sollten nicht nur als Belohnung für das Zielverhalten angesehen werden, sondern auch als ausreichende Entschädigung für den gesamten Einsatz des Patienten, einschließlich solcher Dinge wie Selbstbeobachtung.
4. Der Verstärker muß etwas sein, über das der Patient verfügen kann. Eine Einladung zum Essen ist nur dann ein geeigneter Verstärker, wenn der Patient darauf zählen kann, von seinem Partner auch eingeladen zu werden. Sollen andere Menschen gezielt als Belohnung oder Verstärker eingesetzt werden, so sollte dies zuvor mit ihnen besprochen werden.

Bei der Planung positiver Aktivitäten werden nun die in der „Liste persönlicher Verstärker" zusammengestellten angenehmen Dinge und Aktivitäten in einen Verstärkerplan eingearbeitet. Dies kann prinzipiell auf zwei Arten geschehen:

1. Indem solche Verstärker bei der wöchentlichen (täglichen) Aktivitätsplanung des Patienten gezielt als Belohnung für die Erreichung dieser Ziele eingesetzt und schriftlich festgehalten werden.
2. Indem der Patient einen **Vertrag** mit sich selbst nach folgendem Muster schließt:

> **Beispiel**:
> Wenn ich, N.N., Montag Nachmittag in die Vorlesung gehe und am Dienstag Abend in die Volkshochschule, und wenn ich bei jedem dieser Treffen eine Unterhaltung mit jemandem beginne, den ich vorher noch nicht gekannt habe (ZIELVERHALTEN), werde ich mich belohnen, indem ich am Mittwoch Nachmittag in die Fußgängerzone gehe und mir dort ein Kleid kaufe, das mir gefällt (BELOHNUNG).
> unterzeichnet N.N.

Durchführung

Der Therapeut sollte sich, wann immer möglich, auf konkrete Erfahrungen und Erlebnisse des Patienten beziehen. Die Bedeutung von Verstärkern/Belohnern für das alltägliche Verhalten des Patienten wird somit herausgestellt und nachvollziehbar gemacht.

Im ersten Schritt dieses Elements, ist es daher hilfreich (falls vom Patienten keine aktuellen Erlebnisse angeboten werden), im Anschluß an die Besprechung der bisher ausgefüllten Selbstbeobachtungsbögen auch auf die Rolle der Konsequenzen der dort beschriebenen Aktivitäten einzugehen. Der Therapeut sollte sich die nachfolgenden Bedingungen solcher Aktivitäten möglichst ausführlich beschreiben lassen und daraufhin gemeinsam mit dem Patienten die Bedeutung solcher nachfolgender Bedingungen im

Sinne des verhaltenstheoretischen Verstärkerkonzepts diskutieren und interpretieren.

Es sollte darauf geachtet werden, daß bei der Besprechung dieser einzelnen Aktivitäten bzw. Tätigkeiten die verschiedenen Verstärkerarten, die Rolle von kurz- bzw. langfristigen Konsequenzen von Verhalten und auch der Einfluß von Verstärkern auf „erwünschtes" und „unerwünschtes" Verhalten für den Patienten einsehbar und verständlich wird. Als Übung für zu Hause wird dem Patienten empfohlen, die Selbstbeobachtung zu erweitern. Zusätzlich sollte er/sie die Konsequenzen bzw. Verstärker für die beschriebenen Aktivitäten beachten bzw. beschreiben.

Als zweiten Schritt erstellt der Patient mit Hilfe der ausgefüllten „Liste zur Erfassung angenehmer Ereignisse" für sich einen Katalog persönlicher Belohnungen. Dies kann unter Umständen als weitere Hausaufgabe gegeben werden, jedoch sollte in jedem Fall sowohl die „Liste zur Erfassung angenehmer Ereignisse" als auch der Katalog persönlicher Belohnungen ausführlich mit dem Patienten besprochen werden. Hierbei ist darauf zu achten, daß die Kriterien für effektive Verstärker (siehe oben) eingehalten werden. Außerdem sollte der Therapeut darauf hinweisen, daß die hier identifizierten Belohnungen vor allem mit den Erfahrungen und den Vorlieben des Patienten übereinstimmen sollten. Die „Liste angenehmer Ereignisse" kann hier als Gedächtnisstütze dienen.

Als dritten Schritt sollte die Bedeutung der systematischen Verstärkung bzw. Belohnung für das Erreichen von Zielen dargestellt werden. Hier kann es sinnvoll sein, Beispiele für positive Aktivitäten zu wählen, die der Patient sowieso gerne durchführen möchte.

4. Planung und Durchführung positiver Aktivitäten

Mit diesem Element geht die Therapie über von einer Phase der aktiven, objektivierenden Selbstbeobachtung zu einer systematischen und geplanten Veränderung des Aktivitätsniveaus und der Verhaltensgewohnheiten des Patienten. Damit wird sowohl eine verbesserte Stimmung des Patienten, als auch eine Erhöhung der persönlichen und sozialen Kompetenz angestrebt:

1. Zum einen sollte der bereits angesprochene Zusammenhang zwischen der Art der Stimmung und der Häufigkeit spezifischer Aktivitäten dem Patienten noch einmal ins Gedächtnis gerufen werden. Um diesen Zusammenhang klar und deutlich zu machen, sollte darauf geachtet werden, daß die zu den geplanten und durchgeführten angenehmen Aktivitäten zugehörige Stimmung regelmäßig und zuverlässig eingeschätzt wird. Die Annahme, daß eine vernünftige Steigerung der angenehmen Tätigkeiten des Patienten auch zu einer Stimmungsverbesserung führt, sollte vom Therapeuten als eine Hypothese eingebracht werden, derer sich der Patient bedienen kann, die aber nicht unbedingt von vornherein auf ihn zutreffen muß.

2. Zum anderen soll dem Patienten eine Methode in die Hand gegeben werden, mit der er selbst das Ausmaß und die Häufigkeit angenehmer Aktivitäten bzw. Tätigkeiten und somit auch sein Stimmungsniveau kontrollieren kann. Diese Methode umfaßt die Fähigkeit, einige Ziele in realistischer Weise festzulegen, die dazugehörigen Aktivitäten in geplanter Weise auszuführen und damit das Erreichen dieser Ziele kontrollieren und angemessen bewerten zu können. Außerdem kann damit ein ausgewogenes Verhältnis zwischen unangenehmen, neutralen und positiven Aktivitäten erreicht werden.

Die **Ziele** dieses Elements sind mit folgenden **Schritten** zu erreichen:

1. Festlegen verschiedener realistischer und operationalisierbarer Ziele bzw. Aktivitäten, die der Patient gerne durchführen möchte und deren Unterteilung in kleine, durchführbare Schritte.
2. Klare Definition von Kriterien, wann diese Ziele erreicht sind.
3. Detaillierte Vorbereitung mit Hilfe eines Tagesplans, der angibt, wann und wo solche Aktivitäten durchgeführt werden sollen.
4. Belohnung für das Erreichen von Zielen durch adäquate Verstärker.

5. Ermitteln des Verhältnisses zwischen unangenehmen und angenehmen Aktivitäten eines Patienten, und falls nötig für ein ausgewogenes Verhältnis zwischen beiden sorgen.

Die Planung von Aktivitäten

Eine sorgfältige inhaltliche und zeitliche Planung von angenehmen Aktivitäten ist unerläßlich, da gerade depressive Patienten leicht zu Passivität neigen und aus Mißerfolgsängsten Aufgaben eher ausweichen. Wird ein Plan z.B. für die kommende(n) Woche (Tage) (siehe den „**Wochenplan**") erstellt, geht der Patient die Verpflichtung ein, eine verbindliche Aussage darüber zu machen, was er in den nächsten sieben Tagen tun möchte. Er soll lernen, Entscheidungen zu fällen und Prioritäten zu setzen. Ein expliziter Plan hat den Vorteil, daß Patienten zu einer realistischen Antizipation der kommenden Ereignisse angeleitet werden können. Potentielle Probleme, die die Ausführung des Planes gefährden könnten, sollte man vorher überdenken.

Will man beispielsweise am Donnerstag nachmittag eine interessante Ausstellung besuchen, dann muß man sich vorher überlegen, welche Vorbereitungen zu treffen sind. Ein wichtiger Bestandteil der Planung besteht daher in der Vorausschau und der zu treffenden Vorsorge, damit der Plan auch durchführbar ist. Um seinen Plan einhalten zu können, kann es auch notwendig sein zu lernen, anderweitige Forderungen abzulehnen (soziale Kompetenz).

Das Wichtigste an der gezielten und erfolgreichen Durchführung eines Planes ist das Gefühl der Kontrolle, das der Patient dadurch erhält. Er gewinnt somit die Zuversicht, daß er sein Leben aktiv steuern kann, weniger äußeren Zwängen unterliegen muß und Kontrolle über sein Leben besitzt. Zudem erlaubt eine aktive Planung, das Verhältnis zwischen unangenehmen Pflichten und Tätigkeiten, die der Patient wirklich gerne tut, zu überprüfen und gegebenenfalls zu korrigieren. Das Erreichen eines solchen relativen Gleichgewichtes stellt ein wesentliches Ziel bei der Therapie von Depressionen dar.

Bei systematischen Plänen kann man zwischen eher zeitlich oder inhaltlich orientierten Tages- bzw. Wochenplänen und Verstärkerplänen unterscheiden. Tages- oder Wochenpläne sind wichtig, damit der Patient sein Leben zeitlich und inhaltlich strukturieren lernt. Verstärkerpläne dienen dazu, erreichte Ziele und damit Erfolge regelmäßiger wahrzunehmen, zu bewerten und zu belohnen. Beide Planarten sollten mit dem Patienten zusammen anfangs besprochen werden, später wird ihm die konkrete Planung mehr und mehr selbst überlassen. Es ist darauf hinzuweisen, daß die systematische Erstellung von Verhaltensplänen nicht in mechanistischer Weise durchgeführt werden sollte. Die Pläne dienen nur als Hilfsmittel zu einer notwendigen Veränderung der Verhaltensgewohnheiten des Patienten; auch vom Patienten sollten sie als ein solches Hilfsmittel gesehen und verstanden werden und niemals zum Selbstzweck werden.

Die Festlegung von Zielen

Depressive Menschen tendieren dazu, bei niedergeschlagener Stimmung unrealistisch hohe Ziele für sich selbst zu setzen. Beispiele für solche Zielsetzungen lassen sich meist leicht aus Berichten des Patienten über Erlebnisse und Erfahrungen ableiten. Der Patient neigt dann zu Perfektionismus und setzt sich Ziele, die sehr abstrakt, global und kaum erreichbar scheinen. Auch ein teilweises Erreichen dieser Ziele wird häufig kaum als Befriedigung erlebt. Depressive Patienten sind daher selten oder nie mit sich selbst zufrieden und werten ihre Fähigkeiten und Bemühungen in der Regel ab. Dieses sehr häufig beobachtbare Verhaltens- und Denkmuster trägt maßgeblich zu einer Fortsetzung der niedergeschlagenen Stimmung und zum Verlust von Verstärkern bei. Die überhöhten Ziele können mit eine Ursache der Depression sein. Bei der Therapie von Depressiven ist es daher hilfreich und wichtig, darauf zu achten, daß der Patient sich realistische, das heißt für ihn aktuell erreichbare Ziele setzt. Die Aufmerksamkeit ist auf kleine Schritte bzw. Unterziele zu richten, die helfen, das angestrebte Ziel zu erreichen.

> **Beispiel**:
> Frau N. fühlt sich schlecht, weil sie die große Menge Arbeit, die ihr Chef ihr heute gegeben hat, nicht geschafft hat. Obwohl die Aufgaben für den heutigen Tag objektiv viel zu viel waren und sie einen guten Teil davon erledigt hat, hat sie dennoch das Gefühl, ein völliger Versager zu sein, weil nicht alle Arbeit bewältigt wurde. Das macht sie niedergeschlagen.

Dieses oder ähnliche Beispiele verdeutlichen die Sequenz „zu hohe Ziele setzen – nur einen Teil davon schaffen – sich als Versager fühlen, weil man das Ziel nicht vollständig erreicht hat – depressive Stimmung". Um diese oft schon automatisch ablaufende Sequenz zu durchbrechen, muß dem Patienten dabei geholfen werden, solche Ziele zu formulieren, auf die er hinarbeiten möchte und kann. Der Patient sollte dabei lernen, eher an unmittelbare, positive und kleine Schritte in Richtung auf seine Ziele zu denken und die dabei erreichten Erfolge und Mißerfolge genau herauszuarbeiten.

Die einzelnen Schritte zum Festsetzen positiver Ziele sind:

Das **Definieren von Zielen**: Mit Hilfe der Selbstbeobachtungsbögen, des Katalogs persönlicher Verstärker und der Liste zur Erfassung angenehmer Ereignisse sollte der Patient eines oder mehrere Ziele benennen, die er gerne erreichen möchte und die für ihn mit angenehmer Stimmung verbunden sind. Die Ziele sollten positiv formuliert sein, d.h. den Aufbau und nicht den Abbau von Aktivitäten beinhalten. Außerdem sollten sie erreichbar und vom Patienten kontrollierbar sein, d.h. im Rahmen der Möglichkeiten und Fähigkeiten des Patienten liegen und nicht von anderen Personen oder dem Zufall abhängig sein. Das Erlernen einer neuen Fähigkeit (wie z.B. kochen, malen, eine neue Sprache lernen) entspricht allen drei genannten Kriterien. Als Vorsitzender eines Vereins gewählt zu werden, ist hingegen nicht kontrollierbar und entspricht damit nicht dem dritten Kriterium. Ähnlich wie bei der Einschätzung von Aktivitäten sollte der Patient auch hier die gesetzten Ziele nach der für ihn individuellen Bedeutsamkeit bewerten.

Das Setzen von **Unterzielen**: Das auf diese Art und Weise formulierte Ziel soll nun vom Patienten mit Hilfe des Therapeuten in viele kleine Schritte zerlegt werden. Hierzu erstellt man zunächst eine Liste mit mehreren Unterzielen, aus der dann die geeignetsten herausgesucht und in eine logische Reihenfolge zur Erreichung des Ziels gebracht werden. Ist selbst das Unterziel vom Patienten sehr schwer zu erreichen, so kann es hilfreich sein, eine weitere Sequenz von Teilzielen zu erstellen. Unterziele sollten genauso positiv und klar formuliert sein, wie die Ziele; sie sollten auch in Worten genau ausdrücken, welches Verhalten in welcher Weise realisiert werden soll, so daß dies für andere auch nachvollziehbar ist. Patient und Therapeut sollten klare und nachprüfbare Kriterien dafür haben, wann ein solches Unterziel sinnvoll ist, wann es erfolgreich wird und wann die Aufgabe insgesamt bewältigt ist.

Einschätzen der Schwierigkeit von Unterzielen: Um die Schwierigkeiten und Probleme bei der Erreichung von Zielen und seine eigenen Fähigkeiten realistischer einschätzen zu lernen, sollte der Patient mit Hilfe seines Selbstbeobachtungsbogens jeweils vorher einschätzen, welche Schwierigkeiten er bei der Erfüllung einzelner Aufgaben erwartet. Anschließend sollte er einschätzen, wie groß die Schwierigkeiten für ihn tatsächlich waren.

Verstärkerplan: Für das Erreichen einzelner Ziele oder das erfolgreiche Bewältigen von Aufgaben sollte sich der Patient auch systematisch und adäquat belohnen. Mit Hilfe einer Liste persönlicher Belohnungen sind daher vor der Durchführung der Aktivitäten spezifische Verstärker auszuwählen, die dem Aufwand der Aufgabe entsprechen. Wichtig ist hierbei, den Patienten noch einmal daran zu erinnern, die Belohnung möglichst unmittelbar auf die erfolgreich ausgeführte Aufgabe folgen zu lassen. Hilfreich für eine adäquate Auswahl von Belohnungen kann sein, die vorhandene Liste von Verstärkern mit Wertpunkten von 0 bis 100 zu versehen und in eine Hierarchie zu bringen. Belohnungen, die von dem Verhalten einer anderen Person abhängig sind, sollten nur dann einbezogen werden, wenn diese Person zuverlässig zur Verfügung steht.

Ausgewogenheit zwischen unangenehmen und angenehmen Aktivitäten

Bei der Erstellung von Tages bzw. Wochenplänen sollte der Therapeut darauf achten, daß Aktivitäten, die dem Patienten Freude machen und als angenehm erlebt werden etwa genauso häufig vorkommen, wie Aktivitäten, die eher als neutral oder unangenehm erlebt werden (wie z.B. Hausputz, Zahnarztbesuch, sich in unangenehmen Situationen befinden). Um eine solche Ausgewogenheit herzustellen (die Reduzierung depressionsfördernder Aktivitäten ist Gegenstand der nächsten Abschnitte), ist es zunächst sinnvoll, in einer gemeinsamen Auswertung der ersten Aktivität- und Wochenpläne des Patienten das Verhältnis von notwendigen unangenehmen und angenehmen Aktivitäten anzusprechen. Unter Umständen kann es auch hilfreich sein, mit Hilfe von Tages bzw. Wochenprotokollen dieses Verhältnis „empirisch" herauszufinden und so die Basis für eine eventuelle Änderung zu legen.

Durchführung

Bei diesem Element ist es für den Therapeuten wichtig, eine klare Strukturierung durchzuhalten. Die einzelnen Teile der Zielplanung und Zieloperationalisierung und der Erstellung von Tages- bzw. Wochenplänen sollten ausführlich besprochen werden. In einem ersten Schritt wird der Patient aufgefordert, mit Hilfe seiner bisher ausgefüllten Selbstbeobachtungsbögen zwei bis drei Aktivitäten herauszusuchen, die er gerne konkret durchführen oder häufiger machen möchte. Daraufhin wird der Patient aufgefordert, die angestrebten Aktivitäten nach den oben genannten Kriterien als Ziele zu formulieren (positiv formulieren, Erreichbarkeit, Kontrollierbarkeit).

Mit Hilfe des Therapeuten soll der Patient im Anschluß daran kleine, klar formulierte Schritte festlegen, mit denen er sein Ziel erreichen will. Diese Übung sollte im ersten Durchgang sehr ausführlich besprochen werden; es ist hier wichtig, daß der Therapeut gemeinsam mit dem Patienten die Ziele und Unterziele gegebenenfalls modifiziert bzw. neu formuliert und sich dabei an den festgelegten Kriterien orientiert. Bei sehr globalen Unterzielen sollten mit dem Patienten neue Zielsequenzen für entsprechende Teilziele erarbeitet werden. Es ist darauf zu achten, daß bei dieser Übung die Zielerreichung für die Unterziele möglichst klar formuliert wird; außerdem sollten bei der Festsetzung von Zielen sowohl kurzfristige als auch langfristige Effekte beachtet werden. Die Ergebnisse dieser Übung sollte der Patient möglichst gleich in einen Planungsbogen eintragen, der als Grundlage für weitere Übungen und für die Durchführung von Hausaufgaben dient.

In diesem Stadium der Therapie ist es wesentlich, daß der Therapeut genügend Geduld aufbringt, den Patienten zur Äußerung von eigenen Zielen und Aktivitätswünschen zu ermuntern. Depressive Menschen werden in der Therapie häufig angeben, daß sie keine Ziele oder Aktivitätswünsche mehr besitzen und deshalb diese Übung nicht durchführen können. Trotzdem sind sie zu ermuntern, Aktivitäten oder Ziele mit relativ geringem Schwierigkeitsgrad zu nennen und diese dann zu planen und durchzuführen. Nur notfalls sollte der Therapeut auf Ideen oder Zielsetzungen zurückgreifen, die ihm selbst in den bisherigen Sitzungen in den Sinn kamen.

Beispiele:
– Ich möchte häufiger attraktiv aussehen.
– Ich möchte häufiger Sport treiben.
– Ich möchte häufiger Kontakt zu Freunden haben.
– Ich möchte häufiger mit Kollegen über die Arbeit reden.
– Ich möchte ein Instrument (Sprache usw.) erlernen.
– Ich möchte häufiger einer bestimmten Person meine Meinung sagen usw.

Im Anschluß an die Übung zur Zielsetzung werden dem Patienten die Grundlagen und die Bedeutung der detaillierten Planung von Aktivitäten erklärt. Eine Aktivität sollte dann noch in der Sitzung zusammen mit dem Therapeuten genau geplant werden (Zeitplan, Verstärkerplan) und in den Planungsbogen eingetragen werden. Unter Umständen kann die Durchführung einzelner Zielsequenzen und Teilaktivitäten während der Sitzung im Rollenspiel geübt werden.

Als Hausaufgabe wird dem Patienten empfohlen, die ersten in der Therapiesitzung bereits diskutierten und geplanten Aktivitäten durchzuführen und dabei die Selbstbeobachtungsbögen mit der Einschätzung seiner jeweiligen Stimmung weiter auszufüllen. Außerdem sollten mit Hilfe des Planungsbogens weitere Ziele operationalisiert und möglichst detailliert geplant werden.

Die jeweiligen Hausaufgaben sind in der darauffolgenden Sitzung das zentrale Thema, wobei mögliche Fehlschläge genau analysiert und die Ziel- und Verstärkerplanung eventuell modifiziert werden. Bei Fehlschlägen (und einer damit einhergehenden niedergeschlagenen Stimmung des Patienten) kommt es darauf an, dem Patienten klar zu machen, daß ein Mißerfolg noch lange nicht das Scheitern der gesamten Therapie und aller Pläne bedeutet. Der Therapeut sollte jedoch darauf achten, daß die Ziele so gewählt werden, daß sie zu Anfang möglichst leicht erreichbar sind und somit erste Erfolgserlebnisse wahrscheinlich machen. Für die Planung und Durchführung von positiven Aktivitäten sollte man sich genügend Zeit nehmen und andere Inhalte erst besprechen, wenn wirklich für den Patienten erste Erfolgserlebnisse erzielt werden konnten.

5. Reduzierung depressionsfördernder Aktivitäten

Ähnlich, wie sich bei der Durchführung von angenehmen Aktivitäten die sonst depressive Stimmung des Patienten bessert, können weniger angenehme Aktivitäten die Depression und Niedergeschlagenheit des Patienten verstärken oder auslösen. Deshalb wird allein ein erhöhtes Niveau angenehmer Aktivitäten die Stimmung des Patienten noch nicht wesentlich verbessern, wenn weiterhin sogenannte depressionsfördernde Aktivitäten sein alltägliches Leben wesentlich bestimmen. Aus diesem Grund wird hier besonderes Gewicht darauf gelegt, solche depressionsfördernden Aktivitäten herauszufinden und die Bedingungen zu analysieren, unter denen sie auftreten, um damit eine Basis für die konstruktive Veränderung solcher Aktivitäten zu schaffen.

Die **Zielelemente** sind also:
1. Identifizieren depressionsfördernder Aktivitäten.
2. Herausfinden und Analysieren der auslösenden und aufrechterhaltenden Bedingungen dieser Aktivitäten (Analyse von vorhergehenden Ereignissen und von Konsequenzen),
3. Vermindern der Häufigkeitsrate depressionsfördernder Aktivitäten.
4. Abbauen der Stärke der unangenehmen Gefühle, die bei solchen Aktivitäten auftreten.
5. Allmähliches Ersetzen depressionsfördernder Aktivitäten durch positive, angenehm erlebte Aktivitäten.

Was sind depressionsfördernde Aktivitäten?

Da depressionsfördernde Aktivitäten ähnlich wie positive Aktivitäten individuell verschieden sind, läßt sich auch hier kein allgemeingültiger Katalog solcher Aktivitäten aufstellen.
Einflußfaktoren sind:
– Ein Patient, der in der Vergangenheit schon ähnliche Erlebnisse als schlimm oder entmutigend erlebte, wird auch von künftigen, ähnlichen Situationen erwarten, daß sie unangenehm sind.
– Aktivitäten oder Erlebnisse können depressive Stimmungen fördern, weil dabei innere Ereignisse (automatische Gedanken, irrationale Schlußfolgerungen) Gefühle von Verstimmung, Traurigkeit, Hilflosigkeit usw. auslösen.
– Situationen oder Erlebnisse werden als unangenehm erlebt, weil der Patient annimmt, aufgrund persönlicher Defizite solche Situationen nicht bewältigen zu können.

Alle drei Faktoren haben Auswirkungen auf das Verhalten des Patienten (z.B. Vermeidung, Rückzug, Passivität usw.). Sie bedingen unter anderem ein niedrigeres Aktivitätsniveau und beeinflussen somit die Stimmung des Patienten negativ. Bei der Identifikation depressionsfördernder Aktivitäten wird man auf mündliche Berichte des Patienten zurückgreifen, aber auch auf Fragebögen, z.B. die „Liste angenehmer Ereignisse", die - durch die Annehmlichkeitsurteile „0" - auch Angaben zu möglichen unangenehmen Aktivitäten enthält.

Analyse auslösender und aufrechterhaltender Bedingungen

Um depressionsfördernde Verhaltensweisen erfolgreich reduzieren zu können, muß man zunächst wissen, was solche Verhaltensweisen auslöst, und weshalb dieses Verhalten trotz der niedergeschlagenen Stimmung, die damit einhergeht, aufrechterhalten wird. Mit Hilfe der vom Patienten ausgefüllten Selbstbeobachtungsbögen können die depressionsfördernden Aktivitäten ermittelt werden. Eine solche Beschreibung sollte Art und Häufigkeit dieser Verhaltensweisen beinhalten, aber auch situative Gegebenheiten, wie:
– Tritt ein Verhalten zu einer bestimmten Zeit auf?
– Wo tritt dieses Verhalten auf?
– Sind bestimmte Personen während, vorher oder nachher anwesend?
– Was passiert direkt vorher?
– Was tut der Patient, was sagt er, wie fühlt er sich, was denkt er?
– Wie reagieren die anderen anwesenden Personen?
– Was geschieht im Anschluß an diese Situation/dieses Verhalten?

Diese Analyse von auslösenden und aufrechterhaltenden Bedingungen erlaubt dem Therapeuten eine Zuweisung depressionsfördernder Aktivitäten zu einer der folgenden Kategorien:
– depressionsfördernde Aktivitäten, die mit bestimmten Situationen oder Personen in Zusammenhang stehen bzw. durch diese ausgelöst werden;
– Aktivitäten, die sich aus Problemen des Patienten ergeben, auf bestimmte Gegebenheiten in angemessener Weise und/oder kompetent zu reagieren;
– depressionsfördernde Aktivitäten die hauptsächlich mit kognitiven Ereignissen (wie automatische Gedanken, Grundeinstellungen) oder Gefühlen (Angst, Panik) in Zusammenhang stehen;
– depressionsfördernde Aktivitäten oder Verhaltensweisen, die durch unzureichende Planung oder Organisation des alltäglichen Lebens ausgelöst werden. Jede der beschriebenen Problemgruppen bedingt ein unterschiedliches therapeutisches Vorgehen.

Reduktion depressionsfördernder Aktivitäten

Wie aus der Analyse der auslösenden bzw. aufrechterhaltenden Bedingungen ersichtlich wird, sind verschiedene Strategien zur Veränderung depressionsfördernder Aktivitäten denkbar. Die Entscheidung über die zu wählende therapeutische Strategie ergibt sich aus der Analyse der depressionsfördernden Aktivitäten des Patienten. Sollte sich zeigen, daß die festgestellten depressionsfördernden Verhaltensweisen des Patienten in erheblichem Maße mit Defiziten in der sozialen Kompetenz oder mit Problemen auf der kognitiven Ebene in Zusammmenhang zu bringen sind, so sollten diese Problembereiche auch im Rahmen der „Verbesserung sozialer Fertigkeiten" und „Veränderung von Kognitionen" bearbeitet werden.

Unabhängig davon sind folgende **Strategien** zur Reduktion depressionsfördernder Aktivitäten möglich:

1. Treten die depressionsfördernden Aktivitäten immer in Zusammenhang mit bestimmten Situationen auf, so ist eine Veränderung und Kontrolle dieser Situationen anzustreben.

Beispiel:
Herr W. hat, besonders, wenn er sehr depressiv ist, große Schwierigkeiten, morgens aus dem Bett zu kommen, und verbringt so oft den ganzen Tag im Bett mit Grübeln über seine Situation. Er berichtet, daß er zwar manchmal zum Frühstück aufsteht, sich aber danach wieder ins Bett legt und dieses nicht

> mehr verläßt. Zur Kontrolle dieser Situation wird mit ihm vereinbart, daß er sich sofort nach dem morgendlichen Aufstehen vollständig anzieht und nach dem Frühstück für mindestens eine halbe Stunde das Haus verläßt, um spazieren zu gehen oder Besorgungen zu machen.

2. Die Kontrolle depressionfördernder Situationen kann verbessert werden, indem mit dem Patienten zusammen ein ausführlicher und detaillierter Tagesplan erarbeitet wird. Ein solcher Tagesplan sollte ein ausgewogenes Verhältnis zwischen notwendigen unangenehmen Ereignissen und angenehmen Aktivitäten enthalten. Regelmäßig vorkommende Situationen, die depressionsverstärkend sind, sollten nach Möglichkeit kontrolliert werden.

> **Beispiel**:
> Der oben beschriebene Herr W. stellt bei der Analyse seiner depressionsfördernden Aktivitäten fest, daß die täglichen Besuche seiner Mutter, die ihm helfen will, einen besonderen Tiefpunkt für ihn darstellen. Da diese Besuche zu vorhersehbaren Zeitpunkten stattfinden, planen Herr W. und sein Therapeut, daß er zunächst probeweise zweimal die Woche zu diesen Zeitpunkten zu Besorgungen außer Haus sein wird. Außerdem wird vereinbart, das Problemfeld „Mutter" noch einmal gesondert zu behandeln.

3. Die Reduktion depressionsfördernder Aktivitäten sollte (im Idealfall möglichst gleichzeitig) mit dem Aufbau alternativer Verhaltensweisen einhergehen, d.h. diese sollten durch positive, angenehm erlebte Aktivitäten ersetzt werden. Es ist also hilfreich, mit dem Patienten zu besprechen, wie er/sie sich bei der nächsten Gelegenheit anders verhalten und welche Alternativen er/sie ausprobieren könnte.

Dieses Element ist als Ergänzung zur Planung und Durchführung positiver Aktivitäten zu sehen, sollte mit ihm in engem Zusammenhang stehen und kann unter Umständen sogar mit ihm verschmolzen werden. Aufgrund der Beobachtungen und Verhaltensanalysen sollte der Therapeut sich jedoch frühzeitig entscheiden, inwieweit er die Reduzierung bestimmter depressionsfördernder Aktivitäten als Teil der Verbesserung sozialer Fertigkeiten oder als Teil des kognitiven Vorgehens behandeln will. Es hat wenig Sinn, im Rahmen der Reduzierung depressionsfördernder Aktivitäten einen Schnellkurs für die beiden anderen Behandlungselemente anzuhängen und so die Transparenz der Therapie zu beeinträchtigen. Sollte dem Therapeuten ein Wechsel zu den anderen Behandlungselementen notwendig erscheinen, so ist dies mit dem Patienten zu besprechen. Der Therapeut sollte bei der Analyse depressionsfördernder Aktivitäten erneut auf die Rolle der kurz bzw. langfristigen Konsequenzen achten und dies auch dem Patienten vermitteln. So können Aktivitäten des Patienten kurzfristig als angenehm erlebt werden, langfristig jedoch depressionsfördernd sein und umgekehrt.

> Beispielsweise kann das „wieder ins Bett gehen" des Patienten nach dem Frühstück seinem Bedürfnis entsprechen, da er noch sehr müde ist; langfristig jedoch wird es die Depression des Patienten fördern, da er als Folge davon den ganzen Tag im Bett verbringen und außer Grübeln kaum etwas anderes unternehmen wird.

6. Zusammenfassung

Zielkriterien

Folgende **Zielkriterien** sollte der Patient durch den Aktivitätsaufbau erfüllen, um erfolgreich seine Niedergeschlagenheit und Depression bewältigen zu lernen:

1. Der Patient sollte in der Lage sein, sein Verhalten, seine Aktivitäten und Tätigkeiten in Zusammenhang mit seiner Stimmung systematisch und objektivierend selbst zu beobachten. Aufgrund dieser Beobachtung kann er die Verbindung zwischen Aktivität und jeweiliger Stimmung nachvollziehen und für seine persönliche Situation verarbeiten.

2. Der Patient kann damit erkennen, daß ein Grund für seine Depressivität und Niedergeschlagenheit in seinem niedrigen Aktivitätsniveau und seiner Passivität liegen könnte. Daraus kann er die Schlußfolgerung ziehen, daß ein Mehr an Aktivität und damit ein Mehr an potentiellen Verstärkern eine Chance darstellt, seine Depressivität und Niedergeschlagenheit zu überwinden.

3. Der Patient besitzt ein befriedigend hohes Aktivitätsniveau bzw. hat ein höheres Aktivitätsniveau im Rahmen der Therapie erworben. Er/sie kann aus diesen Aktivitäten für sich persönlich auch ausreichende Befriedigung und Belohnung beziehen. Er/sie ist in der Lage, für sich persönlich Ziele zu setzen, diese Ziele zu operationalisieren und in Unterziele zu untergliedern. Er/sie kann Erfolge oder Mißerfolge in realistischer Weise einschätzen und Pläne dementsprechend modifizieren. Er/sie kann Tages- bzw. Verstärkerpläne aufstellen und mit ihnen umgehen.

4. Der Patient ist fähig, die auslösenden bzw. aufrechterhaltenden Bedingungen von Verhaltensweisen zu identifizieren und somit auch depressionsfördernde Aktivitäten zu erkennen. Weiterhin ist er/sie in der Lage, Maßnahmen zur Kontrolle dieser depressionsfördernden Aktivitäten in systematischer Weise anzuwenden und solche Aktivitäten nach und nach durch positive Aktivitäten zu ersetzen.

Diese hier aufgestellten Zielkriterien sind nicht als in jedem Fall zu erreichendes Dogma für Therapeut und Patient zu betrachten. Sie stellen Hinweise für den Therapeuten dar, wie sein Patient, mit dem Zusammenhang von Aktivitätsniveau und Depressivität umzugehen weiß. Die Entscheidung, wie intensiv das Element zur Erhöhung positiver Aktivitäten zu bearbeiten ist, sollte mit dem Patienten diskutiert werden, wobei der Therapeut allerdings die Möglichkeit zu Vermeidungsverhalten gering halten sollte. Viele der hier besprochenen Inhalte werden sich mit Inhalten aus den anderen Behandlungselementen („Verbesserung sozialer Fertigkeiten" und „Veränderung von Kognitionen") überschneiden. Auch hier bleibt es dem Therapeuten überlassen, wann er es für angebracht hält, auf die Schwerpunkte „soziale Fertigkeiten" oder „Kognitionen" intensiver einzugehen. Unseres Erachtens sollte jedoch dieser Abschnitt nicht abgebrochen und mit anderen angefangen werden, bevor ein angemessenes Aktivitätsniveau erreicht ist und aufrechterhalten werden kann.

Angemessenes Therapeutenverhalten:

Der Therapeut sollte die möglichst genaue Planung positiver Aktivitäten vorantreiben, wobei der Patient selbst eine realistische Zielplanung, das Aufstellen operationalisierter Unterziele sowie die Bewertung der Ziele vornimmt. Für den Therapeuten ist es hilfreich, einen Verstärkerplan aufzustellen, wodurch ein kontingentes Verstärken beim Erreichen von (Teil-)Zielen möglich wird. Unter Berücksichtigung des (körperlichen) Erschöpfungsgefühls depressiver Patienten sollte der Therapeut einfache, leichte Aktivitäten vorschlagen, um dem Patienten zu ersten Erfolgserlebnissen zu verhelfen (prompte Rückmeldung in nachfolgenden Sitzungen).

Angesichts der Passivität depressiver Patienten ermutigt der Therapeut zum Experimentieren, d.h. zum Ausprobieren einer neuen Strategie, deren Erfolg er dem bisherigen Mißerfolg beim Zurückziehen gegenüberstellen kann. Der Therapeut setzt mit dem Patienten klare Kriterien für die Beendigung bzw. den Erfolg einer Tätigkeit fest, um zu verhindern, daß begonnene Aufgaben nicht zu Ende geführt werden, wie dies typischerweise bei Depressiven abläuft und der eigenen Unfähigkeit attribuiert wird. Auf keinen Fall darf der Therapeut einen solchen Abbruch als Mißerfolg werten, sondern sollte es als ersten Teilerfolg betonen. Nach ausführlicher Erläuterung über den Zusammenhang zwischen Aktivität und Stimmung und der Notwendigkeit kontrollierter Selbstbeobachtung, wird der Patient in die Anwendung des Selbstbeobachtungsbogens eingewiesen. Der Therapeut achtet bei der Erstellung einer persönlichen Liste von Verstärkern durch den Patienten darauf, daß die Verstärker positive Gefühle vermitteln, dem Patienten verfügbar sind, eine ausreichende Entschädigung für den gesamten Aufwand des Patienten darstellen und kontrollierbar sind.

Beim Aufbau eines systematischen Verstärkerplanes sollte der Therapeut den Patienten auf die Wichtigkeit einer kontingenten Relation zwischen Aktivität und Belohnung hinweisen, um maximale Effektivität der Verstärker zu gewährleisten. Beim Besprechen konkreter Erfahrungen des Patienten sollte der Therapeut insbesondere auf die Bedeutung lang, bzw. kurzfristiger Konsequenzen der Aktivitäten hinweisen und diese im Sinne des verhaltenstheoretischen Verstärkerkonzepts mit dem Patienten diskutieren und interpretieren.

Der Therapeut und der Patient legen Wert auf eine sorgfältige inhaltliche und zeitliche Planung angenehmer Aktivitäten, um Probleme antizipatorisch angehen zu können und der Realisierung entgegenzuarbeiten. Der Therapeut macht den Patienten auf zu hohe, globale, abstrakte Ziele aufmerksam, was ihm/ihr als Teilursache von Depressionen zu verdeutlichen ist. Der Therapeut unterstützt ihn darin, erreichbare Unterziele zu formulieren. Nach gemeinsamer Auswertung der ersten Wochenpläne sollte der Therapeut darauf achten, daß ein ausgewogenes Verhältnis zwischen positiven, negativen bzw. neutralen Aktivitäten besteht.

Ungünstiges Therapeutenverhalten:

Der Therapeut bewertet die Ziele des Patienten aus seiner Sicht und geht nicht auf die persönlichen Vorstellungen und Probleme des Patienten ein. Er setzt Art und Reihenfolge der zu bearbeitenden Teilziele fest. Der Therapeut akzeptiert nicht die Mattigkeit des Patienten und überfordert ihn anfangs mit zu schwierigen Aufgaben, so daß der Patient durch Mißerfolge entmutigt wird. Bei Nicht-Erreichen geplanter Aktivitäten reagiert der Therapeut verärgert oder enttäuscht, so daß der Patient sich als Versager empfindet. Dies kann u.a. auch daran liegen, daß der Therapeut keine klaren Kriterien der Zielerreichung formuliert hat. Fehlende Einführung in den Zusammenhang zwischen Aktivität und Stimmung und die Bedeutung kontrollierter Selbstbeobachtung kann dazu führen, daß der Patient nicht ausreichend motiviert ist für die Durchführung dieses Abschnitts.

Der Therapeut übernimmt eigenmächtig die Funktion, die Selbstbeobachtung auszuwerten und überrumpelt den Patienten mit seinen Interpretationsvorstellungen. Der Therapeut achtet bei der Suche nach persönlichen Verstärkern nicht auf die notwendigen Kriterien und läuft dabei Gefahr, daß diese nicht wirksam werden. Dies kann auch passieren, wenn an sich effektive Verstärkung zu spät erfolgt. Die Planung positiver Aktivitäten ist unzureichend, so daß später auftretenden Probleme den Patienten unvorbereitet treffen und die Realisierung erschweren. Das Ausmaß negativ bzw. neutral erlebter Aktivitäten überwiegt das Niveau angenehmer Aktivitäten, so daß die Wirkung der letzteren nicht voll zum Zuge kommt.

7. Fallbeispiel

Frau S. ist 45 Jahre alt, seit 23 Jahren verheiratet, hat zwei erwachsene Kinder und ist Geschäftsfrau (Restaurationsbetrieb). Sie leidet seit Jahren an Depressionen, migräneartigen Kopfschmerzen, verschiedenen körperlichen Beschwerden (vor allem Rückenschmerzen) und Herzrhythmusstörungen. Vor allem während den letzten 7 Jahren waren die guten, symptomfreien Tage selten geworden. Als wir Frau S. kennenlernten, hatte sie sich freiwillig in ein psychiatrisches Krankenhaus aufnehmen lassen. Nach eingehender klinischer Untersuchung wurde bei ihr eine Major Depression (DSM III, nach ICD 9 eine neurotische Depression) diagnostiziert.

Der Ehemann ist seit vielen Jahren (seit Frau S. ihn kennt) ein starker Trinker. Sie hat dieses Verhalten immer toleriert und damit entschuldigt, daß er viel arbeite und diesen Ausgleich brauche. In den letzten 9 Jahren waren jedoch die Spannungen stärker geworden, so daß sie sich innerlich und seit mehreren Jahren auch körperlich von ihm getrennt habe. Konkret sah die Situation so aus, daß der Ehemann an 5 von 7 Abenden betrunken war und nie vor dem frühen Morgen ins Bett ging. Er verdeckte dieses Suchtverhalten hinter der „Entschuldigung", daß er abends und nachts dadurch viel Umsatz mache, da die Gäste lange blieben. Durch den Alkohol war die (laut vorgebrachte) Rechthaberei im Betrieb, gegenüber den Kindern und gegenüber Frau S. zunehmend schlimmer geworden. Meist fiel er tagsüber wegen dem nächtlichen Alkoholkonsum aus. Selten stand er vor dem Mittagsgeschäft auf. Die Lage war die, daß die Patientin die Ehe nicht aufgeben wollte und konnte, da dies bedeutet hätte, daß sie den von ihr mit aufgebauten Betrieb und damit ihre Lebensgrundlage hätte aufgeben müssen.

Frau S. hatte in den letzten Jahren immer wieder festgestellt, daß es ihr die wenigen Male, die sie den häuslichen und betrieblichen Rahmen verlassen konnte, körperlich und psychisch besser ging. Das war besonders dann der Fall, wenn sie wußte, daß Ruhetag war, wenig Arbeit anfiel oder als ihr Arzt sie einmal krank geschrieben und zur Kur geschickt hatte. Meist wurde durch viel Arbeit bzw. das vorwurfsvolle, laute Verhalten des Mannes verhindert, daß sie an angenehmen, entspannenden Aktivitäten teilnahm. Tat sie es dennoch, dann stellte sich rasch ein schlechtes Gewissen mit Selbstvorwürfen ein. Frau S. war soweit verzweifelt, daß sie für sich „keine" Zukunft mehr sah, daß sie sich selbst für schuldig an der verfahrenen Lage hielt, zumal die eigenen Eltern und die Schwiegermutter zum Ehemann hielten. Die ständigen Beschwerden in den letzten Jahren machten ihr das Leben zusätzlich unwert.

Die stationäre verhaltenstherapeutische Behandlung erstreckte sich über 8 Wochen mit 22 Einzelkontakten von 30 bis 60 Minuten Dauer. Die Behandlung hatte zwei Schwerpunkte:

1. Die Entwicklung und der Aufbau von angenehmen, alternativen Aktivitäten, verbunden mit dem Abbau überlastender, vor allem beruflicher Aktivitäten.

2. Die Bearbeitung von negativen Gedanken in Form von Selbstvorwürfen, Schuldgefühlen und pessimistischen Zukunftserwartungen.

Die Selbst- und Fremdbeurteilungen zu Beginn der Behandlung waren: Beck Inventar 24 Punkte, Hamilton Skala 22 Punkte, IDS 25 Punkte, DAS 128 Punkte, VAS (1) 6,1 und VAS (6) 5,7. Bei der Entlassung lagen die Werte bei: Beck Inventar 2 Punkte, Hamilton Skala 4 Punkte, IDS 2 Punkte, DAS 104 Punkte, VAS (1) 1,4 und VAS (6) 2.

Die Ziele, die Frau S. erreichen wollte, waren, daß sie anders, nämlich geduldiger und netter, weniger hektisch werden wollte. Es müße ihr ferner gelingen, es den anderen recht zu machen. Sie müßte mit ihrem Mann geduldiger sein. Gleichzeitig wünschte sich Frau S., mehr Zeit für sich zu haben und ein überschaubareres, geregelteres Leben.

Durch den stationären Aufenthalt war Frau S. aus ihrer belastenden häuslichen Situation heraus. Die verschiedenen und vielfältigen gemeinsamen Aktivitäten der Station lösten und entspannten. Da dies im Rahmen eines „Krankenhauses" stattfand, blieben die Vorwürfe und das schlechte Gewissen aus, denn Frau S. war ja zur Behandlung und Gesundung da. Aufgrund dieser Beobachtung bestand die anfängliche Intervention darin, Frau S. die Zusammenhänge von angenehmen Aktivitäten und ihrem Befinden aufzuzeigen. Vor allem die zu Hause verbrachten Wochenenden waren zusätzlich hilfreich, ihr die Verbindung von Ereignissen, Belastungen und negativer Stimmung, Kopfschmerzen deutlich zu machen. Während den ganzen 8 Wochen hatte Frau S. zweimal Kopfschmerzen, einmal nach einem Anruf von zu Hause (mit dem Bericht, daß viel zu tun sei) und das andere Mal auf der Autofahrt nach Hause ins Wochenende. Nachdem der Zusammenhang so deutlich geworden war, füllte Frau S. die Liste angenehmer Ereignisse aus. Entsprechend den Darstellungen in diesem Kapitel trug sie folgende **persönliche Liste verstärkender, angenehmer Dinge und Aktivitäten** zusammen:

Ins Grüne fahren, teure Kleider tragen, Bekanntschaften machen, Federball spielen, Minigolf spielen, positive Zukunftspläne schmieden, Karten spielen, Puzzle und Rätsel lösen, in einem Chor singen, zu einer Party gehen, Fremdsprache sprechen (lernen), ein Musikinstrument spielen (lernen), mit Enkelkind zusammen sein, Dame oder Schach spielen, Leute besuchen, neue Kleidung tragen, tanzen, Vergnügungsparks besuchen, Geräuschen der Natur lauschen, Besuch bekommen, massiert werden, Briefe erhalten, fotografieren, Landkarten studieren, Dinge der Natur sammeln, etwas für die Gesundheit tun, Stadtbummel, Museum oder Ausstellung besuchen, in die Sauna gehen, ins Kino gehen, ein Fest oder eine gemütliche Runde veranstalten, Freunde besuchen, Gesellschaftsspiele spielen, schwimmen, an einer Selbsterfahrungsgruppe teilnehmen, Gymnastik, sexuelle Befriedigung erleben, Handarbeit, in eine Bibliothek gehen, etwas Neues kochen, Dinge reparieren, Radfahren, über Hobby reden (Garten), spazieren gehen, zu einer Auktion gehen, Theater oder Operette besuchen, einen bunten Abend besuchen, im Garten sein, Gartenarbeit, Auto fahren, verreisen.

Während des Klinikaufenthaltes fühlte sich Frau S. frei genug, um verschiedenste Dinge dieser Liste auszuprobieren. Dinge und Aktivitäten, die sie schon viele Jahre nie mehr unternommen hatte, oder die sie sich noch nie getraut hatte zu tun. Nachdem diese Schritte getan waren (benötigte etwa 5 Sitzungen), drehte sich das Therapiegespräch darum, wie sie diese Dinge zu Hause verwirklichen und beibehalten könnte. Die erste Idee war, den brach liegenden Garten hinter dem Haus in Angriff zu nehmen. Da wäre sie leicht verfügbar, wenn im Betrieb plötzlich viel los wäre und ihre Hilfe benötigt würde. Die dargestellte Liste wurde also zunächst in Dinge untergliedert, die leichter, d.h. im und um das Haus zu verwirklichen schienen und bei denen weniger Widerstand seitens des Mannes und der Angehörigen zu erwarten war (Auto fahren, Rad fahren). Eine andere Liste enthielt soziale Aktivitäten (Besuche, Spiele usw.), eine dritte Liste enthielt Abendaktivitäten (Theater, Veranstaltungen) und eine vierte Liste Nachmittagsaktivitäten (Spaziergänge, schwimmen). Es war vor allem wichtig, daran zu arbeiten, woher sie die Zeit nehmen würde, um diese angenehmen Dinge zu tun. Es mußte die bisher im Betrieb verbrachte Zeit reduziert und strukturiert werden. Nach der dritten Woche wurden aus Übungszwecken die Wochenenden auf volle drei Tage ausgedehnt. Bereits ab Freitag mittag bis Montag am frühen Nachmittag war die Patientin in ihrer gewohnten Umwelt mit einem festen Aktivitätenplan, der zusammen mit dem Therapeuten abgesprochen war.

Das nun auftauchende Thema war erneut das schlechte Gewissen, die Schuldgefühle, die geringe Selbstachtung. Hierbei wurden vor allem kognitive Strategien (siehe dazu das nächste Kapitel) eingesetzt. Vor allem der sokratische Dialog diente dazu, um alternative Sichtweisen für ihr Handeln herauszuarbeiten. Wiederholt ging es darum, wie andere Frauen (verschiedene Mitpatientinnen, aber auch Frauen aus ihrem Bekanntenkreis) mit ihrer Freizeit umgehen, woher diese das Recht nehmen, Dinge für sich persönlich, auch ohne Einwilligung des Partners zu tun und sich gut dabei zu fühlen.

Zusätzlich hilfreich im therapeutischen Prozeß war, daß der Vater der Patientin während ihres Klinikaufenthalts seine Meinung und Haltung gegenüber dem Schwiegersohn änderte. Der Vater war Rentner und hatte während der Abwesenheit der Tochter im Betrieb ausgeholfen. Nun erlebte er erstmals über eine längere Zeit den Ehemann der Patientin während der Arbeit und im Tagesverlauf. Diese Meinungsänderung bestärkte Frau S. in ihrem neuen Verhalten und in ihrer neugewonnenen Überzeugung, doch ein Recht auf angenehme und ausgleichende Aktivitäten zu haben. Die Gespräche mit Mitpatientinnen auf der Station waren zusätzlich hilfreich. Ohne daß dies therapeutisch beeinflußt wurde, unterstützten sich drei etwa gleichaltrige und in ähnlichen problematischen Beziehungen lebenden Frauen gegenseitig in der Erprobung und Entwicklung neuer Denk- und Verhaltensweisen.

Frau S. wurde entlassen, nachdem sie wiederholt an den langen Wochenenden erfolgreich ihr neues Verhalten (sich durchsetzen, Raum für angenehme Dinge schaffen, auch wenn viel zu tun ist) erprobt hatte. Es wurde in den letzten Sitzungen viel über die Risiken und Gefahren des Rückfalls in die alten Verhaltensmuster gesprochen. Typische schwierige Situationen und Zeiträume (wie Wochenende, Faschingszeit) wurden besprochen und es wurde nach Möglichkeiten gesucht, trotzdem einen Ausgleich zu erhalten. Wenn es aus betrieblichen Gründen einige Tage nicht gelang, ausreichende Dinge für sich zu unternehmen, dann sollte zumindest bezogen auf eine Woche auf die Balance zwischen Pflichten und angenehmen Aktivitäten geachtet werden.

Für die ersten acht Wochen nach der Entlassung wurde vereinbart, daß Frau S. täglich ihre persönliche Liste angenehmer Aktivitäten durchsah und festhielt, welche und wieviele Dinge dieser Liste sie an dem jeweiligen Tag unternommen bzw. erlebt hatte. Sie sollte sich damit selbst kontrollieren, damit ihr neu erworbenes Verhalten stabilisiert und auch im alltäglichen Betrieb beibehalten werden konnte. Zwei telefonische Kontakte in dieser Zeit mit dem Therapeuten halfen zusätzlich, diese Vornahme durchzuhalten.

Veränderung von Kognitionen

1. Merkmale und Ziele kognitiver Komponenten

Die kognitiven Techniken sind aktive, zeitlich begrenzte und strukturierte Methoden, die zur Behandlung einer Vielfalt psychischer Störungen eingesetzt werden. Sie basieren auf der Annahme, daß Affekt und Verhalten eines Menschen unter anderem auch von der Art bestimmt sind, in der er die Welt strukturiert. Kognitionen (verbale und bildhafte „Ereignisse" in seinem Bewußtseinsstrom) gehen auf Einstellungen oder Annahmen zurück, die aus vergangenen Erfahrungen entstanden sind.

Wenn z.B. jemand alle seine Erfahrungen unter dem Gesichtspunkt interpretiert, ob er tüchtig und allen Aufgaben gewachsen ist, so ist sein Denken von der Überzeugung beherrscht: „Wenn ich nicht alles perfekt mache, bin ich ein Versager". Er bezweifelt, daß er bestimmten Situationen gewachsen ist, auch wenn solche Situationen in keinem Zusammenhang mit seiner persönlichen Tüchtigkeit stehen. Oder wenn z.B. jemand sein Verhalten nach der Überzeugung ausrichtet, daß es ein Fehler ist, andere um Hilfe zu bitten, dann finden wir dabei oft die Grundannahme: „Jemanden um Hilfe zu bitten ist ein Zeichen von Schwäche". Diese Person wird sich ständig überfordern und Probleme dabei haben, Dinge aus der Hand zu geben.

Die therapeutischen Techniken dienen der Identifikation, Überprüfung und Korrektur gestörter Konzeptbildungen und irriger Überzeugungen, die diesen Kognitionen zugrunde liegen. Zu Beginn wird dem Patienten die rationale Begründung des Vorgehens erklärt. Danach lernt er, seine negativen Gedanken zu erkennen, zu beobachten und im „Tagesprotokoll negativer Gedanken" zu vermerken.

Die Kognitionen und die ihnen zugrundeliegenden Annahmen werden auf ihre Logik, ihre Gültigkeit und Angemessenheit hin diskutiert und im Hinblick auf ihren Wert für die Entwicklung positiven Verhaltens im Gegensatz zur Aufrechterhaltung pathologischen Verhaltens überprüft. So wird z.B. die Neigung eines depressiven Menschen, sich für Mißerfolge verantwortlich zu fühlen, sich aber niemals einen eigenen Erfolg zugute zu halten, identifiziert und diskutiert.

Die Therapie konzentriert sich auf bestimmte „Zielsymptome" (z.B. Selbstmordabsichten). Die Kognitionen, die diese Symptome stützen, werden identifiziert (z.B.: „Mein Leben ist wertlos und ich kann es nicht ändern.") und dann einer „empirischen Analyse" unterzogen. Ein wirkungsvoller Bestandteil des psychotherapeutischen Lernmodells besteht darin, daß der Patient viele der therapeutischen Techniken zu übernehmen beginnt. So bemerken die Patienten z.B. häufig, daß sie anfangen, spontan ihre eigenen Schlußfolgerungen und Vorhersagen in Frage zu stellen.

Einige Beispiele dieser Art Selbstbefragung:
Welchen Beweis gibt es für eine Schlußfolgerung?

Wieviel geht mir tatsächlich von meinem Leben verloren? Wie stark trifft es mich, wenn ein Fremder schlecht über mich denkt? Was kann ich verlieren, wenn ich versuche, mich besser zu behaupten? Solche Selbstbefragungen spielen eine wesentliche Rolle, wenn kognitive Techniken von der Gesprächssituation auf externe Situationen übertragen werden.

Die **allgemeinen Grundannahme**n des kognitiven Vorgehens sind:
1. Wahrnehmen und Erfahren sind im allgemeinen aktive Prozesse, die sich auf äußere und innere Gegebenheiten beziehen.
2. Die Kognitionen des Patienten stellen eine Synthese innerer und äußerer Stimuli dar.
3. Wie jemand seine Situation einschätzt, wird im allgemeinen aus seinen automatisch ablaufenden Gedanken ersichtlich.
4. Diese Kognitionen bilden den „Bewußtseinsstrom" des Menschen oder das phänomenale Feld, das die Auffassung des Menschen von sich selbst, seiner Welt, seiner Vergangenheit und Zukunft widerspiegelt.
5. Inhaltliche Veränderungen der grundlegenden kognitiven Strukturen eines Menschen beeinflussen seinen Gefühlszustand und seine Verhaltensmuster.
6. Im Verlauf einer psychologischen Therapie kann sich ein Patient seiner kognitiven Störungen bewußt werden.
7. Die Korrektur dieser falschen, dysfunktionalen Konstrukte führt zu klinischer Besserung.

Reflektiertes Denken

Kognitive Prozesse bei Depressionen sind Wahrnehmungen, Erwartungen, Anspruchshaltungen, Interpretationen, Bewertungen und Antizipationen, die katastrophierend, verzerrend, überinterpretierend, unpassend, irrational sind und sich in einer Blockierung und Fixierung dieser kognitiven Muster niederschlagen. In der folgenden Darstellung wird versucht, sogenanntes „einseitiges" Denken, das mit psychischen Beeinträchtigungen einhergeht, reflektiertem, funktionalem Denken gegenüberzustellen (nach Beck et al. 1986).

Einseitiges Denken	Reflektiertes Denken
eindimensional, einseitig, absolutistisch, moralisch, invariant, globale Charakterdiagnosen, irreversibel, undifferenziert	multidimensional, relativierend, nicht wertend, variabel, spezifische, konkrete Verhaltensdiagnosen, reversibel, differenziert

„Einseitiges Denken" schlägt sich in der negativen kognitiven Triade und einer Reihe von fehlerhaften automatischen Gedanken nieder, die durch therapeutische Maßnahmen verändert werden sollen. Die Aspekte des „reflektierten" Denkens können als Leitlinien für konkreter zu formulierende, therapeutische Ziele des kognitiven Vorgehens angesehen werden.

Die kognitive Triade

Der erste Bestandteil der kognitiven Triade konzentriert sich um das **negative Selbstbild** des Patienten. Depressive erleben sich selbst als unzulänglich, krank und benachteiligt. Sie neigen dazu, unangenehme Erfahrungen einem psychischen, moralischen oder physischen Mangel ihrer eigenen Person zuzuschreiben, sich deswegen zu unterschätzen oder zu kritisieren. Schließlich fehlen ihnen die, ihrer Meinung nach wesentlichen Eigenschaften, um Glück und Zufriedenheit zu erlangen.

Die zweite Komponente der kognitiven Triade besteht in der Neigung der Depressiven, ihre **Erfahrungen ständig negativ zu interpretieren.** Sie erleben die Welt so, als würde sie außerordentlich viel von ihnen verlangen und ihnen bei der Verwirklichung ihrer Lebensziele unüberwindliche Hindernisse in den Weg legen. Sie sehen überall Niederlagen und Enttäuschungen. Diese negativen Fehlinterpretationen werden sichtbar, wenn man beobachtet, daß Patienten Situationen negativ einschätzen, die auch positiver beurteilt werden könnten.

Die dritte Komponente der kognitiven Triade besteht in **negativen Zukunftserwartungen**. Wenn depressive Menschen längerfristig vorausplanen, erwarten sie ewige Fortdauer von Mühsal, Frustration, Benachteiligung und Fehlschlägen.

Automatische Gedanken

Damit sind schnell ablaufende, reflexhaft auftretende und in der Situation subjektiv plausibel erscheinende Kognitionen gemeint, die zwischen einem Ereignis (externaler oder internaler Art) und einem emotionalen Erleben (Konsequenz) ablaufen. Bei psychischen Störungen sind diese „blitzartig" stattfindenden, situationsgebundenen Bewertungen fehlerhaft, verzerrt und unangepaßt. Diese kognitiven Prozesse sind depressiven Menschen meist nicht bewußt. Auch wenn sie deshalb zu Beginn einer Therapie kaum zu beeinflussen sind, so werden sie dennoch im weiteren Verlauf therapeutisch zugänglich und veränderbar. Solche automatischen Gedanken drücken sich in Selbstgesprächen, Selbstinstruktionen, persönlichen Interpretationen und idiosynkratischen Bewertungen von Situationen, Ereignissen, Phantasien, Gedanken, der Vergangenheit, der Zukunft, der eigenen Person usw. aus.

Beispiele:
„Das schaffe ich nie" (wenn die Person vor einer Aufgabe, einem Problem steht). „Ich bin halt ein Schlappschwanz" (wenn etwas schief ging). „Wo soll ich bloß hinschauen" (in einer sozialen Situation, in der der Patient angeblickt wird). „Da sehen die doch: Die hat ja keinen Freund" (weshalb die Patientin nicht allein aus dem Haus ging). „Da habe ich versagt"; „Welch schrecklicher Mißerfolg"; „Ich setze mich immer zwischen alle Stühle"; „Ich kann es keinem recht machen" usw.

Kognitive Grundannahmen

Dies sind für eine Person typische, grundlegende Überzeugungen, Regeln und Werthaltungen. Man könnte es auch die „Lebensphilosophie" des Individuums nennen. Auf der Basis dieser Grundannahmen ordnet, beurteilt und strukuriert die Person ihre Welt. Im Gegensatz zu den automatischen Gedanken sind diese Kognitionen abstrakter, für eine größere Anzahl von Bereichen zutreffend (genereller), dominanter, schwerer zu beeinflussen (rigider) und nehmen daher großen Einfluß auf die individuelle Erlebnisweise. Da sie im Vergleich zu automatischen Gedanken weit weniger bewußt sind, sind sie auch schwieriger zu erkennen und zu bearbeiten. Eine Möglichkeit ist, sie über automatische Gedanken zu erschließen; eine andere ist die Vorgabe möglicher Grundannahmen durch den Therapeuten.

Beispiele:
„Ich bin ein Versager." „Ich muß perfekt sein." „Mir darf kein Fehler unterlaufen." „Mich sollen alle lieben (mögen)." „Jemanden um Hilfe bitten, ist ein Zeichen von Schwäche." „Ich bin wertlos." „Das Leben ist ein Jammertal." „Erst die anderen, dann ich." usw.

Grundannahmen (die sich über die Zeit, hinsichtlich des Allgemeinheitsgrades und der subjektiven Gewißheit unterscheiden können) stellen Prämissen dar, auf deren Hintergrund ein bestimmtes Ereignis bewertet wird. Im Therapieverlauf werden zuerst die automatischen Gedanken und die Bedeutungen eines Erlebnisses bearbeitet und verändert, bevor man zur Identifikation und Beeinflussung von Grundannahmen übergeht.

Ziele der kognitiven Behandlungselemente

1. Erkennen unpassender, fehlerhafter und unlogischer gedanklicher Interpretationen externaler und internaler Ereignisse.
2. Einleitung von schrittweisen Korrekturen dieser fehlerhaften Denkweisen.

3. Ersetzen der fehlerhaften Denkweisen durch korrektere, situationsangemessenere Kognitionen.
4. Veränderung grundlegender kognitiver Idiosynkrasien (sogenannter „Grundannahmen"), um damit eine dauerhafte Vorbeugung depressiver Reaktionen bei erneuten Belastungen zu erreichen.
5. Erlernen und selbständige Anwendung der kognitiven Techniken, um so dem Patienten mehr Selbstkontrolle über sein emotionales Erleben zu vermitteln.

Um diese Ziele zu erreichen, muß der Therapeut einerseits die Basisvariablen des psychotherapeutischen Handelns beherrschen, andererseits müssen die im folgenden beschriebenen kognitiven Interventionselemente individuell auf den Patienten zugeschnitten angewendet werden.

2. Sokratische Gesprächsführung

Ein wichtiges Merkmal des therapeutischen Vorgehens besteht darin, nicht durch Überzeugungskraft und Überredungskünste, sondern durch gelenktes Fragen Veränderungen auf kognitiver Ebene zu erreichen. Dieser gerne auch „sokratischer Dialog" genannte Interaktionsstil zielt darauf ab, die individuell unterschiedliche Art des Denkens der depressiven Patienten aufzudecken, nachzuvollziehen, bisher Unentdecktes zu isolieren und einer Realitätsprüfung zugänglich zu machen. Die Patienten sollen durch das gelenkte Fragen in die Lage versetzt werden, selbst zu entdecken, daß ihre gewohnte Art zu denken nur eine mögliche Form ist, und daß es für die Erklärung eines bestimmten Ereignisses sehr viele andere Interpretationen gibt, die ebenso berechtigt bzw. sogar realitätsgerechter sind.

Es lassen sich **neun spezifische Ziele und Möglichkeiten** beschreiben, um durch die geschickte Gestaltung von Fragen therapeutisch wirksam zu werden:

1. Die Einleitung von Entscheidungsprozessen beim Patienten durch Hinterfragen verschiedener Lösungsmöglichkeiten für ein Problem („Lassen Sie uns doch einmal sammeln, was es für Möglichkeiten gibt, dieses konkrete Problem zu lösen. Und vielleicht können wir zu Anfang einmal versuchen, nicht gleich zu zensieren, sondern alle Möglichkeiten, wie verrückt sie auch immer sein mögen, aufzuschreiben.").
2. Den Patienten zu befähigen, verschiedene Alternativen abzuwägen („Wir haben jetzt eine Reihe von Alternativen für eine mögliche Lösung Ihres Problems aufgeschrieben. Da Sie sich nicht für eine Lösung entscheiden können, lassen Sie uns doch einmal versuchen, das Für und Wider jedes einzelnen Punktes aufzuschreiben, vielleicht fallen dann doch einige Möglichkeiten weg.").
3. Unterstützung des Patienten bei der Einschätzung unangepaßten Verhaltens („Was haben Sie zu verlieren? Welchen Vorteil bringt es, Mißfallen durch Selbstbehauptung zu erregen? Welche Nachteile gibt es? Was gewinnen Sie, wenn Sie im Bett bleiben?").
4. Ergründung der inadäquaten Kognitionen des Patienten (automatische Gedanken, Bilder), die mit unangenehmen Affekten oder depressivem Verhalten verbunden sind.
5. Überprüfung der Bedeutung, die der Patient einem bestimmten Ereignis oder einer Reihe von Umständen beimißt.
6. Aufforderung an den Patienten, die Kriterien seiner negativen Selbsteinschätzung auf ihre Angemessenheit hin zu überprüfen ("Wie definieren Sie Wertlosigkeit, Schwachsein, Unfähigkeit? Welche Eigenschaften oder Handlungen müßte ich beobachten, um die Wertlosigkeit bei einer anderen Person festzustellen? Was trifft auf Sie zu?").
7. Verdeutlichung der Tatsache, daß der Patient bei seinen Schlußfolgerungen eine selektive Auswahl aus negativen Hinweisen trifft.
8. Verdeutlichung der Neigung des Patienten, positive Erfahrungen ausnahmslos zu verleugnen, abzuwerten oder nicht wahrzunehmen.
9. Enthüllung und Exploration bestimmter Problembereiche, die der Patient bisher ausgeschlossen hat.

Ausgangspunkt einer sokratischen Gesprächsphase sind „automatische Gedanken" (z.B.: „Das schaffe ich nicht."), Erlebnisse und ihre Bedeutung (z.B.: „Da habe ich versagt.") oder Überzeugungen und Einstellungen (z.B. „Ich verliere immer."). Der Therapeut versucht nun jedoch nicht, diese Kognitionen durch Gegenargumente zu entkräften, sondern er beginnt, Fragen und Hypothesen zu formulieren, die die Bedeutung, die Schlußfolgerung usw. der Aussage offenlegen so daß die realitätsverzerrende Verarbeitung dem depressiven Patienten „von selbst" klar wird.

Beispiel:
Th.: Was heißt das, Sie brauchen ihn?
Pt.: Ich kann mir nicht vorstellen, ohne ihn zu sein.
Th.: Sie sagen, Sie können sich nicht vorstellen, ohne ihn zu sein?
Pt.: (lange Pause)
Th.: Versuchen Sie einmal, sich vorzustellen, wie die Situation wäre, wenn er nicht da wäre. Sie sagen, daß Sie sich nicht vorstellen können, ohne ihn zu sein.
Pt.: Deshalb bekomme ich das Gefühl, daß das Leben nicht lebenswert ist.
Th.: Warum?
Pt.: Weil ich David nicht hätte.
Th.: Weil Sie David nicht hätten? Jetzt klingt es so, als ob David einfach für das Leben selbst nötig wäre.
Pt.: Ich weiß nicht.
Th.: Wie lange kennen Sie David?
Pt.: Also, wir sind 3 Jahre verheiratet, und ich kannte ihn, glaube ich, seit 10 Jahren.
Th.: Sie kennen ihn also seit 10 Jahren? Und wie alt sind Sie jetzt?
Pt.: 32.
Th.: Also haben Sie David kennengelernt, als Sie 22 waren. Also haben Sie seit dem Alter von 22 Jahren Ihr Leben um David herum eingerichtet? Stimmt das?
Pt.: (Seufzer) Ja.
Th.: Verstehe ich Sie richtig, daß Sie sagen, Sie könnten einfach nicht ohne David existieren? Stimmt es, daß Sie eher sterben würden, als ein Leben ohne David auszuhalten?
Pt.: Also, wenn Sie das so sagen, klingt es dumm.
Th.: Ich wollte das nicht ins Lächerliche ziehen, ich versuche nur zu sehen, ob es da einen Fehler in Ihrem Denken gibt – wenn Sie sich ein Problem schaffen, das größer ist als das existierende. Ohne Frage ist da ein Problem: Er kommt nicht rechtzeitig nach Hause – aber mir scheint, wenn das Problem zu Ende gedacht wird, dann glauben Sie schließlich, daß Sie besser tot wären. (Pause) Kannten Sie David, als Sie 21 waren?
Pt.: Nein.
Th.: Hatten Sie damals das Gefühl, daß das Leben nicht lebenswert sei?
Pt.: Oh nein! Damals hatte ich das Gefühl, daß das Leben einfach und gut war.
Th.: Zu einem Zeitpunkt, als Sie ohne David waren, fanden Sie das Leben wirklich lebenswert. Und jetzt, wo Sie mit David leben, wenn auch nur teilweise, finden Sie das Leben sei nicht lebenswert. Können Sie diesen Widerspruch erklären?
Pt.: (Seufzer) Ich kann es nicht erklären.
Th.: Sehen Sie, es scheint mir, daß Sie in einem sehr starken Glauben leben. Ich kann nicht glücklich sein, wenn ich David nicht habe. Ich kann nicht funktionieren ohne David. Ich kann nicht einmal existieren, wenn ich David nicht habe. Und doch haben Sie zu einer Zeit, bevor Sie David kannten, existiert. Sie funktionierten und waren glücklich.
Pt.: Hm. Ich habe an die Zeit vor meiner Heirat lange überhaupt nicht gedacht.

(zitiert nach Liveinterview von Beck 1977)

Bei der Gestaltung des „sokratischen Gesprächs" sollten folgende Aspekte beachtet werden:
1. Es handelt sich nicht um eine sophistische Methode. Es geht also nicht darum, den Patienten bei einem Widerspruch zu ertappen. Dies bedeutet, der Therapeut muß sehr vorsichtig auf bestimmte Widersprüche hinweisen und den Eindruck vermeiden, er wolle dem Patienten eine Falle stellen.
2. Der Therapeut sollte sehr kurze, konkrete und möglichst einfache Fragen formulieren, die an unmittelbare Äußerungen des Patienten anknüpfen, und weitere Informationen erfragen.
3. Der Therapeut sollte offen für die Antworten des Patienten sein und nicht von eigenen vorgefaßten Ansichten über die depressive Struktur des Patienten ausgehen.
4. Durch die Fragetechnik soll vor allem der Patient zu neuen Erkenntnissen und zu einer neuen Problemwahrnehmung und Problembewertung gelangen.
5. Der Therapeut muß auf jeden Fall vermeiden, mit dem Patienten zu debattieren (oder gar zu streiten) bzw. ihn von seinen eigenen Ansichten, Lebensphilosophien etc. zu überzeugen versuchen.
6. Der Patient muß den Fragen (Gedankengängen) des Therapeuten jederzeit folgen können.

Angemessenes Therapeutenverhalten:

Der Therapeut benutzt offene Fragen, um Ungereimtheiten oder Inkonsistenzen in den Schlußfolgerungen des Patienten aufzuzeigen, ohne diesen abzuwerten, bloßzustellen oder ihn in die Ecke zu drängen. Es werden kurze prägnante Fragen verwendet, die sich auf unmittelbare Äußerungen des Patienten beziehen und die diesem zu neuen Ansichten, Einsichten und Erkenntnissen verhelfen. Der Therapeut formuliert Fragen um, wenn er spürt, daß der Patient ihn nicht richtig versteht. Fragen wechseln sich mit reflektierenden Bemerkungen, illustrierenden Beispielen oder zusammenfassenden Sätzen ab. Es werden Fragen benutzt, um dem Patienten zu helfen, die verschiedenen Aspekte eines Problems zu erkennen. Der Therapeut benutzt Fragen, um die willkürlichen Schlußfolgerungen und Grundannahmen des Patienten zu prüfen. Der Therapeut benutzt Fragen, um alternative Lösungswege eines Problems zu erarbeiten. Es werden Fragen gestellt, um positive und negative Konsequenzen einer geplanten Handlung zu überlegen (z.B. Hausaufgaben zu erledigen, persönliche Aussprachen zu haben, von einer Arbeit zurückzutreten etc.).

Ungünstiges Therapeutenverhalten:

Der Therapeut diskutiert, debattiert oder streitet mit dem Patienten und versucht, ihn von der Richtigkeit seiner eigenen Ansichten zu überzeugen (zu überreden). Der Therapeut verwendet zu lange, verschachtelte, komplizierte Frageformulierungen, die der Patient nicht oder nur mit großer Mühe verstehen kann. Der Therapeut führt mit dem Patienten ein „Kreuzverhör" durch, indem er sehr schnell kurze Fragen stellt. Der Therapeut beantwortet Fragen, die der Patient nicht gleich versteht, selbst. Der Therapeut gibt dem Patienten auf Fragen wiederholt Ratschläge, die er befolgen sollte. Der Therapeut stellt therapeutisch richtige Fragen zu einer ungünstigen Zeit (z.B. er spricht in einer zu frühen Phase der Therapie zentrale Grundannahmen des Patienten an und überfordert ihn damit).

Beispiel für ungünstiges Therapeutenverhalten:
Pt.: Ich kann in der Schule überhaupt nichts mehr richtig machen.
Th.: Das ist leicht zu verstehen. Sie sind depressiv. Und wenn Leute depressiv sind, haben sie große Schwierigkeiten zu arbeiten.
Pt.: Ich denke, ich bin einfach dumm.
Th.: Aber Sie waren doch noch ganz gut bis vor einem Jahr. Bevor ihr Vater starb und Sie depressiv wurden.
Pt.: Das ist, weil die Arbeit damals leichter war.

> Th.: Ich bin sicher, es gibt irgendetwas, was Sie in der Schule richtig machen. Sie übertreiben wahrscheinlich.
> Pt.: Eigentlich nicht. Außer vielleicht in Musik, da bin ich o.k.
> Th.: Nun gut. Warum müssen Sie in allem perfekt sein? Sie können doch eine wertvolle Person sein, ohne in allen Fächern perfekt zu sein.

Aus dem Beispiel wird deutlich, daß der Therapeut nicht wirklich auf die Person des Patienten eingeht, keine detaillierten Fragen stellt, sondern vielmehr Erklärungen gibt und theoretische Vorstellungen über depressives Verhalten vorträgt, die dem Patienten auf dieser abstrakten Ebene nicht helfen können, sich selbst differenzierter bzw. realistischer wahrzunehmen.

3. Beobachten und Erkennen von automatischen Gedanken

Wie bereits erwähnt, sind automatische Gedanken schnell ablaufende, blitzartig auftretende, subjektiv plausibel erscheinende und unfreiwillig sich einstellende Kognitionen, die zwischen einem Ereignis (externaler und internaler Art) und einem emotionalen Erleben (Konsequenz) liegen. Da diese Gedanken für das emotionale Befinden und depressive Symptome von zentraler Bedeutung sind, ist ein wichtiger, erster therapeutischer Schritt der, sie zu entdecken und zu beobachten. Erst darauf aufbauend gelingen Strategien zur Veränderung von Denkmustern und letztlich affektiven Symptomen.

Durchführung:
Anknüpfungspunkte bieten sich bei den Schilderungen der Patienten über kurz zurückliegende Ereignisse, den (konkreten) Erinnerungen einer bestimmmten Situation, der Vorstellung einer hypothetischen Situation oder bei Stimmungsveränderungen des Patienten während der Therapiesituation.

1. Stimmungsveränderungen während der Therapiesitzung: Eine der eindrucksvollsten Demonstrationen des Zusammenhangs von automatischen Gedanken bietet sich dann, wenn der Therapeut eine Veränderung im Befinden des Patienten während der Sitzung beobachtet. Der Therapeut könnte in diesem Fall nachfragen, was der Patient gerade empfindet und was dem Patienten dabei durch den Kopf geht. Dem Patienten gelingt es gewöhnlich, sich an die kurz zurückliegenden Gedanken zu erinnern und sie zu benennen. Der Therapeut sollte dann die vom Patienten geäußerten Kognitionen wörtlich niederschreiben, die automatischen Gedanken gegebenenfalls herauskristallisieren und zum gemeinsamen Verständnis nochmals zusammenfassen.

2. Erinnern und Vorstellen von vergangenen Ereignissen: Der Patient schildert ein für ihn belastendes Ereignis, kann sich aber nur schwer an die dabei ablaufenden automatischen Gedanken zurückerinnern. Der Therapeut bittet den Patienten, die Situation noch einmal genau zu schildern und sich so gut wie möglich hinein zu versetzen. (Er kann z.B. bitten, sich zu entspannen, evtl. die Augen zu schließen und die Bilder an sich vorbeiziehen zu lassen).

Dann erfragt der Therapeut die dabei aufkommenden Gefühle und im Anschluß daran, welche Gedanken im Moment vorherrschen oder beobachtet werden können. Auch hier werden die auftauchenden Gedanken vom Therapeuten schriftlich festgehalten und dann besprochen. Imaginieren ist dann besonders sinnvoll, wenn der Patient bei alltäglichen Dingen Schwierigkeiten hat (z.B. beim Aufstehen, bei der Erledigung der Hausarbeit).

Der Therapeut bittet den Patienten, sich eine spezifische, emotional belastende Situation vorzustellen. Der Patient sollte sich ein sehr detailliertes Bild der Situation oder des Ereignisses vorstellen (einschließlich der Geräusche, Gerüche, seines Blickwinkels und Standorts usw., dabei können die Augen offen oder geschlossen sein). Der Patient sollte die Vorstellungsbilder laut beschreiben.

Der Therapeut bittet dann den Patienten zu beschreiben, was er bei bestimmten Situationen empfindet und denkt. Diese Gedanken schreibt der Therapeut auf und überprüft später den Gedankenstrom auf einzelne automatische Gedanken.

3. Tagesprotokoll negativer Gedanken: Wenn Patienten mit den zuerst beschriebenen Verfahren zum Erkennen automatischer Gedanken vertraut sind, dann sind sie meist in der Lage, ihre Kognitionen selbständig zu erkennen. Das Tagesprotokoll negativer Gedanken ist ein systematisches Verfahren, das dem Patienten hilft, automatische Gedanken auch außerhalb der Therapiesituation eigenständig zu erkennen und festzuhalten (s.u.).

4. Bedeutung von Ereignissen feststellen: Gelegentlich gelingt es Patienten nicht, sich an spezifische Kognitionen im Zusammenhang mit einer bestimmten Situation und den daraus resultierenden Gefühlen zu erinnern. Es ist durchaus möglich, daß in der Situation selbst keine konkreten automatischen Gedanken auftraten. Durch Fragen kann der Therapeut versuchen, die persönliche Bedeutung eines solchen Ereignisses herauszufiltern. Es zeigt sich immer wieder, daß bestimmte Situationen für den Patienten eine bestimmte Bedeutung haben, auch wenn keine klar abgrenzbaren Gedanken erkennbar waren. Eine solche Bedeutung hat dann denselben Effekt wie automatische Gedanken. Fragen dabei sind: „Was heißt das für Sie? Welche Bedeutung hat das für Sie? Welche Erwartungen verbinden Sie damit?".

5. Rollenspiel: Häufig sind emotionale Belastungen eng mit zwischenmenschlichen Problemen verbunden, beispielsweise mit Partnerkonflikten, Eheproblemen, Einsamkeit, Schuldgefühlen, sozialen Ängsten, Streit mit den Eltern. Wenn die Probleme eines Patienten interpersonaler Natur sind, machen Therapeuten häufig den Fehler, die Patienten in allgemeiner Weise zu fragen, warum sie das so belastet. In ersten Therapiekontakten ist diese allgemeine Frageform zwar nützlich, im weiteren Therapieverlauf bringt sie jedoch wenig, da Patienten selten ein detailliertes Verständnis davon haben, warum bestimmte Situationen sie belasten. Ähnliches gilt, wenn der Therapeut Vermutungen darüber anstellt, was der Patient wohl denkt. Dieses Erraten von Kognitionen hilft nur bedingt, da der Therapeut häufig auch Falsches errät. Daher muß der Therapeut dem Patienten so spezifisch wie möglich helfen, sich selbst zu äußern. Erkennt der Patient einen seiner Problembereiche, dann bittet der Therapeut den Patienten, ein kurz zurückliegendes Ereignis zu beschreiben, das die Schwierigkeiten deutlich werden läßt. Der Therapeut kann dann ein Rollenspiel vorschlagen, in dem sehr detailliert und realitätsnah das Ereignis nachgespielt wird (der Therapeut übernimmt dabei die Rolle des Gesprächspartners). Im Verlauf des Rollenspiels erlebt der Patient einige Gefühle der ursprünglich belastenden Situation noch einmal. Der Therapeut stellt dann die Frage: „Was ging Ihnen durch den Kopf während dieser belastenden Situation?". Der Patient ist meist in der Lage, die wichtigsten Gedanken in der Situation zu nennen.

6. Selbstbeobachtung: Unmittelbar ablaufende negative Gedanken kann der Patient auch erkennen, indem er während einer Woche seine automatischen Gedanken in allen möglichen Situationen beachtet und notiert. In welcher Form dies geschieht, ist für den Einzelfall zu entscheiden. Meist empfiehlt es sich, die Häufigkeit aller, oder besser, ganz spezifischer negativer Gedanken durch einen Beobachtungsbogen (Strichliste) zu erfassen. Häufig wird dieses Zählen automatischer Gedanken vor dem Einsatz anderer kognitionsevozierender Maßnahmen angewendet.

7. Konfrontation mit externen Ereignissen: Als Alternative dazu kann der Therapeut den Patienten mit einem der belastenden externen Ereignisse konfrontieren, damit depressive Kognitionen erzeugt und identifiziert werden.

> **Beispiel:**
> Eine 49jährige Frau hatte z.B. zwei Jahre vor ihrer Behandlung einen Sohn durch Selbstmord verloren. Die Patientin gab sich die Schuld am Tod ihres Sohnes. Sie stellte fest, daß viele Gegenstände und Ereignisse (z.B. Gitarren, Musik, Kunstausstellungen) sie an ihren Sohn erinnerten und in ihr einen Schwall negativer Kognitionen, erhebliche Mutlosigkeit und Schuldgefühle auslösten. Um sich besser zu fühlen, hatte sie versucht, allem auszuweichen was sie erinnern könnte. Daher

hatte sie auch Schwierigkeiten, depressionsverursachende Kognitionen zu identifizieren. Also schlug ihr der Therapeut vor, in eine Kunstgalerie zu gehen und sich dort auf ihre Kognitionen zu konzentrieren. Daraufhin beobachtete sie bestimmte, selbstanklagende, automatische Gedanken, die sich auf ihre „Unfähigkeit, ihrem Sohn zuzuhören", ihren Entschluß, eine unglückliche Ehe aufrecht zu erhalten und ihre "Unfähigkeit" als Mutter zentrierten. Für die Patientin war es nützlich, diese Kognitionen zu erkennen. Danach erst war sie fähig, ihre Kognitionen auf deren Realitätsgehalt zu überprüfen.

8. Fragen zum Erkennen von automatischen Gedanken: Die häufigste und einfachste Form, um automatische Gedanken zu erkennen, besteht darin, den Patienten danach zu fragen. In etwa so: „Es wäre sehr wichtig für unsere gemeinsame Arbeit, herauszufinden, was Sie jetzt so traurig macht. Können Sie sich erinnern, was Ihnen jetzt so durch den Kopf gegangen ist?"– „Was haben Sie zu sich selber gesagt, als ...?"– „Was heißt das für Sie?"– „Welche Bedeutung hat das für Sie?"– „Was ist so schlimm daran, daß ...?" –„Welches Bild haben Sie in der Situation von sich gehabt?"– „Was wäre, wenn das zuträfe; wenn das stimmte?"

Beispiele:
1. Selbstbeobachtung einer Patientin:

Auslöser/Situation	Gefühle	automatische Gedanken
Samstag Vormittag zu Hause, Patientin hört, wie Nachbarin, mit der sie sich gestritten hatte, kommt und klingelt, Nachbarin will Hilfe haben (Regal anbringen), welche Freund nur durch Druck der Patientin verweigert	erregt, Herzklopfen, wütend, deprimiert, ohnmächtig	Jetzt will sie wieder was von uns. Gleich gibt es wieder Streit. Tut sicher wieder so, als sei nichts gewesen. Wird nie zugeben, daß sie im Unrecht war. Freund hält nicht zu mir. Wäre er allein gewesen. Hätte er sicher geholfen. Ich stehe immer alleine da. Sitze letztlich doch zwischen allen Stühlen. Erinnerung an eine Szene im Alter von 15 Jahren mit den Eltern. Damals verlangten die Eltern, daß Patientin Geld verdienen müsse, damit sie weiter aufs Gymnasium durfte. Die Eltern waren dann jedoch nicht in der Lage, das Geld von der Patientin anzunehmen, sondern ließen es es sich zu Weihnachten und den Geburtstagen schenken. Auch damals fühlte sie Ohnmacht verbunden mit der Erinnerung, daß egal was sie tut, sie es nicht recht machen kann. Sie setze sich immer zwischen alle Stühle.

2. Therapieausschnitt:

Th.: Sie hatten erwähnt, daß ein Problem, das Sie bedrückt, das ist, daß ihr Mann spät nach Hause kommt und Sie sagen, Sie fühlen sich dann so fürchterlich.

Pt.: Ich bekomme Angst. Ich bin dann auch eifersüchtig, weil ich fürchte, daß er eine Freundin hat und ich habe das Gefühl, daß er mich nicht mehr liebt.

Th.: Was ist es denn, was Sie traurig und ängstlich macht?

Pt.: Daß er nicht nach Hause kommt und mich nicht mehr liebt.

Th.: Die Tatsache, daß er nicht nach Hause kommt und daß er Sie nicht mehr liebt, gibt Ihnen ein ängstliches, schlimmes Gefühl. Ich meine, dabei fehlt etwas. Stellen wir uns mal eine typische Situation vor und schauen, was fehlt. In einer typischen Situation kommt wahrscheinlich die Zeit des Abendessens und er erscheint nicht. Er ruft dann an, nicht? Und sagt, ich werde mich verspäten, warte nicht mit den Essen auf mich oder irgend sowas, und dann fühlen Sie sich schlecht und haben Angst.

Pt.: Ja (Seufzer).

Th.: Was hat Sie denn da traurig, ängstlich oder unglücklich gemacht?

Pt.: Ja, also, er rief an und sagte, er wäre ...

Th.: War es der Telefonanruf, der Ihnen das schlimme Gefühl gab?

Pt.: Bestimmt.

Th.: Ich meine, daß das fehlende Glied etwas sein muß, da? Sie denken, daß Sie zu sich selbst sagen, wenn das Telefon klingelt und das ist es, was Ihnen ein schlechtes Gefühl macht.

Pt.: Nein, er tut das. Er läßt mich allein.

Th.: Ich glaube, daß dies etwas verwirrend für Sie ist. Lassen Sie mich erklären, was ich meine. Ich sagte, das Telefon klingelt und Sie gehen ran und merken, daß er es ist und dann haben Sie einen bestimmten Gedanken und es ist nicht der Telefonruf selbst, der Sie unglücklich macht oder seine Stimme, sondern es ist dieser Gedanke, der Ihnen durch den Kopf schießt, der Sie dann unglücklich macht.

Pt.: (Weint) ... Ich versteh das nicht. Es ist mein Gedanke... Meinen Sie, „Er liebt micht nicht mehr"?

Th.: Ja, ich weiß nicht, es könnte ein solcher Gedanke sein. Ich weiß nicht, ob es genau der ist. Aber es würde passen.

Pt.: Genau, das denke ich. Ich weiß es jetzt ganz genau.

Th.: Gut, versuchen wir uns in die Situation zu versetzen und sehen, ob wir noch mehr automatische Gedanken finden können. Ob es negative Gedanken sind, die Ihnen da durch den Kopf gehen. Stellen Sie sich doch einmal vor, daß Sie bei sich zu Hause sind. Gelingt Ihnen das?

Pt.: Ja.

Th.: Sie sitzen am Eßtisch und ich möchte, daß Sie die Vorstellung wiederholen, als der Telefonanruf kommt. Das Telefon klingelt, Sie nehmen ab und Ihr Mann sagt: "Ich kann heute Abend nicht zum Essen da sein, Liebes, ich werde erst gegen 23 Uhr da sein." Nachdem Sie dieses Bild vor Augen haben, erzählen Sie mir alles, was Ihnen durch den Kopf gegangen ist, als Sie diese Szene vor Augen hatten. Verstehen Sie, was ich von Ihnen möchte.

Pt.: (Pause) Ich glaube, es gehen mir eine Menge Dinge durch den Kopf.

Th.: Erzählen Sie mir einfach alles.

Pt.: Er ruft an und er ist wirklich sehr kurz angebunden, abrupt, als hätte er gar keine Zeit. „Ich will dir nur sagen, daß ich nicht nach Hause komme, Ruth". Klick. Manchmal sage ich „Aber, können wir nicht ..." und er hängt einfach ein.

Th.: Das hat er in Ihrer Vorstellung getan?

Pt.: Ja.

Th.: Und was für ein Gefühl haben Sie, nachdem er aufgelegt hat?

Pt.: „Er kommt nicht nach Hause wie immer!"

Th.: Und das war Ihr Gefühl. Ich meinte mit Gefühl eigentlich, waren Sie traurig oder froh?

Pt.: Oh, sehr traurig, ich meine traurig und hoffnungslos.

Th.: Sie haben angedeutet, daß Ihnen noch mehr Gedanken durch den Kopf gingen. Welche waren das?

Pt.: Also, ich dachte, er liebt mich nicht mehr und ich glaube, ich bin keine sehr gute Frau. Wer kommt schon gerne nach Hause zu jemand, der so dick ist? Wahrscheinlich ist er deshalb bei einer anderen Frau. Ich wette, daß Sie Größe 36 trägt und dann denke ich, daß er sie mehr liebt als mich, und daß er eines Tages nach Hause kommt und sagt, Ruth, ich verlasse dich, ich habe jemand anderes kennen gelernt .... (weint).

Th.: So geht das also. Sie bauen eine ganze Geschichte auf, nicht?

Pt.: (Pause)

Th.: Wenn das Telefon klingelt und Ihr Mann nicht nach Hause kommt, dann haben Sie eine ganze Geschichte fertig in Ihrem Kopf, daß er eine andere Frau hat, usw., daß er Sie nicht mehr mag und Sie weiten das zu einer Selbstabwertung aus, indem Sie sich selbst als zu dick, fett und faul hinstellen, als schlechte Mutter, schlechte Hausfrau, usw. (Pause) Also, jetzt ist da noch die Frage: Was hat Sie eigentlich unglücklich gemacht? War es der Telefonanruf? War es der Ton seiner Stimme? Oder waren es Ihre Gedanken?

Pt.: Ich habe die Dinge noch nie so betrachtet. Hmm. Also taugen nicht mal meine Gedanken etwas.

Th.: Sie können sagen, weil Sie eine fürchterliche Person sind, und nicht richtig denken oder sagen, daß Sie depressiv sind. Und eines der Hauptmerkmale von Depression ist, daß die Person dazu tendiert, die Dinge in den schwärzesten Farben zu sehen. Nun ist es tatsächlich möglich – ich weiß das nicht – daß Ihr Mann eine andere Frau hat. Aber diese Tatsache dürfte Sie noch nicht dermaßen unglücklich machen. Was Sie unglücklich macht, ist das Gebäude, das Sie darüber errichten. Aber zunächst einmal wissen wir am Anfang nur die Tatsache, daß er nicht nach Hause kommt. Und dann setzen Sie darauf eine sehr negative Konstruktion, nämlich, daß er eine andere Frau hat. Und dann bauen Sie daran eine weitere Konstruktion, daß er Sie nicht mehr liebt. Und dann konstruieren Sie weiter, daß er Sie deshalb nicht mehr liebt, weil Sie nicht gut sind, faul, fett und häßlich, usw. Sehen Sie, wie Ihr Gehirn arbeitet? ...

(zitiert nach einem Liveinterview von A. T. Beck, 1977)

4. Tagesprotokoll negativer Gedanken

Die Überprüfung, Bewertung und Modifizierung automatischer Gedanken kann folgendermaßen geschehen: Kognitionen und die sie begleitenden Reaktionen werden in parallele Spalten einer Tabelle eingetragen. Eine solche Aufzeichnung bietet eine gute Gelegenheit, sich der verschiedenen ablaufenden Gedanken und Gefühle in einer belastenden Situation klarer zu werden. Die tatsächlich ablaufenden kognitiven Prozesse können dadurch aufgedeckt und damit zum Thema einer Therapie werden. Das Schema leitet zu einer genauen Selbstbeobachtung an, bietet eine Selbsthilfemöglichkeit für die Zeit zwischen den Therapiestunden, und kann nach Beendigung der Therapie fortgesetzt werden.
Sobald der Patient den Begriff der automatischen Gedanken verstanden und die Bedeutung des Zusammenhangs zwischen Kognitionen, Verhalten und Emotionen erfaßt hat, sollte der Therapeut den Patienten zur Verwendung dieses Hilfsmittels anleiten. Es werden damit Ereignisse erfaßt, die unangenehme Emotionen (z.B. Angst, Niedergeschlagenheit) auslösen. Diese werden in der ersten Spalte eingetragen. Die Emotionen (Stimmungen, Gefühlszustände) werden benannt und in ihrer Stärke eingeschätzt, was beides in der zweiten Spalte festgehalten wird.

Das erste Ziel, das mit diesen Protokollbögen verbunden ist, liegt in der **Selbstbeobachtung** von Affektäußerungen, im möglichst genauen Erfassen und richtigen Benennen von Emotionen.

In einem weiteren Schritt werden die automatischen Gedanken in Beziehung gesetzt zu den negativ erlebten Situationen und den damit verbundenen Emotionen. Außerdem wird das Ausmaß eingeschätzt, in dem diese Gedanken den Patienten überzeugen. Hierfür steht die dritte Spalte dieses Arbeitsbogens zur Verfügung.

In der vierten Rubrik des Protokolls werden andere mögliche Erklärungen gesammelt oder produktivere, (der vorangegangenen Situation) angemessenere oder ergänzende Überlegungen angestellt und niedergeschrieben.

Die Hauptaufgabe des Therapeuten besteht darin, den Patienten bei der **Suche nach alternativen Erklärungen** bezüglich seiner negativen Kognitionen zu unterstützen und ihn anzuleiten, die ihm „fremd" und unglaubwürdig erscheinenden neuen Gedanken und Bewertungen nicht sofort zu verwerfen. Auch hier kann - trotz aller Skepsis - der Überzeugungsgrad dieser Gedanken festgehalten werden.

Schließlich wird in der fünften Spalte des Bogens erneut eine Einschätzung des emotionalen Erlebens aufgrund der kognitiven Neubenennung vorgenommen bzw. das Ausmaß der Beeinträchtigung oder der Intensität des Gefühls neu eingeschätzt.

Es ist wichtig, daß die automatischen Gedanken und rationalere, konstruktivere Entgegnungen niedergeschrieben werden, also die Übung nicht immer nur im Kopf stattfindet. Das Aufschreiben hilft, die Einseitigkeit der Gedanken oder sonstige Verzerrungen zu erfassen; der Patient kann die automatischen Gedanken emotional distanzierter betrachten. Das Ziel des Therapeuten ist es, die „Objektivität" des Patienten gegenüber seinen Kognitionen zu vergrößern, den Zusammenhang zwischen negativen Kognitionen und unangenehmen Gefühlen zu verdeutlichen und vor allem zwischen einer angemessenen, umfassenden Betrachtung der Ereignisse und den durch idiosynkratische Bedeutungen erstellten Wahrnehmungen zu unterscheiden. Weiter ist zu beachten, daß bestimmte Gefühle den entsprechenden Gedanken zugeordnet werden, z.B. zu dem Gefühl „ärgerlich": „Ich möchte diesen Idioten am liebsten erwürgen"; oder zu dem Gefühl „traurig": „Jetzt habe ich ihn für immer verloren". Hierbei kann auch festgestellt werden, ob die automatischen Gedanken vollständig gesammelt wurden oder noch ergänzt werden müssen.

Durchführung:
Diese Spaltentechnik kann und sollte erst nach einer genauen Erklärung und Einübung eingesetzt werden. Der Patient muß erfahren haben, daß seine emotionalen Reaktionen auf bestimmte Handlungen oder in bestimmten Situationen mit seinen subjektiven Gedanken bzw. Einstellungen zu den jeweiligen Ereignissen zusammenhängen. Es müssen während der Therapiestunde exemplarisch eine bzw. mehrere solcher Analysen dysfunktionaler Gedanken durchgegangen und besprochen werden.

Die Vermittlung des theoretischen Verständnisses (Begründungen) ist dafür eine wichtige und notwendige Bedingung. Häufig wird zum Einstieg in diese komplexere Form der Beobachtung und zur Analyse von Kognitionen zuerst die sogenannte „Zweispaltentechnik" und danach die „Dreispaltentechnik" eingesetzt.

Bei der „Zweispaltentechnik" besteht die Aufgabe im Festhalten der Situationen (des Verhaltens, des Ereignisses o.ä.), die unangenehme Emotionen zur Folge haben und im Notieren von Gefühlen und Gedanken unmittelbar nach dem Erlebnis. Bei der „Dreispaltentechnik" verwendet man die Spalten „Situationsbeschreibung", „Gefühle" und „automatische Gedanken" des Protokollblatts (siehe Beispiel im vorausgehenden Abschnitt). Gelingt dieses Erkennen von Situationen, das Benennen von Emotionen und die Identifizierung von Kognitionen, dann geht man in einem weiteren Schritt dazu über, in einer vierten Spalte die möglichen Neubewertungen, die alternativen Erklärungen und produktivere Interpretationen zu derselben Situation aufschreiben zu lassen.

Dieses schrittweise Heranführen hat sich nach bisherigen Erfahrungen als hilfreich und sinnvoll erwiesen. Erst wenn von dem Patienten die einfacheren Analyse und Neubewertungsschritte beherrscht werden, ist das komplexe, fünfspaltige Schema bewältigbar. Der Patient sollte dazu angehalten werden, jede Situation, jedes Verhalten und jedes aktuelle Ereignis (dazu gehören auch innere Prozesse wie Träume, Tagträume, Denken), das unangenehme Gefühle hervorruft,

Tagesprotokoll für negative Gedanken

Sobald Sie ein unangenehmes Gefühl oder eine unangenehme Stimmung erleben, sollten Sie hier die Situation bzw. das Ereignis festhalten, das dem Gefühl bzw. der Stimmung vorausging. Danach notieren Sie Ihre automatischen Gedanken.

Datum	Situationsbeschreibung	Gefühl (e)	Automatische Gedanken	Rationalere Gedanken	Ergebnis
	Aktuelle Ereignisse, die zu unangenehmen Gefühlen führen; Gedanken, Tagträume usw. die zu unangenehmen Gefühlen führen.	Genau angeben (Angst, Wut usw.) Einschätzen von 0-100%.	Die automatischen, negativen Gedanken angeben, die dem Gefühl vorausgingen. Wie gültig sind diese Gedanken? Einschätzen von 0-100%.	Rationale Reaktion auf automatische Gedanken aufschreiben. Wie gültig sind diese rationaleren Gedanken? Einschätzen von 0-100%	Gefühle nach den rationaleren Gedanken angeben und einschätzen.

festzuhalten und entsprechend dem Schema zu analysieren. Anfangs kann sich der Patient täglich etwa fünfzehn Minuten in seinem Tagesablauf reservieren, um die Handhabung dieses Werkzeugs einzuüben.

Möglicherweise fällt dem Patienten die Suche nach Alternativen oder Entgegnungen schwer oder es fällt ihm nichts dazu ein.

Er/sie kann dann den Bogen zunächst liegenlassen und später darauf zurückkommen, wenn er etwas Abstand zu dem Ereignis gewonnen hat.

Er/sie kann auch andere Personen fragen, wie sie auf ein solches Erlebnis reagieren würden oder wie sie solche Gedanken bewerten würden. Oder er könnte sich vorzustellen versuchen, wie andere Personen vermutlich über die Situation denken. Durch dieses Abstandnehmen gelingt die Suche nach alternativen Denkweisen eher.

Wird der Überzeugungsgrad automatischer Gedanken eingeschätzt, können Widerstände hinsichtlich der Übernahme von realistischen Neubewertungen aufgedeckt und bearbeitet werden. Es kann damit ferner deutlich werden, weshalb es noch nicht gelingt, die alternativen Denkweisen in aktuellen Situationen rasch parat zu haben, wenn man von diesen nur in geringem Maße überzeugt ist. Die automatischen, gewohnten Gedanken haben zunächst noch eine weitaus größere Überzeugungskraft. Erst mit dem Fortgang des Therapieprozesses erhöht sich die kognitive Flexibilität.

Beispiel:				
Aulöser Situation	Gefühle (Stärke der Gefühle)	Automatische Gedanken	Rationalere Gedanken, alternative Gedanken	Ergebnis, Gefühlsveränderungen
Beispiel 1:				
Denke an all die Dinge, die zu tun sind (Haushalt, Tochter, Arbeit, Wohnung)	nieder geschlagen, hoffnungslos (85)	Wie soll ich das bloß alles schaffen? Sicher geht alles schief. Ich weiß nicht wie das alles geht.	Ich habe das doch früher auch gemacht. Ich war sogar froh, wenn mir niemand dreingeredet hat. Immer der Reihe nach.	ausweglos, noch etwas verzweifelt (30)
Beispiel 2:				
Anruf H (getrennt lebende Ehefrau)	zum Heulen, leer, deprimiert (100)	Ich kann ohne sie nicht leben. Was soll bloß werden? So ist das Leben wertlos.	Es tut zwar weh, doch früher war ich auch glücklich ohne sie. Die Wunde ist noch zu frisch, doch ich werde es schon schaffen.	leer deprimiert (60)

In den Therapiestunden muß vor allem zu Anfang jedes Protokollblatt und jede Situation durchgesprochen werden. Besonders die Spalten „automatische Gedanken" und „alternative Erklärungen" (oder „rationalere Gedanken") und ihre Wirkung auf das emotionale Befinden bedürfen ausführlicher Explikation und differentieller Verstärkung durch den Therapeuten.

Die Belastung für den Patienten durch das Ausfüllen dieser Protokollbögen ist vor allem am Anfang groß. Man sollte daher zu Beginn mit dem Aufschreiben einiger weniger Situationen und Ereignisse zufrieden sein. Anfangs gelingt das vollständige Ausfüllen des Protokollschemas und damit die komplette Analyse und Neubewertung von Situationen und Kognitionen meist noch nicht. Weitere Erklärungen, Vereinfachungen und vor allem das gemeinsame Durcharbeiten in der Therapiesituation sind notwendig. Der Therapeut kann die Spalten den besonderen Bedürfnissen des Patienten entsprechend umbenennen.

5. Benennen von kognitiven Fehlern

Automatische Gedanken beruhen häufig auf Schlußfolgerungen, die mit typischen Denkfehlern behaftet sind und auf diese Weise unberechtigt und realitätsinadäquat sind. Diese gedanklichen Verzerrungen bilden eine Grundlage für die depressiven Verstimmungen. Deshalb stellt es einen wesentlichen Schritt in der Bearbeitung depressiver Störungen dar, diese zugrundeliegenden Prozesse, die das depressive Denken dominieren, zu erkennen und zu benennen. Dadurch wird häufig schon ein Veränderungsprozeß eingeleitet; ebenso macht eine gewisse Distanz (zu den eigenen Gedanken) diese einer weiteren Bearbeitung zugänglich.

Allgemein kann das Denken des depressiven Patienten als eingeengt bezeichnet werden, d.h. Informationen werden undifferenziert oder unvollständig wahrgenommen, werden nicht reiflich durchdacht, oder sie werden so verdreht, daß selbst Gegenbeweise die negativen Konzepte nicht erschüttern. Die Attribuierungen von Mißerfolgen sind internal („Alles meine Schuld"), global und stabil („Das wird sich auch nicht ändern"). Erfolge werden entsprechend nicht auf die eigene Leistung, sondern auf Zufall und Glück zurückgeführt.

Es lassen sich zehn **gedankliche Verzerrungen** definieren:

Alles-oder-nichts-Denken: Die Dinge werden nur in Schwarz-Weiß-Kategorien gesehen. Sobald eine Leistung nicht perfekt ist, sieht der Depressive sich als totalen Versager an.

Übertreibende Verallgemeinerungen: Ein einzelnes negatives Ereignis wird als Beispiel einer unendlichen Serie von Niederlagen angesehen.

Geistiger Filter: Ein einzelnes negatives Detail wird herausgegriffen, so daß das gesamte Wirklichkeitsbild dadurch getrübt wird.

Abwehr des Positiven: Positive Erfahrungen werden zurückgewiesen, indem darauf bestanden wird, daß sie aus irgendeinem Grund nicht zählen. Auf diese Weise werden negative Grundüberzeugungen aufrechterhalten, auch wenn sie im Gegensatz zu den alltäglichen positiven Erfahrungen stehen.

Voreilige Schlußfolgerungen: Negative Interpretationen werden vorgenommen, auch wenn keine unumstößlichen Tatsachen vorhanden sind, die diese Schlußfolgerungen erhärten könnten. Depressive gehen häufig davon aus, daß eine andere Person negativ über sie denkt; sie versuchen nicht, sich darüber Klarheit zu verschaffen (Gedankenlesen). Oder es wird erwartet, daß die Dinge sich ungünstig für die eigene Person entwickeln und es herrscht die Überzeugung vor, daß diese Vorhersage eine bereits feststehende Tatsache ist (Falsche Vorhersagen).

Über- und Untertreibung: Die Wichtigkeit bestimmter Dinge (z.B. ein eigener Fehler oder die Leistung anderer) wird überschätzt oder andere Aspekte werden so stark unterschätzt, daß sie schließlich ganz unwichtig erscheinen (z.B. die eigenen Fähigkeiten oder die Schwächen anderer Leute).

Emotionale Beweisführung: Es wird angenommen, daß die negativen Gefühle notwendigerweise genau das ausdrücken, was wirklich geschieht („Ich fühle es, also muß es wahr sein").

Wunschaussagen: Es wird versucht, sich mit Aussagen wie „man sollte" oder „man sollte nicht" zu motivieren. Anforderungen wie „man muß" oder „es hätte sich gehört" gehören ebenfalls dazu. Der Druck derartiger Anforderungen produziert jedoch meist Teilnahmslosigkeit und Resignation anstatt Hilfe.

Etikettierungen: Hierbei handelt es sich um eine besonders übertriebene Form der Verallgemeinerung. Mangels Verständnis für eigene Verzerrungen versieht sich der Depressive mit einem negativen Etikett (Selbstbeschreibung): „Ich bin ein ewiger Verlierer". Wenn das Verhalten eines anderen Anstoß erregt, wird ihm ein negatives Etikett gegeben: „Er ist ein Vollidiot!". Falsches Etikettieren bedeutet, ein Ereignis mit einer ungenauen und emotional aufgeladenen Sprache zu beschreiben.

Dinge persönlich nehmen: Depressive neigen dazu, sich für ein negatives Ereignis verantwortlich zu fühlen, obwohl sie damit in Wirklichkeit gar nichts zu tun haben.

Beispiel: Beim ersten Beispiel ist die Ausgangssituation das Zuspätkommen zu einer Verabredung.

Automatischer Gedanke	Gedankliche Verzerrung	Alternativen Rationale Entgegnung
1. Ich mach nie etwas richtig	Übertriebene Verallgemeinerung	Unsinn! Ich mache ziemlich viele Dinge richtig. Ich komme nicht ständig zu spät. Wenn ich nur an all die Termine denke, bei denen ich rechtzeitig da war. Wenn ich häufiger zu spät komme als mir lieb ist, dann muß ich das ändern und eine Methode entwickeln, um in Zukunft pünktlicher zu sein.
2. Ich komme ständig zu spät	Übertriebene Verallgemeinerung	
3. Alle werden mich schief ansehen.	Gedankenlesen, Alles-oder-Nichts-Denken, Falsche Vorhersage, Übertriebene Verallgemeinerung	Irgendjemand ist vielleicht enttäuscht, daß ich so spät dran bin, aber deshalb bricht die Welt nicht zusammen. Vielleicht fängt das Treffen noch nicht einmal pünktlich an.
4. Ich mache einen Narren aus mir. Ich bin ein Trottel	Etikettierung, Falsche Vorhersage.	Ich bin kein Narr oder ein Trottel. Jeder kommt mal zu spät.

Beispiel: Das zweite Beispiel zeigt anhand des Tagesprotokolls negativer Gedanken die Benennung „gedanklicher Verzerrungen". Dabei wird eine weitere Spalte im Anschluß an die „automatischen Gedanken" eingeführt.

Situation	Gefühl	Automatischer Gedanke	Gedankliche Verzerrung
Ein potentieller Kunde legt den Telefonhörer auf, als ich gerade das neue Versicherungsprogramm beschreiben will.	ärgerlich (90) traurig (50)	Ich muß irgend etwas Falsches gesagt haben. Ich möchte diesen Idioten erwürgen. Ich werde nie eine Versicherung verkaufen.	Voreilige Schlußfolgerung, Personalisieren, Übertreibung, Etikettierung, übertriebene Verallgemeinerung

Beispiel:

Automatischer Gedanke	Gedankliche Verzerrung
Das muß wohl an mir liegen, daß Leute mich nur anrufen oder besuchen, wenn sie in Not sind, sonst sich aber monatelang nicht melden.	Personalisieren, geistiger Filter Übertriebene Verallgemeinerung
Das wird nichts werden und wenn, dann habe ich Dusel gehabt.	Voreilige Schlußfolgerung, Untertreibung eigener Beteiligung

Durchführung:
Nachdem automatische Gedanken identifiziert worden sind, können sie auf kognitive Fehler hin untersucht werden. Es ist angebracht, zunächst einige typische automatische Gedanken, die demselben Fehler folgen, zu sammeln und danach dem Patienten zu vermitteln, daß er bei seinen Gedanken z.B. immer wieder in ein „Alles-oder-nichts-Denken" verfällt. Dieser Interaktionsschritt sollte möglichst per sokratischem Dialog erfolgen. Es ist auch sinnvoll, dem Patienten die möglichen kognitiven Fehler bei den automatischen Gedanken zu erklären, ihm Beispiele und eine Liste in die Hand zu geben, so daß er später seine gedanklichen Verzerrungen selbständig identifizieren und damit leichter verändern kann.

Die Identifizierung von kognitiven Fehlern geht Hand in Hand mit der Erarbeitung realitätsangemessener, konstruktiver Alternativen zu der bearbeiteten „Auslösendes Ereignis – Gefühl – automatische Gedanken" – Sequenz. Diese rationaleren Entgegnungen machen die Benutzung der sokratischen Dialogform und die Anwendung von Techniken notwendig, die unter dem Abschnitt „Kognitives Neubenennen" beschrieben werden.

6. Kognitives Neubenennen

Diese Veränderungstechnik setzt voraus, daß bereits automatische Gedanken identifiziert wurden. Bei einer Reihe psychischer Störungen spielen Wahrnehmungen, Interpretationen, Bewertungen und Antizipationen eine wichtige Rolle, die katastrophierend, verzerrt, einseitig, überinterpretierend und irrational sind und sich in einer Blockierung und Fixierung von Denkmustern des Betroffenen niederschlagen. Durch die Technik des kognitiven Neubenennens können die mit den negativen Gedanken verbundenen Gefühle und somit die Verhaltensweisen verändert werden.

Drei Aspekte sind im kognitiven Neubenennen zu unterscheiden:
1. Prüfung des Realitätsgehalts von Kognitionen;
2. Disattribuieren, Reattribuieren;
3. Verantwortung reduzieren, alternative Erklärungen suchen.

Diese Verfahren haben **zum Ziel**, die Aufmerksamkeit des Patienten auf weitere, positivere Aspekte der Realität zu lenken, um seine Verzerrungen und falschen Schlußfolgerungen korrigieren zu können. Grundsätzlich gilt: Je größer die Diskrepanz zwischen ursprünglichen Interpretationen und den tatsächlich zu beobachtenden Daten ist, desto mehr wird die ursprüngliche Auffassung des Patienten in Frage gestellt und desto eher werden die inadäquaten Kognitionen verändert. Als erste dieser Techniken ist der sokratische Dialog zu nennen.

Typische Fragen des Therapeuten beim Versuch, den Patienten zu **konstruktiveren Kognitionen** zu führen, können lauten (am Beispiel eines „Mißerfolgs"): 1. Wie definieren Sie Versagen? Welches sind Ihre Maßstäbe? 2. Hat es verschiedene Grade des Scheiterns gegeben: das heißt, sind Sie in manchen Fällen mehr gescheitert als in anderen? 3. Falls Sie in manchen Fällen nur teilweise gescheitert sind, bedeutet das, daß Sie auch teilweise erfolgreich waren? 4. Hat es in Ihrem Leben Bereiche gegeben, (Freundschaften, Familie, Schule, Beruf, Freizeit), in denen Sie nicht gescheitert sind, sondern vielleicht sogar Ihre Ziele oder zumindest einen Teil davon erreicht haben? 5. Selbst wenn Sie in bestimmten Bereichen gescheitert sind, bedeutet das zwangsläufig, daß Sie nichts dazulernen und erfolgreicher werden können? 6. Werden Sie durch das Nichterreichen eines Zieles als Mensch zu einem Versager? 7. Sollten Menschen, die Mißerfolge erlebt haben, von anderen Menschen abgelehnt werden? 8. Sollte sich ein Mensch, der eine Niederlage erlebt hat, weitere Pein zufügen, indem er sich selbst ablehnt?

Überprüfung und Realitätstest automatischer Gedanken

Automatische Gedanken beruhen häufig auf Schlußfolgerungen aus bestimmten Ereignissen und Erfahrungen, die jedoch z.B. durch das „Alles-oder-Nichts-Denken" (Dichotomisierung) oder die „Übergeneralisierung" mit Fehlern behaftet sind. Ziel ist es daher, zu prüfen, inwieweit die automatischen Gedanken mit den tatsächlichen, situativen Gegebenheiten kongruent sind. Stellt sich heraus, daß wesentliche Aspekte der Realität außer acht gelassen wurden, dann zielt diese Technik darauf ab, die kognitiven Verzerrungen und falschen Schlußfolgerungen zu korrigieren. Häufig gelingt es dem Patienten nicht, durch einfaches Aufdecken realitätsinadäquater Kognitionen die automatischen Gedanken sofort und für immer zu beseitigen, da die Gedanken, Bewertungen und Annahmen als Tatsachen betrachtet werden. Also ist wiederholtes Realitätstesten verschiedener Themen nötig.

Durchführung:
Der Patient versucht, seine eigenen Erfahrungen und die „Realität" genauer und korrekter zu beschreiben. Der Patient sammelt, erarbeitet und beobachtet, er experimentiert und testet, um dadurch mehr Informationen über eine bestimmte Situation, eine Person, ein Ereignis oder einen Plan zu erhalten. Diese Vergrößerung der Datenbasis für Schlußfolgerungen und Annahmen sollte der Patient selbst in Form von Experimenten, Rollenspielen, Rollentausch, d.h. durch Handeln erbringen. Darüber hinaus soll eine detaillierte Beschreibung von Ereignissen ebenfalls zur Vergrößerung der Informationsmenge beitragen. Erst aufgrund von zusätzlicher und neuerer Information werden neue Schlußfolgerungen zugelassen und gezogen.

Ausgangspunkt für das **Realitätstesten** ist z.B. die Schilderung einer konkreten Erfahrung oder einer Situation, die vom Patienten negativ interpretiert wurde. Der Therapeut hält die Patientenäußerungen zunächst einmal für ungültig, auch wenn sie oberflächlich betrachtet richtig erscheinen. Er veranlaßt den Patienten stattdessen, Belege und nähere Informationen zu erbringen. Meist ist es notwendig, daß der Patient seine Gedanken in der realen Situation überprüft, bevor Veränderungen gelingen.

Wichtig bei kognitivem Neubenennen ist folgendes: 1. für bestimmte Annahmen müssen genügend Daten vorliegen, 2. diese Daten müssen vom Patienten erbracht werden, 3. der Patient muß mit Hilfe dieser Informationen selbst erkennen, daß seine ursprünglichen Auffassungen falsch waren und 4. er sollte seine Kognitionen selbst verändern.

Beispiel:
Pt.: Mein Sohn hat keine Lust, mit mir ins Theater zu gehen.
Th.: Woher wissen Sie das?
Pt.: Junge Leute mögen doch nicht mit ihren Eltern etwas unternehmen.
Th.: Haben Sie Ihren Sohn schon einmal danach gefragt?
Pt.: Naja, so direkt nicht ... aber ...
Th.: Sie haben ihn noch nicht gefragt?
Pt.: Nee, eigentlich nicht ...
Th.: Was könnten Sie tun, um Ihre Annahme zu überprüfen?
Pt.: Naja, ich müßte ihn wohl mal fragen. Aber ...
Th.: Lassen Sie uns zuerst dieses Experiment machen, erst dann ziehen wir Schlüsse daraus. Könnten Sie bis zur nächsten Sitzung Ihren Sohn fragen und ihn um eine ehrliche Antwort bitten?

Beispiel:
Pt. ... da denke ich, du bist ganz schön doof für dein Alter. Und dann weiß ich, daß ich nicht intelligent bin.
Th.: Woher wissen Sie das?
Pt.: Ich weiß, daß ich nicht intelligent bin. Ich hab nicht die Allgemeinbildung.
Th.: Wie können Sie das überprüfen?
Pt.: Das ist so, wenn ich mich mit Leuten unterhalte. Da möchte ich mich am liebsten verkriechen, weil die über etwas reden, von dem ich keine Ahnung habe. Deswegen gehe ich im Betrieb schon immer auf die Toilette ...
Th.: Was sind das für Themen?
Pt.: Zum Beispiel Politik. Da fallen immer Namen, die habe ich zwar schon immer mal gehört, aber aus welchem Land die kommen oder in welcher Partei die sind, das weiß ich nicht.
Th.: Wenn ich Ihnen jetzt aus der Tages-

> zeitung hier alle Politikernamen auf der ersten Seite vorlese, wieviel Prozent, schätzen Sie, kennen sie davon?
> Pt.: Nicht mehr als 10%.
> Th.: Lassen Sie uns das Experiment machen. ... (liest vor).
> Th.: So, das waren 23 Namen von Politikern. 20 davon kannten Sie. Sie wußten das Land, wo sie herkommen, die Partei oder was sie machen. Das sind knapp 90%. Vorher sagten Sie, daß Sie nur 10% davon kennen werden und daß dies ein Zeichen dafür ist, daß Sie nicht intelligent sind. Halten Sie das noch für richtig?

Reattribuierung

Macht ein Patient immer wieder vor allem sich selbst für Fehler, Mißerfolge, negative Ereignisse verantwortlich und wertet sich daher sehr stark ab, dann hilft die Reattribuierungstechnik dem Patienten, Ereignissen und deren Ursachen mit mehr Objektivität zu begegnen. Patient und Therapeut tragen möglichst alle Fakten zusammen, die sich auf eine konkrete Erfahrung beziehen, unterziehen sie einer logischen Analyse und leiten daraus ab, wer bzw. was verantwortlich für welche Erfahrung war. Dadurch soll deutlich werden, daß der Patient für seine Ursachenzuschreibung nur sehr wenige Informationen und vor allem eher absolute, einseitige Informationen heranzieht. Häufig verwendet der Patient unterschiedliche Kriterien, um die eigene Person im Vergleich zu anderen Personen zu beurteilen.

Dieser Doppelstandard beinhaltet, daß zur Erklärung des Verhaltens anderer Personen nachsichtigere, multifaktorielle Kriterien gelten, während bezüglich eigener Erfahrungen mit strengerem, absolutem Maßstab gemessen wird. Durch zunehmende Objektivität der Betrachtungsweise läßt nicht nur die Selbstherabsetzung und Selbstverantwortlichkeit nach, sondern der Patient findet auch leichter Wege, Probleme und Schwierigkeiten anzugehen bzw. zu bewältigen.

Durchführung:
Eine erste Distanzierung zu den eigenen negativen automatischen Gedanken gelingt, wenn der Patient erkennt, daß seinen Gedanken der kognitive Fehler „Dinge persönlich nehmen" unterliegt. Dabei sind drei Zugänge zu unterscheiden:
1. Der Patient kann dazu gebracht werden, mehr Fakten zu sammeln, die eine Neubeurteilung des in Frage kommenden Ereignisses und der eigenen Verantwortung dabei erlauben (siehe Realitätstesten).
2. Der Therapeut kann dem Patienten durch Rollenspiel bzw. durch die Beurteilung einer anderen Person, die in der gleichen Situation wie der Patient in der gleichen Weise handelt, deutlich machen, daß er unterschiedliche Kriterien zur Beurteilung von sich und anderen Personen, bei gleichem Verhalten, benutzt (sogenannte Doppelstandards).
3. Anwendung der sokratischen Gesprächsführung zur Bearbeitung der Überzeugung, daß es bei Ereignissen immer einen Alleinverantwortlichen bzw. eine hundertprozentige Ursache und Erklärung für Mißerfolge geben muß und daß dies meist der Patient selbst ist.

> **Beispiel:**
> Pt.: ... und wenn der dann am Telefon anfängt über Medizin zu reden und diese lateinischen Ausdrücke gebraucht, dann fühle ich mich ganz klein und mickrig.
> Th.: Können Sie mir dies etwas genauer schildern? Dieser Bekannte studiert Medizin und erzählt häufig von seinem Fach. Dabei gebraucht er viele lateinische Wörter ...
> Pt.: Ja, der redet und redet dann. Dabei geht mir dann durch den Kopf: „Jetzt verstehst du schon wieder nichts, obgleich der das schon zigmal erklärt hat. Das müßtest du aber langsam wissen. Da

siehst du mal wieder, du bist halt dumm und unintelligent".
Th.: Lassen Sie uns Ihre Schlußfolgerung einmal genauer betrachten. Allein aufgrund dessen, daß Sie dieses Latein und diese Fachausdrücke nicht verstehen, kommen Sie zu dem Schluß: „Ich bin dumm! Ich bin nicht intelligent!".
Pt.: Ja, eigentlich müßte ich das verstehen. Jeder normale Mensch versteht das doch.
Th.: Jeder Mensch? Ist der Unterschied zwischen Ihrem Bekannten und Ihnen allein der, daß er dieses Latein versteht? Sonst keiner?
Pt.: Naja, der studiert Medizin schon seit über 4 Jahren.
Th.: Das heißt, er hat Abitur gemacht. Haben Sie Abitur?
Pt.: Nee.
Th.: Haben Sie sich jemals mit Latein oder Medizin beschäftigt?
Pt.: Nein. Ich lerne Englisch in der Volkshochschule.
Th.: Ich kann mir vorstellen, daß Ihr Bekannter bereits in der Schule Latein gehabt hat.
Pt.: Ja, ja! Der hat das große Latinum und außerdem ist sein Vater auch Arzt.
Th.: Wenn Sie diese Dinge nun betrachten, wie sehen Sie dann Ihr Urteil: „Ich bin dumm, ich bin unintelligent."?
Pt.: Eigentlich kann ich das gar nicht so schnell kapieren und das scheint mir ziemlich unverschämt von dem, mich mit seinen Fachausdrücken vollzuquatschen.

Beispiel:

Automatische Gedanken	Rationale Entgegnungen Reattribuierungen
Ich hätte Peter bei seinen Hausaufgaben helfen sollen, jetzt ist es unordentlich und er ist für die Schule schlecht vorbereitet.	Er ist selbst für seine Aufgaben verantwortlich und nicht ich. Ich kann ihm zeigen, wie man sich Arbeit einteilen kann. Was sind meine Pflichten? Kontrollieren der Hausaufgaben. Darauf bestehen, daß sie zu einem bestimmten Zeitpunkt erledigt werden. Fragen, ob er irgendwelche Schwierigkeiten hat. Ihn zum richtigen Zeitpunkt belohnen.
Ein guter Vater nimmt sich jeden Abend Zeit, um etwas mit seinen Kindern zu unternehmen.	Das ist nicht wahr. Ich nehme mir dafür Zeit. Es ist jedoch nicht immer durchführbar. Außerdem haben die Kinder ihren eigenen Tagesablauf und sind oft nicht da, wenn ich da bin.
Ich bin eine schlechte Mutter. Ich bin die Ursache all seiner Schwierigkeiten.	Ich bin keine schlechte Mutter. Ich gebe mir Mühe. Ich kann nicht alles kontrollieren. Ich kann mit ihm und seinen Lehrern sprechen, um herauszufinden, wie zu helfen ist.

Beispiel:

Situation	Gefühle	Automatische Gedanken	Rationalere Gedanken	Ergebnis
Ich verbrachte den ganzen Sonntag im Bett. Schlief immer wieder ein und wurde immer wieder wach. Keine Kraft!	depressiv, erschöpft, einsam, schuldig. Ich hasse mich.	Ich habe keine Lust etwas zu tun.	Das kommt daher, weil ich nichts tue.	Ich verspürte eine Erleichterung und entschloß mich aufzustehen und zu duschen.
		Ich habe nicht die Kraft aufzustehen.	Natürlich habe ich Kraft, ich bin doch nicht körperbehindert.	
		Ich bin halt ein Versager.	Das Nichtstun macht mich depressiv, aber das heißt nicht, daß ich auf der ganzen Linie ein Versager bin. Das gibt's nicht.	
		Die meisten Leute gehen aus und vergnügen sich.	Was hat das mit mir zu tun, ich kann tun, was mir gefällt. Was heißt schon „die meisten Leute".	
		Nichts macht mir Freude.	Ich habe Freude an Dingen, wenn ich anfange, mich damit zu beschäftigen.	

Finden von „rationalen" Alternativen

Den automatischen Gedanken und den darin enthaltenen kognitiven Fehlern sollen nun nicht nur positivere oder optimistischere Gedanken gegenübergestellt werden, sondern der Therapeut und der Patient müssen bemüht sein, den Realitätsgehalt der Vorstellungen des Patienten zu überprüfen. Er soll darin unterstützt werden, eine adäquatere Beschreibung und Analyse von Sachverhalten zu geben. Dennoch ist wichtig zu wissen, daß nicht alle negativen, pessimistischen und nihilistischen Gedanken des Patienten notwendigerweise ungültig sind. Nachdem die kognitiven Fehler identifiziert wurden, beginnt die Suche nach Alternativen zu diesen Kognitionen. Diese Alternativen können die automatischen Gedanken ergänzen, sie in Frage stellen, eine völlig neue Sichtweise beinhalten oder eine angemessenere, nützlichere Überlegung ausmachen.

Durchführung:

Automatische Gedanken sind einseitig und berücksichtigen nur Teile der Realität und einen kleinen Ausschnitt aus der Vielzahl möglicher Ursachen. Der erste Schritt im therapeutischen Vorgehen besteht daher darin, für konkrete

Ereignisse **alle nur erdenklichen Erklärungshypothesen** zusammenzutragen. Dies kann z.B. in Form eines „Brainstorming" geschehen. In einem nächsten Schritt werden die Alternativen bewertet und hinsichtlich ihrer Gültigkeit für die Situation eingeschätzt. Dazu kann eine Skala von 0-100 % verwendet werden. Sind dadurch alternative Erklärungen in Form prüfbarer Hypothesen gefunden, dann müssen diese in der Realität auf ihre Stichhaltigkeit hin überprüft werden, um die eigene, erste Einschätzung zu validieren. Meist bieten sich aufgrund des Erkennens weiterer möglicher Erklärungen auch neue Handlungs- und Lösungsmöglichkeiten an.

Eine andere bewährte Möglichkeit besteht darin, mit dem Patienten eine Art „Rollentausch" zu machen. Der Therapeut bittet ihn/sie zu überlegen, was andere Personen in der bestimmten Situation sagen bzw. denken würden; was der Patient selbst einem Bekannten (oder dem Therapeuten) antworten würde, wenn dieser derartige automatische Gedanken in der betreffenden Situation äußern würde.

Dieses Schlüpfen in die andere Rolle erlaubt meist alternative Sichtweisen, Erklärungen und rationalere Alternativen spontan zu finden. Da der Patient diese selbst äußert, ist die therapeutische Wirkung stärker.

7. Identifikation und Modifikation von Grundannahmen

In einem späteren Stadium der Therapie, wenn ein Abklingen der depressiven Symptome bereits zu beobachten ist, wird die Exploration dysfunktionaler Überzeugungen zum Therapieschwerpunkt. **Fehlangepaßte Grundannahmen** erhöhen die Anfälligkeit für Depressionen, so daß der Erkenntnis bzw. Veränderung dieser Grundannahmen präventive Bedeutung zukommt.

Das persönliche Sinn und Wertesystem Depressiver kann insofern als unangemessen bezeichnet werden, als auf diesem Hintergrund tägliche Erfahrungen in rigider, übertriebener Form interpretiert werden. Typische Merkmale sind gewisse Denkfehler, wie Übertreiben, Übergeneralisieren oder Verabsolutieren. Solche unausgesprochenen Regeln bilden einen Teil der Identität des Patienten und werden von ihm nicht in Zweifel gezogen. Automatische Gedanken entstammen meist einer solchen impliziten Annahme oder sind mit einer solchen verknüpft.

Grundannahmen sind erlernt, sie stehen in Zusammenhang mit Kindheitserlebnissen oder Einstellungen von relevanten Bezugspersonen; viele basieren auf Familienregeln oder sind kulturell verstärkt. Sie kommen besonders in Situationen zur Anwendung, die für den depressiven Menschen mit Verletzlichkeit assoziiert sind, wie Annahme-Ablehnung, Erfolg-Mißerfolg oder Gewinn-Verlust.

„Sollte-Sätze": Sollte-Sätze stellen verinnerlichte Lebensregeln dar, von denen die Patienten glauben, sie besäßen universelle Gültigkeit. Als Beurteilungsmaßstab für ihr Verhalten sowie für die eigene Person ziehen Depressive Idealvorstellungen heran, denen sie oft nicht genügen. Solche Regeln werden meist überstrapaziert, was sich an der Intensität, mit der darauf beharrt wird, zeigt, wie auch in der Vielzahl von Anwendungssituationen. Die Patienten erleben diese Regeln als durch ihre Erfahrungen bestätigt.

Persönliche Verträge: Die dysfunktionalen Grundannahmen sind häufig durch impliziten Vertragscharakter gekennzeichnet (z.B. „Wenn ich viel arbeite, werden mich die Menschen achten."). Die persönlichen Verträge Depressiver sind starr, absolut und fordernd formuliert, während die Vertragsbedingungen meist ungenau und vage sind. Ihre Interpretation im Sinne von „richtig, gerecht" (d.h. was sie verdienen, wenn sie sich in bestimmter Art und Weise verhalten) ist meist illusionär; andere als unfair zu erleben, ist somit die natürliche Folge.

Sich selbst erfüllende Prophezeiungen: Fehlangepaßte Überzeugungen haben oft den Charakter von sich selbst erfüllenden Prophezeiungen, d.h. durch Vorhersage der Folgen werden diese herbeigeführt. Der Patient, der von dem Vorsatz ausgeht, daß das Leben ihm nichts zu bieten hat, verhält sich entsprechend passiv und abweisend, wodurch die eigene Vorhersage Bestätigung findet.

Beispiel

Grundannahme	Intervention
Übergeneralisierung: Wenn es in einem Fall stimmt, dann trifft es in jedem ähnlichen Fall auch zu.	Aufdecken der mangelhaften Logik. Suche nach Kriterien, welche Fälle „ähnlich" sind bzw. in welchem Ausmaß sie es sind.
Selektive Abstraktion: Die einzigen Ereignisse, die zählen, sind Mißerfolge, Entbehrungen, usw. Man sollte sich an Irrtümern und Schwächen messen.	Man lasse den Patienten Buch führen, um die von ihm/ihr unbeachteten Erfolge identifizieren zu können.
Übertriebenes Verantwortungsgefühl: Ich bin verantwortlich für jedes Mißlingen, Versagen usw.	Reattribuierung
Annehmen einer zeitlichen Kausalität, Vorhersage ohne ausreichende Evidenz: Wenn es in der Vergangenheit zutraf, wird es immer zutreffen.	Aufdecken der mangelhaften Logik. Benennen von Faktoren, die das Ergebnis ungeachtet früherer Ereignisse beeinflussen könnten.
Bezugnahme auf die eigene Person: Ich stehe im Mittelpunkt der allgemeinen Aufmerksamkeit.	Benennen von Kriterien um festzustellen, wann und unter welchen Bedingungen der Patient der Mittelpunkt der Aufmerksamkeit ist.
Katastrophisieren: Denke immer an das Schlimmste. Es wird dir sicher zustoßen.	Kalkulieren realistischer Wahrscheinlichkeiten. Konzentration auf Ereignisse, bei denen nicht das Schlimmste eintrat.
Dichotomes Denken: Es gibt nur extreme Beurteilungskriterien (schwarz oder weiß, gut oder schlecht).	Demonstration, daß Ereignisse anhand eines Kontinuums beurteilt werden.

Kognitive Irrtümer: Diese leiten sich aus unangemessenen Grundsätzen her. So basiert z.B. Übergeneralisierung auf der impliziten Annahme, daß etwas, was für eine Situation zutrifft (z.B. Trennung von einem Partner), auch für viele ähnliche Situationen Gültigkeit besitzt („Keiner mag mich. Ich bin nicht in der Lage, einen anderen Menschen für längere Zeit an mich zu binden.").

Willkürlichkeit: Ein weiteres Merkmal dysfunktionaler Grundannahmen ist ihre Willkürlichkeit, die dem Depressiven meist nicht bewußt ist. Viele sind nicht in der Lage, zwischen ihrer Vorstellungswelt und der tatsächlichen Welt zu trennen. Wenn äußere Umstände der Selbstwahrnehmung zu widersprechen scheinen, werden sie ignoriert oder entsprechend verzerrt. Es kommt zu einer erheblichen Einengung der Wahrnehmung.

Kurzfristige Nützlichkeit: Fehlangepaßte Überzeugungen sind besonders änderungsresistent, da sie in der aktuellen Situation des depressiven Menschen scheinbar zu seinen Gunsten funktionieren. Wenn jemand davon überzeugt ist, sein Wert hänge von der von ihm erbrachten Leistung ab, so fühlt er sich solange wohl dabei, wie er zu guten Leistungen fähig ist.

Identifizieren von dysfunktionalen Grundannahmen

Eine wichtige Informationsquelle bei der therapeutischen Suche nach Grundsätzen depressiver Patienten stellen die automatischen Gedanken dar, welche sich in der Regel auf zugrundeliegende Überzeugungen zurückführen lassen. Da automatische Gedanken leichter objektivierbar und damit schneller zu identifizieren sind, sind sie als erste Hinweise sehr nützlich für den Therapeuten. Die abstrakten, nur schwer faßbaren Grundannahmen können demgegenüber meist

Beispiel Diagramm

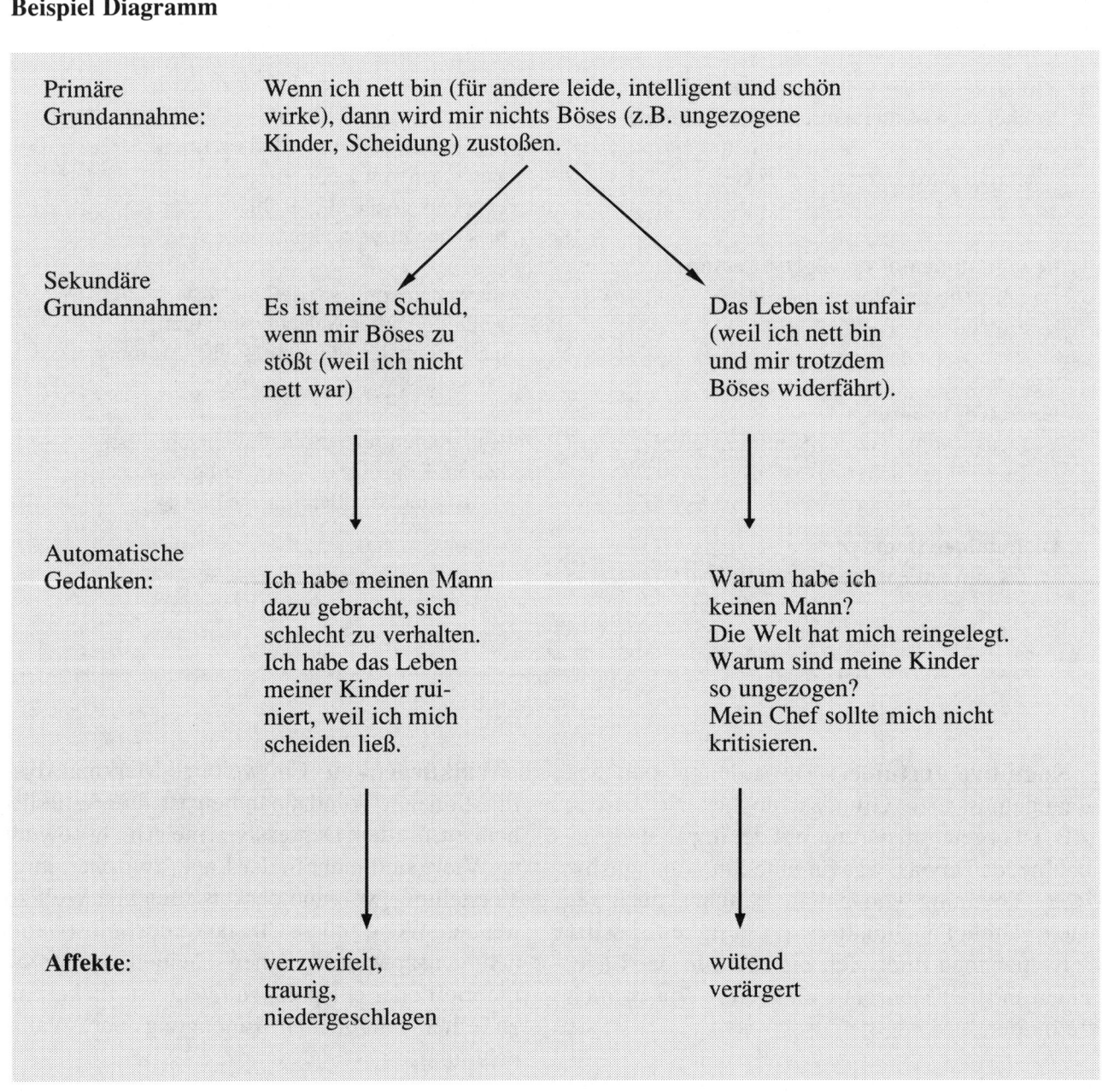

DAS

Dieser Fragebogen enthält eine Reihe von Meinungen, Einstellungen und Grundsätzen, die Leute manchmal haben. Lesen Sie bitte **jede** Meinung sorgfältig und entscheiden Sie dann, wie stark oder schwach Sie jeder Aussage zustimmen oder sie ablehnen.

Für jede Behauptung geben Sie Ihre Meinung an, indem Sie einen Haken an die Stelle der Spalte machen, die Ihrer Meinung nach am besten entspricht. Vergewissern Sie sich, daß Sie bei jeder Aussage nur eine Antwort gegeben haben. Da Menschen unterschiedlich sind, gibt es hier keine richtigen oder falschen Antworten.

Bei der Entscheidung, ob eine bestimmte Behauptung auf Ihre Sichtweise zutrifft, sollten Sie einfach daran denken, wie Sie gewöhnlich oder meistens sind oder denken.

Meinungen / Denken Sie daran, daß Ihre Antworten das Beschreiben sollen, was Sie **meistens** denken	totale Zustimmung	starke Zustimmung	leichte Zustimmung	neutral	leichte Ablehnung	starke Ablehnung	totale Ablehnung
1. Es ist schwer, glücklich zu sein, wenn man nicht gut ausschaut, intelligent, reich oder kreativ ist.							
2. Glück ist mehr eine Sache, die mit der Haltung mir selbst gegenüber zusammenhängt als mit der Art der Gefühle, die andere für mich haben.							
3. Die Leute denken wahrscheinlich schlecht über mich, wenn ich einen Fehler mache.							
4. Wenn ich nicht ständig gut bin, dann werden die anderen mich nicht achten.							
5. Selbst ein geringes Risiko einzugehen ist dumm, denn wenn man verliert, wird das eine Katastrophe sein.							
6. Es ist möglich, die Achtung einer anderen Person zu gewinnen, ohne für irgendetwas talentiert zu sein.							
7. Ich bin nur dann glücklich, wenn die meisten Leute, die ich kenne, mich bewundern.							
8. Wenn ein Mensch um Hilfe bittet, dann ist das ein Zeichen von Schwäche.							
9. Wenn ich nicht so gut bin wie andere Leute, dann heißt das, daß ich ein Mensch von geringerem Wert bin.							

Meinungen	totale Zustimmung	starke Zustimmung	leichte Zustimmung	neutral	leichte Ablehnung	starke Ablehnung	totale Ablehnung
10. Wenn ich bei meiner Arbeit versage, dann bin ich als ganzer Mensch ein Versager.							
11. Wenn man etwas nicht richtig und perfekt tun kann, dann hat es überhaupt keinen Sinn, die Sache anzufangen.							
12. Fehler zu machen ist gut, dann kann ich daraus lernen.							
13. Wenn jemand nicht meiner Meinung ist, dann heißt das vermutlich, daß er mich nicht mag.							
14. Wenn ich teilweise versage, dann ist das genauso schlimm, als wenn es ein kompletter Mißerfolg wäre.							
15. Wenn andere Menschen wüßten, wie man wirklich ist, dann würden sie schlecht von einem denken.							
16. Ich bin ein Nichts, wenn eine Person, die ich liebe, mich nicht liebt.							
17. Man kann sich ohne Berücksichtigung des Endergebnisses an einer Aktivität erfreuen.							
18. Leute sollten, bevor sie etwas unternehmen, eine vernünftige Aussicht auf Erfolg haben.							
19. Mein Wert als Person hängt größtenteils davon ab, was andere von mir halten.							
20. Wenn ich nicht den höchsten Anspruch an mich stelle, dann ende ich wahrscheinlich als zweitrangiger Mensch.							

Meinungen	totale Zustimmung	starke Zustimmung	leichte Zustimmung	neutral	leichte Ablehnung	starke Ablehnung	totale Ablehnung
21. Wenn ich eine wertvolle Person sein will, dann muß ich auf mindestens einem Gebiet herausragend sein.							
22. Menschen, die gute Ideen haben, sind mehr wert als solche, die keine guten Ideen haben.							
23. Ich rege mich auf, wenn ich einen Fehler mache.							
24. Meine eigene Meinung über mich selbst ist wichtiger als die Meinung anderer über mich.							
25. Um ein guter, wertvoller und moralischer Mensch zu sein, muß ich jedem helfen, der Hilfe braucht.							
26. Wenn ich eine Frage stellen, dann ist dies ein Zeichen von Unterlegenheit.							
27. Es ist schrecklich, von Leuten, die für einen wichtig sind, getadelt zu werden.							
28. Wenn man keinen anderen Menschen hat, der einem eine Stütze ist, wird man unweigerlich unglücklich.							
29. Ich kann für mich wichtige Ziele erreichen, auch ohne mich abzuschinden.							
30. Es ist möglich, daß jemand gescholten wird und sich dabei nicht aufregt.							
31. Ich kann anderen Menschen nicht vertrauen, denn sie könnten grausam mir gegenüber sein.							

Meinungen	totale Zustimmung	starke Zustimmung	leichte Zustimmung	neutral	leichte Ablehnung	starke Ablehnung	totale Ablehnung
32. Wenn andere einen nicht mögen, dann kann man nicht glücklich sein.							
33. Es ist gut, seine eigenen Interessen aufzugeben, um anderen Leuten zu gefallen.							
34. Mein Glück hängt mehr von anderen Leuten als von mir selbst ab.							
35. Ich brauche, um glücklich zu sein, nicht die Anerkennung anderer.							
36. Wenn eine Person Probleme vermeidet, dann werden die Problem wahrscheinlich verschwinden.							
37. Ich kann glücklich und zufrieden sein, selbst wenn ich viele der schönen Dinge des Lebens verpasse.							
38. Es ist sehr wichtig, wie andere Leute über mich denken.							
39. Von anderen isoliert zu sein, führt unabänderlich zu Unglücklichsein.							
40. Ich kann glücklich sein, ohne von anderen Personen geliebt zu werden.							

erst nach beträchtlicher Introspektion vom Patienten artikuliert werden. Weitere Hinweise können sich im Gesprächsverlauf ergeben. Der Therapeut verfolgt hierzu aufmerksam die Art und Weise, wie ein Patient seinen Gedankengang rechtfertigt oder durch was er beunruhigt wird. Zusätzliche Information liefern die Art der Denkfehler des Patienten, die besonders häufige Benutzung bestimmter vager, pauschaler Begriffe, sowie die Art und Weise, wie der Patient das Verhalten anderer interpretiert.

Schritte des induktiven Vorgehens:
1. Patient berichtet au-tomatische Gedanken;
2. Es werden davon allgemeine Themen abstrahiert;
3. Die Lebensanschauung des Patienten wird herausgearbeitet.

Bei diesem Prozeß ist es wichtig, sich der aktiven Mitarbeit des Patienten zu versichern. Neben praktischen Überlegungen in bezug auf ökonomisches Umgehen mit der Zeit und Energie des Therapeuten spielen dabei vor allem therapeutische Gründe eine entscheidende Rolle: Die aktive Beteiligung des Patienten an der Identifizierung, Überprüfung und Veränderung seiner selbstschädigenden Grundannahmen ermöglicht es ihm/ihr, selbständig „differenzierter denken" zu lernen.

Sobald der Therapeut sich in ausreichendem Maß ein Bild von den fehlangepaßten Überzeugungen seines Patienten gemacht hat, sollte er diese zu geeignetem Zeitpunkt im Therapieverlauf dem Patienten mitteilen und ihm Gelegenheit geben, darüber nachzudenken. Zur Verdeutlichung können Diagramme herangezogen werden, die den Zusammenhang zwischen Gefühlen, automatische Gedanken und Grundannahmen darstellen (siehe Beispiel-Diagramm). Auf diese Weise kann der Patient verstehen, daß negative Emotionen sich meist in letzter Konsequenz auf selbstschädigende Grundannahmen zurückverfolgen lassen.

Eine andere Möglichkeit, um Grundüberzeugungen eines Patienten kennenzulernen stellt die Verwendung der **„Skala dysfunktionaler Einstellungen"** dar. Diese Liste von 40 Grundüberzeugungen kann in zweifacher Weise verwendet werden:

1. Als Diagnostikum und Veränderungsindikator (Erfolgsmaß) zu Beginn und am Ende der Behandlung. Die hierzu notwendigen psychometrischen Angaben, Normen und Vergleichswerte finden sich in HAUTZINGER, LUKA und TRAUTMANN (1985).
2. Als Quelle inhaltlicher Anregungen der Grundannahmen eines Patienten. Im letztgenannten Sinne bearbeitet man zusammen mit dem Patienten diejenigen Items der Skala, die in dysfunktionaler Weise beantwortet worden sind (z.B. wurde starke bzw. völlige Zustimmung beim selbständigen Ausfüllen ausgedrückt).

Beispiele zu Grundannahmen

Ein Patient war wegen Depressionen in stationär psychiatrischer Behandlung. Er war 52 Jahre alt, von Beruf Landwirt, verheiratet und hatte 2 Kinder.
1. Ich muß alles unter Kontrolle haben, andernfalls bin ich ein Schwächling (… kein Mann).
2. Was früher möglich war, muß auch in Zukunft möglich sein.
3. Unordnung darf nicht sein. Dies ist ein Zeichen von Schlamperei.
4. Andere sehen mir meine Schwächen an und das darf nicht sein.
5. Wenn ich etwas ändere, d.h. aufgebe, dann ist das ein Zeichen von Schwäche.
6. Etwas Geplantes nicht zu schaffffen ist eine Katastrophe, das Ende.
7. Andere um Hilfe zu bitten ist ein Zeichen von Schwäche.

Veränderung der fehlangepaßten Überzeugungen

Die Identifikation der Grundannahmen ist notwendige, aber nicht hinreichende Bedingung für eine Veränderung. Einige Patienten sehen nach der Verbalisierung ihrer Überzeugungen deren Unangepaßtheit und Absurdität ein, bei anderen steht der Änderungsmotivation das Gefühl entgegen, daß diese Regeln sie vor unangenehmen Ereignissen zu bewahren scheinen. In jedem Fall erfordert die Überprüfung der Überzeugungen der Patienten ein behutsames therapeutisches Vorgehen. Beginnt der Therapeut zu früh, diese Annahmen in Frage zu stellen, erlebt der Patient dies als Angriff oder als Zeichen mangelnder Einfühlung. Von zentraler Bedeutung ist es, ob die Argumente des Therapeuten zugunsten einer Änderung der Grundannahmen dem Patienten einleuchten; optimal ist die eigene Einsicht des Patienten.

Daher sollte der Therapeut es vermeiden, dem Patienten Vorträge zu halten, sondern Fragen oder alternative Annahmen im Rahmen sokratischer Gesprächsführung formulieren. Bei der Identifikation von Grundannahmen und der Veränderung automatischer Gedanken geht es darum, für verzerrte Denkweisen Beweise zu erbringen, z.B. durch ein Experiment, das der Patient in der Realität durchführt. Dabei können die notwendigen Erfahrungssituationen durchaus unterschiedlich sein, wie folgendes Beispiel verdeutlicht.

> **Beispiel**:
> Der automatische Gedanke einer jungen Frau: „Ich bin häßlich", konnte überprüft werden, indem sie sich darauf einließ, die Anzahl sozialer Kontakte zu erhöhen und daran ihre Selbstwahrnehmung bewertet werden konnte. Liegt diesem automatischen Gedanken aber die dysfunktionale Überzeugung zugrunde: „Ohne die Liebe eines Mannes bin ich unglücklich", wäre dagegen die Erfahrung nötig, eine gewisse Zeit lang auch ohne männlichen Partner sich wohl fühlen zu können.

Im folgenden werden verschiedene **Interventionstechniken** vorgestellt, die sich bei der Veränderung von Grundannahmen als erfolgreich erwiesen haben:

1. Modifizierung von „Sollte-Sätzen": Dazu hat sich eine Variante der verhaltenstherapeutischen Methode der Reaktionsverhinderung und der sukzessiven Annäherung als effektiv herausgestellt, die in Schritten durchgeführt wird. Dies sei am Beispiel eines Patienten verdeutlicht, der sich seiner Frau gegenüber nur schwer durchsetzen konnte. Er hatte Angst, sie werde ihn verlassen, wenn er seine Unzufriedenheit mit ihrem Verhalten ansprechen würde. Dahinter stand die Grundannahme: „Man muß immer nett zu den Leuten sein, damit sie einen mögen". In kleinen Schritten versuchte der Patient auf Bitten des Therapeuten, sich mit seiner Frau auseinanderzusetzen. Unterstützend wurde dies zuvor im Rollenspiel geübt, um sich bewußt zu machen, welche Konsequenzen eine Mißachtung dieser Regel haben würde und um Bewältigungsmöglichkeiten zu antizipieren. Auf diese Weise gelang es dem Patienten, Konfrontationen immer größerer Tragweite mit seiner Frau zu riskieren, was schließlich zu einer positiveren Beziehung der beiden Ehepartner führte.

2. Gegenüberstellung von Vor- und Nachteilen: Soll der depressive Patient seine Grundannahmen aufgeben, sieht er nicht selten ein Überwiegen der Nachteile gegenüber den Vorteilen. Dieses Prinzip findet sich auch in seiner Wahrnehmung der Welt wieder. Stets erscheint das Nachteilige naheliegender. Das Standardvorgehen in der Therapie besteht darin, den Patienten alle nur denkbaren Vor- und Nachteile seiner Grundannahme sammeln zu lassen. Dann besteht für den Therapeuten die Möglichkeit, eventuelle Fehlwahrnehmungen mit ihm durchzusprechen. Häufig ist der Patient überrascht, daß ihm/ihr kaum Vorteile seiner alten Grundannahmen einfallen.

3. Die Rolle des Handelns: Der Therapeut fordert den Patienten auf, sich direkt in Problemsituationen hineinzubegeben, d.h. eine Art „Mutprobe" zu versuchen, um festzustellen, was in einem solchen Fall passiert. Dabei werden die automatischen Gedanken zu den Grundannahmen zurückverfolgt und diese dann in Zweifel gezogen, indem gegen diese Grundannahme gehandelt wird. Dies ist der effektivste Weg zu einer Veränderung. In der Regel stellen die Patienten im Nachhinein fest, daß ihre Befürchtungen sich nicht bewahrheitet haben. Die Anweisung lautet konkret, sich oft und lange genug zu einem solchen Handeln zu „zwingen", bis einem die

Handlung selbst immer leichter fällt bzw. sogar Spaß macht. Handlungen, die im Widerspruch zur eigenen Überzeugung stehen, bedeuten für einen Patienten eine große Überwindung, so daß es starker Motivierung durch den Therapeuten bedarf. Es gibt zwei Möglichkeiten, dies in die Tat umzusetzen: Direktes Hineinbegeben in die neue Situation (nach entsprechender Vorbereitung) oder Herantasten in kleineren Schritten.

4. Gegenargumente liefern: Aus den Informationen, die ein Patient liefert, kann der Therapeut Argumente herausarbeiten, die den Überzeugungen des Patienten widersprechen. Weiterhin kann der Therapeut seine Fragen auch so formulieren, daß aus den Antworten des Patienten solche Gegenargumente deutlich werden.

5. Bezugnahme auf das Selbstwertgefühl: Depressive neigen häufig dazu, ihr Selbstwertgefühl in Abhängigkeit vom Urteil anderer anzusehen. Die Aufgabe des Therapeuten besteht darin, dem Patienten zu verdeutlichen, daß er sich dadurch in eine unterlegene, abhängige Position bringt. Die größte Verletzbarkeit ist dann gegeben, wenn der Patient davon überzeugt ist, nur in einer Liebesbeziehung sich selbst als wertvoll empfinden zu können. Der Therapeut erfragt, ob es nicht Zeiten im Leben des Patienten gab, in denen er alleine glücklich war, was in der Regel der Fall ist. Weiterhin können Aktivitäten gesucht werden, die der Patient gern allein macht. Ein anderer Weg besteht darin, ihn mit verheirateten oder befreundeten Bekannten sprechen zu lassen, die in ihrer Beziehung unglücklich sind. In jedem Fall soll dem Patienten verständlich gemacht werden, daß Glück ein sich ändernder Zustand und nicht zwangsläufig durch Freundschaft oder Ehe zustandekommt.

6. Enthüllung der Willkürlichkeit: Eine weitere therapeutische Intervention zielt darauf ab, dem Patienten die Willkür seiner Grundannahmen zu verdeutlichen. Persönliche Lebensregeln besitzen keine universelle Gültigkeit. Ein positiver Aspekt dieser Willkür liegt in ihrer leichten Veränderlichkeit.

7. Prüfen lang- und kurzfristiger Nützlichkeit: Hierbei geht es in erster Linie darum, die langfristige Brauchbarkeit der Grundannahmen in Zweifel zu ziehen, da Patienten in der Regel von dem kurzfristigen Nutzen „Vermeidung unangenehmer Erfahrungen" überzeugt sind.

8. Zwei Fallbeispiele

1. Frau K. (46) wurde wegen wiederholten depressiven Episoden in die Klinik aufgenommen. Frühere und die gegenwärtige Phase erfüllten die Melancholiekriterien des DSM III-R. Wiederholt war es bei ihr auch zu Tabletten- und Alkoholmißbrauch gekommen, ohne daß eine Sucht vorlag. Frau K. ist in zweiter Ehe verheiratet und hat insgesamt 3 erwachsene Kinder. Sie arbeitet als Putzfrau in einer Schule.

Die auffallensten depressiven Symptome waren diffuse somatische Beschwerden (Schwindel, Schwitzen, Kopfdruck, aufsteigende Atemnot) und vor allem kognitive Auffälligkeiten (Schuldvorwürfe hinsichtlich eigener Unfähigkeiten und Schlampereien, Selbstabwertung bezüglich des Aussehens und bezüglich des Intellekts). Frau K. war überwiegend getrieben und hektisch. Sie wirkte selbstunsicher und ängstlich im Umgang mit den Mitpatienten und vor allem mit dem Personal (je mehr Autorität desto auffälliger). Frau K. sah den jetzigen Therapieversuch als letzte Hoffnung, da alle vorherigen fehlgeschlagen waren.

Die Behandlung dauerte insgesamt 8 Wochen, wobei neben drei Einzelgesprächen mit dem Verhaltenstherapeuten auch Saroten retard (75 mg, zeitweilig auch 150 mg täglich) gegeben wurde. Die Eingangsbefunde waren: Beck Inventar 31 Punkte, Hamilton Skala 24 Punkte, IDS 50 Punkte, DAS 200 Punkte, VAS (1) 10 und VAS (6) 10. Bei der Entlassung lagen die Werte bei: Beck Inventar 6 Punkte, Hamilton Skala 0 Punkte, IDS 4 Punkte, DAS 109 Punkte, VAS (1) 2,1 und VAS (6) 2,4.

Die wesentlichen Inhalte der insgesamt 22 verhaltenstherapeutischen Sitzungen waren:

1. bis 3. Gespräch: Kennenlernen, Motivierung zur Behandlung, Besprechen der bisherigen negativen Erfahrungen bei Behandlungsversuchen, Alkoholmißbrauch (Auslöser, typische Tage an denen soetwas passierte), Ausfüllen des Wochenplans (was für Aktivitäten unternimmt sie, welche Wirkungen hat das auf das Befinden).

4. bis 6. Gespräch: Planung von angenehmen Aktivitäten, vor allem am Wochenende zu Hause. Wesentlich dabei war die Reduktion sogenannter Pflichten (Kochen, Putzen, usw.), um Raum für angenehme Dinge zu schaffen. In diesem Zusammenhang wurde dann den Themen „Schlampig sein" und „Dinge unfertig und unerledigt bis zum anderen Tag liegen lassen können" durch kognitive Methoden Aufmerksamkeit gewidmet. Es wurde deutlich, daß vor allem dann Hektik, somatische Beschwerden, Alkoholmißbrauch und letzlich Depression auftraten, wenn Frau K. versuchte alle Dinge an einem Vormittag zu erledigen, von denen sie annahm, daß sie erledigt werden müssen, da sie sonst eine schlechte Haus- und Ehefrau sei; obgleich es offensichtlich war, daß die Zeit niemals ausreichen würde um alles zu schaffen. Bereits hier wurde das Tagesprotokoll negativer Gedanken eingeführt, um damit die Wirkung automatischer Gedanken auf das Befinden zu verdeutlichen.

7. bis 9. Gespräch: Frau K. führte den Wochenplan und den Aufbau angenehmer Aktivitäten weiter. Es ging bei den Sitzungen jedoch vor allem um folgende Grundüberzeugungen: „Erst die Arbeit, dann das Vergnügen" und „Lieber Unrecht leiden, als Unrecht tun". An verschiedenen aktuellen Situationen (auf der Station, zu Hause) wurde wiederholt die Bedeutung automatischer Gedanken auf das Befinden erklärt und demonstriert. Die Hausaufgaben waren dabei die selbständige Anwendung des Tagesprotokolls negativer Gedanken. Die während den Sitzungen angewendeten Interventionen waren das Suchen nach alternativen Erklärungen und situationsangemesseneren automatischen Gedanken (die vierte Spalte in dem Tagesprotokoll negativer Gedanken).

10. bis 12. Gespräch: Verschiedene aktuelle Ereignisse waren Gegenstand der Sitzungen, nämlich Hektik und Druck auf der Station in Zusammenhang mit Küchendienst der Patientin; Schwierigkeiten eigene Wünsche zu äußern auf der Station und vor allem dem Ehemann gegenüber (Sexualität); Einkaufsbummel in der Stadt und sich dabei nicht zu trauen etwas für sich zu kaufen (Sparsamkeit, Scham), wobei vor allem negative Selbstbewertungen wie „Ich bin häßlich" und „Ich bin dumm" („... da meine Eltern auch nicht intelligent sind") deutlich hervortraten. Wiederholte Rollenspiele zum Einüben richtigen Wünscheäußerns und vor allem wiederholt die Herausarbeitung der von der Patientin angelegten Kriterien (in dem Sinne, daß für sie selbst viel strengere Regeln gelten, als für den Mann, für andere Personen) bei Wünschen und bei Geldausgaben.

13. bis 15. Gespräch: Themen waren eigene „Sparsamkeit", „Angst vor der Reaktion anderer" (Autoritäten, Mitpatienten), Anspruch an eigene Leistungen und wie Dinge zu laufen haben (beim Einkauf für gemeinsames Kochen der Stationspatienten). Das Tagesprotokoll negativer Gedanken war dabei regelmäßig der formelle Rahmen, um Gefühle, Gedanken, Einstellungen, alternative Gedanken und verändertes Befinden herauszuarbeiten. Beispielhaft aus einem dieser Termine sei hier das Protokoll wiedergegeben, wo es um Autoritätsängste und „devotes Verhalten" der Patientin ging: Frau K. hatte von sich aus

Situation	Gefühle	automatische Gedanken	alternative Gedanken	veränderte Gefühle
mit Th. reden. Bitte um Reduktion der Medikamente.	matt (100), zerschlagen, beschämt, hoffnungslos (80), Panik (60).	Was mach ich bloß? Werde sicher entlassen. Man glaubt mir nicht. Wieder kein Erfolg. Ich will nicht mehr leben.	Es ist doch meine Gesundheit. Er ist doch nicht so. Wir werden einen Kompromiß finden. Ich will doch runter von den Pillen, weil es mir so viel besser geht.	stark, matt (20), Panik (0), hoffnungslos (5).

am Wochenende angefangen, nur noch die Hälfte der verabredeten Medikamentenmenge zu nehmen. In der Sitzung am Montag berichtete sie von Hoffnungslosigkeit und davon, daß alles doch keinen Sinn habe. In der ersten halben Stunde der Sitzung wurde dann daran folgendes Protokoll erarbeitet, was bei Frau K. deutliche Veränderungen bewirkte.

16. bis 19. Gespräch: Themen waren „Wünsche abschlagen, Nein sagen können, an seine eigenen Bedürfnisse denken", Verhältnis zum Sohn (29), Verhältnis zur Tochter (18), Umgang mit Arbeitskollegen und Leuten aus dem Chor. Zwei Partnergespräch über Sparsamkeit, Sexualität, Dinge alleine unternehmen, Konfliktgespräche und Umgang miteinander in schwierigen Phasen. Rollenspiele mit Rollentausch zum Wünsche äußern, Kritik äußern, Wünsche des anderen Abschlagen. Dabei wurde neben den Verhaltensfertigkeiten vor allem auf die unterschiedlichen automatischen Gedanken geachtet, die die Patientin hatte, je nach dem welche Rolle sie spielte bzw. über welche Person in der Interaktion reflektiert wurde.

20. bis 22. Gespräch: Diese ambulanten Termine drehten sich um die Beendigung der Therapie und den zukünftigen Umgang mit schwierigen Situationen (wie Umgang mit Arbeitskollegen, Einladung von Gästen, Besuch der Schwiegermutter, Ansprüche des Sohnes, Erwartungen des Ehemannes, viele Dinge sind zu tun, usw.). Wiederholt wurde das alte, gewohnte Verhalten dem neu gelernten Verhalten (auf der Handlungs- aber vor allem auf der gedanklichen Ebene) in diesen Situationen gegenüber gestellt. Zwei aktuelle Ereignisse boten sich zur erfolgreichen selbständigen Bewältigung mit dem neuerworbenen Verhalten an: Ein Besuch der Schwiegermutter (blieb über Nacht) und ein Autounfall des Mannes mit mäßig hohem Blechschaden. Der letzte Termin fand zudem nach der Wiederaufnahme der Arbeit statt.

2. Herr B. ist 43 Jahre alt, Lehrer für Mathematik und Physik an einem Gymnasium. Er ist seit 5 Jahren kinderlos mit einer Bibliothekarin verheiratet. In der ersten von insgesamt 12 ambulanten Behandlungssitzungen schildert er, daß er depressiv sei, seit er denken könne. Früher als Jugendlicher hätte sich das jedoch eher als Unsicherheit und Hemmung ausgedrückt. Auch sein älterer Bruder leide an Depressionen und wird seit vielen Jahren, ebenso wie Herr B., medikamentös, zuletzt mit Langopax und Tranxilium behandelt. Herr B. erlebt diese Behandlung als hilfreich, zumindest um aus den „furchtbaren" Tiefs draußen zu bleiben bzw. schneller wieder raus zu kommen. Er berichtet, daß es verschiedene Phasen gab, in denen es ihm richtig gut ging. Sein Großvater hat, wie Herr B. erst vor 3 Jahren erfuhr, vor 40 Jahren Selbstmord verübt, da er angeblich an Depressionen gelitten habe. Der Facharzt, bei dem Herr B. seit knapp 2 Jahren wegen den Medikamenten in Behandlung ist, diagnostizierte bei ihm eine endogene Depression (nach ICD 296.1).

Sein Elternhaus war streng, ernst, konservativ, religiös, mit hohen Erwartungen, doch ohne echtes Interesse und ohne Lob, Anerkennung oder Gefühle. Die insgesamt drei Kinder wurden zu „netten" Menschen erzogen. Es war Verpflichtung, ungeachtet der eigenen Haltung und Empfindung, immer freundlich, angenehm, zuvorkommend und zustimmend zu sein. Es war nicht erlaubt Gefühle (vor allem negative) oder sein wirkliches Selbst zu zeigen. Sich selbst zu kontrollieren und alles was man vorhatte und tat unter Kontrolle zu haben war wesentliche Aufgabe.

Bereits als Kind und die ganze Schulzeit hindurch war Herr B. sehr an Musik interessiert. Seine Stimme war so gut, daß er Gesangsausbildung (durch den Chorleiter der Schule) erhielt und wiederholt bei lokalen und kirchlichen Festen Soloauftritte hatte. Diese Fähigkeit wurde von der Familie toleriert, doch als es darum ging, ob er nach dem Abitur Musik studieren solle, versagte sein Vater ihm die Unterstützung mit den Worten: „Sein Hobby sollte man nicht zu seinem Beruf machen. Er sollte was Ernsthaftes lernen". Ohne es eigentlich zu wollen fing er dann ein Lehrerstudium am Ort seines Elternhauses an.

Die erste Phase des sich frei und gesund Fühlens erlebte Herr B. mit 22 Jahren, als er für ein knappes Jahr Austauschstudent in den USA war. Er lernte Leute kennen, hatte eine erste Freundin und vernachläßigte seine Studienfächer, um Gesang, aber auch Philosophie und Psychologie zu belegen. Obgleich er hätte länger bleiben können, ließ er sich von seinem Pflichtbewußtsein (und den Bemerkungen seiner Eltern) leiten und ging zurück in seine „enge" Welt. Eine ähnliche gute Zeit erlebte er, als er sein Referentariat in einer anderen Stadt machte. Auch damals war er mehr mit der Musik und dem Gesang beschäftigt, als mit der Schule. Er war sogar zeitweilig Mitglied in der Oper. Auch diesen „Ausbruch" beendete er dadurch, daß er in einem anderen Ort eine feste Stelle annahm. Er war nun Lehrer, obgleich er dies innerlich niemals hatte werden wollen.

In den letzten Jahren und aktuell beobachtete Herr B., daß ihm vor allem der Umgang mit Menschen schwerfällt. Es gelingt ihm noch gut, den ersten Kontakt durchzustehen, doch dann fangen die Ängste und Zweifel an. Er versucht dann weitere Kontakte zu vermeiden. Die Ängste richten sich vor allem darauf, daß es ihm bei weiteren Kontakten nicht gelingen könnte, die Kontrolle über seine Gefühle zu behalten und sein wahres Selbst zum Vorschein kommen könnte. Er befürchtet, daß seine Verunsicherung, sein Ärger und seine Aggressionen durchkommen könnten. Gefühle, die er schon immer hatte (z.B. dem Vater gegenüber), aber niemals zulassen oder zeigen durfte. Niemand außer seiner Frau hat jemals sein wahres Selbst erlebt. Auch bei seiner Frau dauerte es fast drei Jahre, bis er die Fassade aufgeben konnte.

Von Anfang an bestand die therapeutische Arbeit darin, die automatischen Gedanken und Grundannahmen zu erkennen und zu beeinflussen. Bereits in der zweiten Sitzung erhielt der Patient die Aufgabe, die drei ersten Spalten des Tagesprotokolls negativer Gedanken auszufüllen. Er brachte folgende Liste:

Auslöser/Situation	Gefühle	automatische Gedanken
1. Ein anderer Autofahrer hupt wegen mir	verunsichert	Ich hab was Falsches gemacht. Hab einen schlechten Eindruck gemacht. Mach einen Narr aus mir.
2. Kollege versteht mich akustisch nicht	verunsichert, ärgerlich	Ich sollte so laut reden, daß andre mich verstehen. Er sollte mich so respektieren, daß er sich mehr bemüht mich zu verstehen.
3. Schüler stört im Unterricht	verunsichert, verärgert	Ich sollte genügend Einfluß haben, dies zu unterbinden. Die Schüler sollten mich respektieren.
4. Biege links ab, statt rechts	verärgert, verunsichert	Sie (Ehefrau) hätte es mir sagen müssen. Ich hätte es wissen müssen. Ich habs vermasselt.
5. Bringe etwas Falsches aus dem Supermarkt.	verärgert, deprimiert	Sie hätte es deutlicher sagen sollen. Wieder ein Fehler. Ich hätte es wissen müssen.
6. Komme zu spät zu einer Verabredung	beschämt, verärgert	Ich hätte pünktlich sein müssen. Ich hätte das wissen müssen (Verkehrsstau) und früher losfahren müssen.
7. Wochenendplan geht schief, erreichen Zielort nicht	frustriert, verärgert, verunsichert	Pläne sollten eingehalten werden. Ich hab den Plan gemacht. Nun sieht es aus, wie wenn es mein Fehler ist. Ich bin der Dumme.
8. Meine Frau versteht nicht, wie ich ihr erkläre, daß renovierte Türen des antiken Bücherschranks wegen ihren Büchern nicht zugehen und sie diese anders ordnen muß.	wütend, verärgert	Sie hätte der Sache so folgen sollen, daß sie es auch ohne lange Erklärung verstanden hätte. Sie kümmert sich nicht um mich und was ich tue. Niemand hört auf mich.

Der nächste Schritt bestand nun darin, mit Herrn B. diese vielen **„Sollte"-Äußerungen** zu hinterfragen und alternative, passendere Gedanken für die jeweiligen Situationen zu finden. Rasch kamen verschiedene **Grundannahmen** hinter diesen Gedanken zum Vorschein: Seine wahren Gefühle zu zeigen gehört sich nicht. Sei immer nett, zuvorkommend, freundlich zu anderen. Zeige nie deine Gefühle. Verliere nie die Kontrolle. Laß die Finger von Dingen, die du nicht gut kannst (Anspruch: Bester sein zu wollen). Vermeide Mißerfolge, Risiken, sonst halten andere dich für einen Narr. Dinge haben so wie geplant abzulaufen (Perfektionismus, Rigidität). Dinge, die Spaß und Freude bereiten, zählen nicht. Das Leben ist nicht dazu da, sich nur nach dem Vergnügen zu richten.

Das Tagesprotokoll negativer Gedanken erwies sich einmal mehr als hilfreiche Arbeitsmaterialie. Herr B. gewöhnte sich an, täglich diese Spalten auszufüllen und selbständig an seinen verzerrten, dysfunktionalen Gedanken (Regeln) zu arbeiten. Im Verlauf des wiederholten Arbeitens an diesen Kognitionen (immer in der derselben Weise: Erkennen der konkreten Auslöser, der Gefühle dabei, der verantwortlichen automatischen Gedanken, der Grundannahmen; dann in sokratischer Weise die Einseitigkeit, die falsche Logik der Überzeugungen aufzeigen bzw. selbst erkennen lassen; danach festhalten, was passendere Kognitionen wären bzw. wie die bisherigen Überzeugungen zu ändern wären und wie die Umsetzung dieser neuen Kognitionen in der Wirklichkeit gelingen könnte und zu welchen Gefühlen diese Veränderung führt) gelang es Herrn B. immer besser, von seinen überzogenen Gedanken Abstand zu nehmen, seine Gefühle zuzulassen, sie zu zeigen (zuerst seiner Frau, dann auch verschiedenen Kollegen) und gelassener zu reagieren.

Bei einem telefonischen Kontakt einen Monat nach Abschluß der kurzen Behandlung berichtete Herr B., daß er in Absprache mit seinem Arzt die Medikamente reduziert habe. Er habe nach über 12 Jahren wieder angefangen Musik zu machen und zu singen. Mit seiner Frau sei er wieder in einem Konzert gewesen und sie hätten Karten für die Oper.

Verbesserung sozialer Fertigkeiten

1. Thematische Einführung

Die starke Passivität und Zurückgezogenheit depressiver Patienten, aber auch Tendenzen zur Selbstabwertung und Gefühle der Wertlosigkeit gehen oft einher mit mehr oder weniger gravierenden sozialen Defiziten dieser Patienten. Schwierigkeiten, Gespräche mit anderen Menschen anzufangen oder aufrechtzuerhalten, positive oder negative Gefühle offen zu äußern oder eigene Wünsche in sozialen Situationen adäquat durchzusetzen, werden oft von depressiven Patienten beklagt. Diese Schwierigkeiten führen dazu, daß positive Erfahrungen im Kontakt mit anderen Menschen kaum gemacht werden können und so ein Verlust von sozialen Verstärkern entsteht. Die Vermittlung sozialer Fertigkeiten kann daher ein wesentlicher Bestandteil der Verhaltenstherapie bei Depressionen sein, um einen Aufbau positiver Aktivitäten im sozialen Bereich und eine Veränderung kognitiver Wahrnehmungsmuster und Strukturen zu ermöglichen. Deshalb ist es notwendig, die Stärken und Schwächen der sozialen Fähigkeiten des Patienten einzuschätzen und zu analysieren, um dann indikativ die individuellen Probleme des Patienten im Bereich sozialer Kompetenz zu bearbeiten.

Zum Begriff der „sozialen Kompetenz"

Mit **sozialer Kompetenz** läßt sich die Fähigkeit einer Person bezeichnen, ihre alltäglichen Beziehungen zu anderen Personen (Freunde, Partner, Bekannte, Arbeitskollegen, Fremde) so zu gestalten, daß sie ein hohes Maß an positiven und angenehmen Konsequenzen erfahren kann. Dazu gehört sowohl die Wahrnehmung und Verwirklichung eigener Ansprüche und Wünsche, als auch die Berücksichtigung von Wünschen und Ansprüchen von Sozialpartnern, gesellschaftlichen Normen und ähnlichem. Damit definiert „soziale Kompetenz" die Fähigkeit, jeweils in angemessener Weise einen Kompromiß zwischen Selbstverwirklichung und Anpassung zu finden. Um ein möglichst hohes Maß an positiven Konsequenzen zu erreichen und die Rate belastender Ereignisse niedrig zu halten, sind folgende Fertigkeiten notwendig:

- Eine Person muß ihre eigenen Wüsche und Ansprüche in bezug auf ihre Umwelt, aber auch die Anforderungen und Wünsche ihrer sozialen Umwelt in bezug auf sich selbst wahrnehmen und verarbeiten können (soziale Wahrnehmung).
- Sie muß sowohl im verbalen als auch im nonverbalen Bereich in adäquater Weise auf ihre Sozialpartner zugehen oder auf sie reagieren können.
- Sie muß in der Lage sein, unterschiedliche

(auch belastende) soziale Situationen angemessen einzuschätzen und zu bewältigen.
- Sie muß sich der möglichen Ressourcen und Hilfen ihrer Umwelt zur Bewältigung von Situationen in adäquater Weise bedienen können.

Es gibt jedoch **kein „richtiges"**, sozial kompetentes Verhalten, das man lernen könnte wie die richtige Grammatik einer Fremdsprache. Soziale Kompetenz hängt immer von der Wahrnehmung der eigenen Person ab und der Einschätzung, die andere Personen von einem gewinnen und rückmelden.

Zusammenhang zwischen Depression und sozialer Kompetenz

Therapeutische Erfahrungen mit depressiven Patienten, aber auch viele psychologische Untersuchungen (vgl. HAUTZINGER 1979) haben ergeben, daß Menschen mit depressiven Störungen häufig auch Probleme im Bereich sozialer Interaktionen haben. So nehmen depressive Menschen nur selten aktiv und von sich aus Kontakt zu anderen Menschen auf, sie äußern weniger positive Gefühle anderen Menschen gegenüber und erhalten auch weniger positive Rückmeldungen als andere. Depressive sind in sozialen Situationen weniger umgänglich und reagieren besonders empfindlich, wenn man sie ignoriert oder zurückweist. Meist sind sie selbstunsicher und haben wenig Durchsetzungsvermögen; es gelingt ihnen selten, sich für die eigene Sache adäquat einzusetzen und ihre eigene Meinung zu vertreten. Werden Menschen mit depressiven Störungen von anderen Sozialpartnern in sozialen Situationen beobachtet, so werden sie häufig als sozial ungeschickt eingestuft und u.U. abgelehnt.

Die Ursache für diese fehlende soziale Kompetenz kann unterschiedlicher Natur sein:
- Die Fähigkeit, mit anderen in sozialen Situationen in adäquater Weise umzugehen, ist nie gelernt worden.
- Der Patient kann aufgrund seiner niedergeschlagenen Stimmung und Selbstabwertung soziale Kontakte nicht mehr in angemessener Weise aufnehmen und aufrechterhalten.

Soziale Kompetenz ist also daher in doppelter Weise mit depressiven Störungen verbunden:
1. Ausreichende soziale Fertigkeiten (wie die oben beschriebenen) stellen eine Voraussetzung dafür dar, daß das Individuum in ausreichendem Maße positive Rückmeldungen aus seiner Umwelt erfährt und somit ein positives Selbstwertgefühl aufbauen kann.
2. Es ist ihr/ihm dadurch möglich, verschiedenartige Situationen seines sozialen Alltags (z.B. Lebensmittel einkaufen, mit Kollegen zusammenarbeiten, Freundschaften schließen) zu bewältigen und zu gestalten. Soziale Defizite und damit fehlende positive Verstärker führen in der Regel zu erhöhter Angst im sozialen Bereich, die wiederum Zurückgezogenheit und Passivität auslöst und so zur Entstehung und Aufrechterhaltung von depressiven Stimmungen beitragen kann.

Zielsetzung dieses Behandlungselements

Für depressive Patienten halten wir folgende Zielbereiche für wichtig:
1. Der Patient soll in die Lage versetzt werden, seine eigenen Wünsche und Ansprüche in seiner sozialen Umwelt in effektiver Weise durchzusetzen. Dazu gehört zunächst, daß der Patient bei sich selbst Ansprüche und Wünsche identifizieren und benennen und damit auch eigene Zielsetzungen akzeptieren kann. Zur Durchsetzung solcher Wünsche ist aber auch die Wahrnehmung und Anerkennung von Wünschen anderer Sozialpartner notwendig, sowie die Fähigkeit, solche (vielleicht teilweise konkurrierenden) Wünsche mit seinen eigenen Zielen in Einklang zu bringen.
2. Da depressive Patienten ihrer Umwelt häufig sehr negativ und verbittert gegenüberstehen und es meist nicht fertigbringen, positive Äußerungen im sozialen Kontakt zu machen, ist es wichtig, mit dem Patienten die Äußerung von positiven Gefühlen (z.B. Komplimente machen, Wohlbehagen oder Freude ausdrücken, jemanden loben oder unterstützen, sich entschuldigen) in bezug auf seine Sozialpartner einzuüben. Hier ist es wesent-

lich, darauf zu achten, daß solche positiven Äußerungen zur richtigen Zeit und zusammen mit kongruenten, nichtverbalen Signalen einhergehen. Die Fähigkeit, positive Gefühle zu äußern, ist eine wesentliche Voraussetzung dafür, von der sozialen Umwelt anerkannt und geschätzt zu werden und somit positive Verstärker zu erhalten.

3. Ähnlich wichtig für depressive Patienten ist die Fähigkeit, soziale Kontakte oder Aktivitäten selbständig zu initiieren und aufrechtzuerhalten. Hierzu gehört ebenso die Fähigkeit, auf ein Gegenüber eingehen und zuhören zu können, wie auch selbst Themen von eigenem Interesse einzubringen.
4. Die Fähigkeit zum Problemlösen ist eine zentrale, allgemeine „Fertigkeit", die hilft, planvoll mit Krisensituationen umzugehen und auch bereits antizipatorisch vorhersehbare Probleme zu identifizieren und damit besser für sie gerüstet zu sein.

Die Verbesserung sozialer Fertigkeiten im Rahmen einer Verhaltenstherapie bei depressiven Störungen stellt eine meist notwendige Ergänzung zum Aufbau positiver Aktivitäten und zur Veränderung von Kognitionen dar. Dieser Therapieteil sollte daher auf keinen Fall vernachlässigt werden, da durch Methoden des Rollenspiels und durch Verhaltensübungen (die in den beiden anderen Elementen ebenfalls wichtig sind) diagnostische und damit auch therapeutische Möglichkeiten der Veränderung depressiver Stimmungen eröffnet werden.

2. Vorbereitungen, Methoden, Hilfsmittel

Vorbereitungen

Bevor in den folgenden Teilen dieses Kapitels erklärt wird, auf welche Weise grundsätzliche soziale Basiskompetenzen eingeschätzt und vermittelt werden, individuelle Problembereiche bearbeitet und der Umgang mit Belastungssituationen (mit Hilfe von Techniken des Problemlösens) eingeübt werden, sollen in diesem Abschnitt einige grundlegende Hinweise gegeben werden, die zur Vorbereitung eines sozialen Kompetenztrainings notwendig sind. Außerdem werden die Methoden des Rollenspiels, des Modellernens und von in-vivo-Übungen beschrieben.

Die „Verbesserung sozialer Fertigkeiten" setzt voraus, daß Therapeut und Patient sich in möglichst partnerschaftlicher Weise über Ziele und Vorgehen verständigen können. Aus diesem Grund sollten Therapeut und Patient ein gemeinsames Verständnis dafür erarbeiten, was unter sozialer Kompetenz zu verstehen ist. Außerdem sollte dem Patienten die Logik des therapeutischen Vorgehens (v.a. Rollenspiel) einsichtig gemacht werden.

Das Therapeutenverhalten sollte während des ganzen Vorgehens (besonders am Anfang) ermutigend sein und als positiver Verstärker für den Patienten dienen. Gleichzeitig sollte jedoch darauf geachtet werden, das soziale Verhalten des Patienten (während des Rollenspiels) möglichst genau zu beobachten. Sein/ihr Verhalten in der jeweiligen Situation sollte im Hinblick auf Wirksamkeit und Angemessenheit, möglichst objektiv rückgemeldet werden. Es kommt also für den Therapeuten darauf an, eine Balance zu finden zwischen einer realitätsgerechten und ehrlichen Rückmeldung und einem ermutigenden, fördernden Kommunikationsstil.

Beispiel:
Frau L. hat aufgrund ihrer häufigen Depressivität Probleme, als Verkäuferin für Oberbekleidung in einem Kaufhaus aktiv auf die Kunden zuzugehen und sie zu beraten. Meist steht sie in einer Ecke ihrer Abteilung, traut sich nicht, die Kunden von sich aus anzusprechen und wird nur dann aktiv, wenn sie selbst um Rat gefragt wird. Wegen ihres passiven Verhaltens ist sie von ihrem Abteilungsleiter schon mehrmals gerügt worden. In der Therapie wird vereinbart, eine solche Situation in einem Rollenspiel nachzustellen. In der Spielsituation geht Frau L. zwar ohne Zögern auf den „Kunden" zu und fragt ihn nach seinen Wünschen, sie spricht ihn jedoch nicht direkt an, sondern eher etwas seitwärts, hält kaum Augenkontakt und spricht mit sehr leiser Stimme. Der Thera-

peut versucht hier, zunächst die positiven Anteile am Verhalten von Frau L. herauszuarbeiten, und lobt Frau L. auch, weil sie diese für sie angstauslösende Situation ohne Zögern gespielt hat. Daraufhin fragt er sie nach ihren Eindrücken zu der gespielten Situation und schildert im Anschluß seine eigenen Eindrücke, wobei er hier auf die Verhaltensdefizite während des Spielens eingeht und aufzeigt, welche Reaktionen dieses Verhalten bei ihm als „Kunden" ausgelöst hat. Er hilft ihr, ihr Verhalten zu verändern, indem er seine Veränderungswünsche formuliert (z.B. „Können Sie versuchen, mich anzuschauen und etwas lauter zu reden?") und sie nicht durch destruktive Kritik hilflos macht und verunsichert (z.B. „Das war aber schlecht. So kann das nichts werden. Machen Sie das Ganze noch einmal!").

Verhaltensbeobachtung

Eine wichtige Voraussetzung für die Verbesserung sozialer Fertigkeiten ist die adäquate und realistische Einschätzung der Schwächen und Stärken des Patienten im sozialen Umgang mit anderen Menschen. Neben der Erfassung der individuellen Zielvorstellungen des Patienten ist dies die wesentliche Grundlage für die Entscheidung, welche therapeutischen Inhalte und Methoden zur Verbesserung sozialer Fertigkeiten gewählt werden.

Grundsätzlich müssen hierzu folgende **Fragen** beantwortet werden:
- Ist der Patient in der Lage, soziale Problemsituationen adäquat wahrzunehmen und zumindest im Nachhinein eine angemessene Verhaltensstrategie zu entwickeln?
- Gibt es übertriebene Ängste oder Hemmungen, die die soziale Wahrnehmung, die Planung und Ausführung sozial kompetenten Verhaltens behindern?
- Gibt es Verhaltensdefizite oder unangemessene Verhaltensweisen, die soziale Interaktionen erschweren oder verhindern?

Zur Beantwortung dieser Fragen können Methoden der Selbsteinschätzung und Selbstbeobachtung oder der direkten Beobachtung verwendet werden. Das grundsätzliche Vorgehen bei der Selbstbeobachtung wurde bereits im Behandlungselement zum Aufbau positiver Aktivitäten beschrieben. Spezielle Formen der Anwendung solcher Methoden bei einer Verbesserung sozialer Fertigkeiten werden in Abschnitt 3 dieses Kapitels erwähnt.

Der Therapeut sollte sich bei direkten Beobachtungen der sozialen Verhaltensweisen des Patienten an **Kriterien** orientieren:
- verbale Komponenten (auf den andern eingehen, Frage beantworten, selbst Fragen stellen, positive oder negative Gefühle äußern, usw.);
- nonverbale Komponenten in Zusammenhang mit dem gesprochenen Inhalt (z.B. Stimmlage und Stimmvolumen, Sprachflüssigkeit, Augenkontakt, Lächeln, usw.);
- motorische Verhaltensweisen (Körperhaltung, Gesten, Kopfnicken, Mimik, usw.);
- interaktive Komponenten (z.B. die adäquate Wahrnehmung der Aktionen des Partners, zuhören können, usw.).

Rollenspiel

Das verhaltenstherapeutische Rollenspiel ist zusammen mit den Verhaltensübungen in natürlichen Situationen die zentrale Methode zur Verbesserung sozialer Fertigkeiten bei Patienten mit depressiven Störungen. Das konkrete Spielen vergangener oder zukünftiger Situationen und die Übernahme von Rollen vereinigt in dieser Methode die Möglichkeit der diagnostischen Einschätzung sozialer Verhaltensweisen, wie auch die gezielte, systematische Übung bestimmter Aspekte sozialen Verhaltens. Besonders problematische Verhaltensaspekte können mehrmals wiederholt und gründlich besprochen werden; für den Patienten angstauslösende Situationen können in einer wenig belastenden Atmosphäre erprobt werden.

Herausarbeiten einer spielbaren Situation: Aufgrund der Informationen über die sozialen Probleme des Patienten suchen Patient und Therapeut Situationen für die Verhaltensübung aus, die nach Möglichkeit drei Kriterien erfüllen sollten: Sie sollen die zentralen Schwierigkeiten des

Patienten berühren, sie sollen im Rollenspiel gut zu simulieren sein und der Patient soll sie in der Realität aufsuchen oder herstellen können. Der Therapeut fordert den Patienten daraufhin auf, in einer kurzen Einführung in die Situation den äußeren Rahmen, sein eigenes Verhalten und das der beteiligten Personen zu schildern. Dabei sollte man sich (auch im weiteren Umgang mit sozialen Interaktionen) an folgenden **fünf Bestimmungsstücken** orientieren:

- **Ort und Zeit**: Wann und wo hat die fragliche Interaktion stattgefunden (bzw. soll stattfinden)? Wie können die äußeren Bedingungen im Rollenspiel am besten simuliert werden?
- **Partner**: Wer ist der Interaktionspartner? In welcher Beziehung steht er zum Patienten? Wie geht er üblicherweise mit ihm um? Gibt es weitere Mitspieler?
- **Handlung**: Was geschieht im Verlauf des gesamten Rollenspiels? Wie lange dauert die Sequenz in etwa?
- **Partnerverhalten**: Wie verhält sich der Rollenspielpartner nonverbal und verbal? Was macht und sagt er im einzelnen?
- **eigenes Verhalten**: Wie verhält sich der Patient nonverbal und verbal? Was macht und sagt er im einzelnen?

Der **äußere Rahmen der Rollenspielsituation** sollte möglichst wirklichkeitsgetreu gestaltet werden (z.B. notwendige Bewegungsabfolgen zulassen, wichtige Gegenstände bereitstellen oder simulieren, Arrangement von Stühlen und Tischen wie in der Realsituation), jedoch sollte darauf geachtet werden, daß hier vor allem das Verhalten des Patienten im Vordergrund steht und nicht das Herrichten des äußeren Rahmens zu einer Theaterbühne. Der Therapeut sollte sich als Rollenspielpartner im allgemeinen so natürlich wie möglich verhalten. In bestimmten Situationen kann es jedoch angezeigt sein, sein Verhalten zur Verdeutlichung spezieller Aspekte zu unter- oder übertreiben.

Das Rollenspiel in einer bestimmten Situation wird mit den erforderlichen Korrekturen solange geübt, bis das vorher festgesetzte Ziel erreicht ist. Das Verhalten des Patienten kann korrigiert werden, indem (a) die Verhaltensweisen des Patienten nach dem jeweiligen Durchgang besprochen werden (siehe unten), (b) der Therapeut die Rolle des Patienten als Modell übernimmt und damit korrigiert, (c) der Therapeut während des Rollenspiels eingreift und bestimmte Hilfestellungen gibt.

Für ein therapeutisches Modell ist es wichtig, die Rolle nicht zu perfekt auszufüllen, da sonst der Patient Schwierigkeiten hat, ein solches Modell zu akzeptieren und zu übernehmen. Es ist ein abgestuftes Modell vorzuziehen, bei dem zu Beginn des Rollenspiels Ängste oder Schwierigkeiten bei der Aufgabenbewältigung (ähnlich wie die des Patienten) ausdrücklich mit einbezogen werden. Erst im weiteren Verlauf des Rollenspiels wird demonstriert, was man aktiv gegen seine Schwierigkeiten unternehmen und wie man sie schließlich bewältigen kann. Im Anschluß daran kann der Patient versuchen, sein Verhalten zu verändern.

Therapeutische Eingriffe („coaching") während des Rollenspiels sollten nach Möglichkeit nur dann in Betracht gezogen werden, wenn der Therapeut nicht gleichzeitig Rollenspieler ist. Dies trifft vor allem dann zu, wenn das Rollenspiel zusammen mit Sozialpartnern des Patienten durchgeführt wird oder wenn Kotherapeuten zu dieser Aufgabe herangezogen werden. Hierbei kann der Therapeut verbale Hilfestellungen (z.B. Aufforderungen wie „Blickkontakt" oder „Sprechen Sie lauter") oder auch praktische Anleitungen geben. Dies sind besonders intensive Hilfestellungen, bei denen der Therapeut z.B. die Bewegungen des Patienten mit den Händen führt oder bestimmte Äußerungen vorspricht.

Zum direkten Eingreifen des Therapeuten während des Rollenspiels zählen auch Verstärkungen, die bei gelungenen Rollenspielpassagen den Erfolg für den Patienten direkt rückmelden können. Gerade bei unsicheren Patienten läßt sich dadurch eine größere Verhaltenssicherheit und ein entschiedeneres Auftreten erreichen.

In der **Nachbesprechung** hat der Therapeut die Möglichkeit, jedes gelungene Verhaltensdetail des Patienten hervorzuheben und seine Einschätzung zu begründen. Zusätzlich können hier auch begründete Korrekturen am Verhalten des Patienten angebracht werden. Damit dient die Nachbesprechung meist auch der Vorbereitung eines neuen Rollenspiels. Eine weitere wichtige Funktion der Nachbesprechung ist auch, dem

Patienten die Möglichkeit zu geben, sozial sicheres von unsicherem Verhalten zu unterscheiden und sich selbst für gelungenes Verhalten zu bekräftigen. Deshalb kann es nach einigen ersten Rollenspielen sinnvoll sein, den Patienten zunächst selbst einschätzen zu lassen, welche Teile des Rollenspiels er gut gelöst hat. Im Vordergrund steht jedoch in jedem Fall, den Patienten in der Rolle und der Aufgabe zu verstärken und ihn so zu weiteren Versuchen zu ermutigen.

Die Anforderung, gewohnte und eingeschliffene Verhaltensweisen ändern zu wollen/müssen, kann auch bei gesunden Personen angstauslösend sein. Bei der Methode des Rollenspiels treten noch weitere Ängste hinzu: Eine erste zu überwindende Hürde ist oft die Angst des Patienten, sich „schauspielerisch" zu produzieren und darstellen zu müssen. Solche Ängste sind zwar verständlich, da sie nicht nur bei (selbstunsicheren) Patienten auftreten, müssen jedoch vom Therapeuten berücksichtigt und bearbeitet werden, da sonst die Kooperation in der Therapie erschwert werden kann. Weiterhin sollte der Therapeut beachten, daß jedes Rollenspiel für den Patienten eine „Prüfungssituation" ist, in der sein Verhalten daraufhin getestet und bewertet wird, inwieweit es in der jeweiligen Situation angemessen ist oder welche Fortschritte bisher in der Verhaltensänderung schon erreicht wurden. Die „Leistungen" während der ersten Rollenspiele sind daher meistens auch schlechter als in der Realsituation.

Um solche sehr häufig auftretenden **„Leistungs- und Selbstdarstellungsängste"** soweit wie möglich zu vermindern, sollte der Therapeut bei der **Durchführung von Rollenspielen** auf folgende Punkte achten:

1. Die Funktion des Rollenspiels im Therapieverlauf sollte dem Patienten vorher genau erklärt werden. Dabei ist es wichtig, das Rollenspiel nicht als einzige therapeutische Methode der Wahl darzustellen, um keine zu hohe Erwartungsspannung beim Patienten aufzubauen.
2. Bei ängstlichen und selbstunsicheren Patienten ist es meist sinnvoll, vor dem eigentlichen Rollenspiel mit einer Aufwärmphase zu beginnen. Dies können Vorübungen zum Rollenspiel wie z.B. „umhergehen auf dem Marktplatz", „einen Bekannten grüßen" oder „in einer fremden Stadt nach einer Straße fragen" sein. Der Therapeut sollte sich an diesen Vorübungen beteiligen, um dem Empfinden des Patienten, sich als Marionette zu fühlen, entgegenzuwirken.
3. Sofern es in der Therapie als sinnvoll erachtet wird, können auch diagnostische Rollenspiele einen leichteren und angstfreieren Einstieg in die Methode des Rollenspiels ermöglichen. Dies kann etwa folgendermaßen eingeführt werden: „Ich glaube, daß ich ihr Problem soweit ganz gut verstanden habe. Um aber ganz sicher zu sein, wie es ihnen jeden Morgen bei Dienstantritt geht, versuche ich einmal, ihre Rolle vorzuspielen. Bitte korrigieren Sie mich, wenn ich irgendetwas nicht richtig verstanden habe und deswegen falsch mache." Durch diese Einführung in das Rollenspiel kann der Patient, wenn er mit bestimmten Verhaltenseinheiten nicht einverstanden ist, aufgefordert werden, diese kurz selbst vorzumachen.

Verhaltensübungen in der Realsituation

Schon bei der Durchführung des Rollenspiels ("Herausarbeiten einer spielbaren Situation") sollte darauf geachtet werden, daß die im Rollenspiel erlernten Verhaltensweisen später in die Realität übertragen werden können. In-vivo-Übungen sind deshalb eine unabdingbare Ergänzung zu Rollenspielen, da die Erfahrungen des Patienten mit derartigen Übungen darüber entscheiden, ob und wie häufig das neu erworbene Verhalten tatsächlich gezeigt wird.

Der Patient sollte daher vom Therapeuten im Anschluß an die Rollenspiele dazu ermuntert werden, dieses neu erworbene Verhalten auch in seinem Alltag auszuprobieren. Dies stellt jedoch für viele Patienten eine gewissen Hürde dar, da sie häufig befürchten, die neu erworbenen Verhaltensweisen noch nicht ausreichend zu beherrschen oder negative Reaktionen aus ihrer Umwelt hervorzurufen.

Bei anfänglichen Übungen in der Lebenswelt des Patienten ist es daher ratsam, um den Patienten nicht zu überfordern, solches Zielverhalten auszuwählen, das in der Rollenspielsituation gut beherrscht wird. Zusätzlich sollten Situationen in der Realität ausgesucht werden, die für den Patienten möglichst wenig angstauslösend sind. Darüberhinaus sollten diejenigen Übungen zuerst in Angriff genommen werden, bei denen der Interaktionspartner eher mit Zustimmung, denn mit Ablehnung reagieren wird.

Der Patient sollte auch darauf hingewiesen werden, daß er unter Umständen seinen Mitmenschen sein verändertes Verhalten erklären muß. In dieser Phase kann es daher hilfreich sein, Bezugspersonen des Patienten in die Behandlung mit einzubeziehen und sie so zumindest auf die Verhaltensänderungen des Patienten vorzubereiten.

Bei bestimmten In-vivo-Übungen ist es angebracht, daß der Therapeut den Patienten unterstützend begleitet. Auf jeden Fall muß der Therapeut vom Patienten durchgeführte Übungen in der Therapiesitzung ausführlich besprechen. Dabei sollte auch auf die Kognitionen und die Gefühle des Patienten während der Verhaltensausführung besprochen werden. Mißlungene bzw. nur ansatzweise gelungene Übungen sollten gleich wiederholt und im Rollenspiel weiter geübt werden.

Hilfsmittel

Für die Vermittlung und Verbesserung sozialer Fertigkeiten, sowie für die Verlaufs- und Erfolgskontrolle und die Diagnostik kann der Therapeut auf eine Reihe von Hilfsmitteln zurückgreifen, die im folgenden kurz beschrieben sind. Der Einsatz dieser Hilfsmittel sollte jedoch nicht routinemäßig vorgenommen werden, sondern immer auch von der jeweiligen Problemlage und dem Therapieverlauf abhängig gemacht werden.

Standardsituationen sozialer Interaktionen sind vorformulierte Szenen, in denen gezielt einzelne oder mehrere Verhaltensaspekte im Rollenspiel gefordert und eingeübt werden können (z.B. Augenkontakt halten, Durchsetzen

---

Standardsituationen für Rollenspiele

1. „Ein bekannter Musiker, den Sie sehr gerne mögen, gibt heute Abend ein Konzert in der Stadthalle, zu dem Sie von einem Freund zwei Karten bekommen haben. Sie entschließen sich nach einigem Überlegen, eine Bekannte zu fragen, ob sie Lust hätte, mit Ihnen das Konzert zu besuchen. Sie glauben, daß sie auch diese Art von Musik mag, da Sie bei ihr schon mehrere Schallplatten dieses Musikers gesehen haben. Sie treffen diese Bekannte zufällig beim Einkaufen und während des dabei entstehenden Gesprächs sagen Sie:..."

2. Ein Freund möchte gerne Ihr neues Auto für den Abend borgen. Sie sind sehr stolz auf Ihren neuen Wagen und auf sein makelloses Aussehen und möchten ihn eigentlich nicht gern verleihen. Ihr Freund sagt: „Du, mein Auto ist gerade in der Reparatur. Kann ich dafür Deins haben? Ich fahr dich schnell nach Hause und bring es Dir dann wieder zurück, okay?"

3. „Sie haben bei einer großen Firma einen Termin für ein Vorstellungsgespräch bei einem Herrn Müller. Als Sie den Bürotrakt betreten, sehen Sie eine Empfangsdame an einem Schreibtisch sitzen. Sie wollen ihr den Grund Ihres Hierseins erklären und sich vorstellen. Sie schaut auf, lächelt Sie an und sagt: „Was kann ich für Sie tun?"

4. „Eine Kollegin und Sie haben beide die Aufgabe bekommen, in Ihrem Arbeitsbereich eine bestimmte Arbeit zusammen auszuführen. Sie haben diese Art von Arbeit schon oft gemacht und glauben, sehr genau zu wissen, wie man vorgehen muß. Ihre Kollegin schlägt jedoch eine Methode vor, von der Sie wissen, daß sie langsam und ineffektiv ist. Sie wollen ihr widersprechen und eigene Vorschläge machen. Sie sagen: ..."

5. „Ein guter Freund erzählt Ihnen, daß er an seiner Arbeitsstelle gerade befördert worden ist. Sie freuen sich wirklich mit ihm und möchten ihm gratulieren, da er den Mehrverdienst wirklich brauchen kann und sich sehr auf die neue Verantwortung freut. Als Sie ihn treffen, sagt er: „Grüß Dich, hast du schon gehört? Ich bin zum Geschäftsführer der neuen Filiale unserer Firma befördert worden!"

6. „Ein Bekannter und Sie stehen vor einem Kino in der Schlange, um Karten für den neuesten Film zu bekommen. Sie haben bereits in der Kälte etwa eine halbe Stunde gewartet und die Schlange bewegt sich gerade langsam vorwärts. Da kommen zwei Jungen und drängen sich direkt vor Ihnen in die Schlange. Sie ärgern sich darüber und wollen etwas dagegen tun. Deshalb gehen Sie zu ihnen hin und sagen …"

7. „Sie haben in der letzten Zeit sehr hart an Ihrem Arbeitsplatz an einer speziellen Aufgabe gearbeitet und gute Ergebnisse erzielt. Ihr Vorgesetzter kommt vorbei, um Sie zu beglückwünschen. Er sagt: „Herr …, ich möchte Ihnen sagen, daß Sie in den letzten Wochen an diesem Projekt wirklich sehr gute Arbeit geleistet haben. Sie sind einer meiner besten Angestellten."

8. „Sie möchten gerne eine enge Freundin anrufen und sie fragen, ob sie Lust hat, heute nachmittag zum Kaffee zu kommen. Sie rufen sie an und sprechen über alltägliche Sachen. Sie scheint gerade nichts zu tun zu haben und ist vielleicht auch am Nachmittag frei. Als eine kurze Pause entsteht, beschließen Sie, sie zu fragen, ob sie heute Nachmittag vorbeikommen möchte. Sie sagen: …"

9. „Während einer Pause an Ihrem Arbeitsplatz unterhalten sich Ihre Kollegen über aktuelle Kinofilme. Irgend jemand schimpft über einen Film, den sie kürzlich gesehen haben und der Ihnen sehr gut gefallen hat. Er ist sehr ärgerlich und sagt: „Das war ein unheimlich schlechter Film. Total rausgeschmissenes Geld!" Sie haben genau die gegenteilige Meinung und wollen ihm widersprechen. Sie sagen also: …"

10. „Sie bekommen an Ihren Arbeitsplatz eine neue Kollegin, die heute den ersten Tag da ist. Sie wirkt sehr schüchtern und einsam und kennt wohl niermanden. Sie möchten sich gerne mit ihr bekannt machen und ihr was Nettes sagen, da Sie in Zukunft mit ihr arbeiten werden. Sie gehen zu ihr rüber und sagen: …"

11. „An Ihrem Arbeitsplatz sind Sie gerade befördert worden, und haben jetzt eine Stelle, die weit besser bezahlt wird und bessere Arbeitsbedingungen hat. Sie freuen sich sehr darüber. Sie treffen einen Freund auf der Straße, der zu Ihnen sagt: „Ich hab von Deiner Beförderung gehört. Das ist jat toll!"
Sie antworten …"

12. „Sie waren abends bei Freunden zum Essen eingeladen. Die Gastgeberin hat sich offensichtlich sehr viel Mühe mit dem Essen gegeben und hat ein sehr gutes fünfgängiges Menü aufgetischt. Als Sie gehen, werden Sie von ihr zur Tür gebracht. Sie wollen ihr für den schönen Abend und das gute Essen danken. So sagen Sie: …"

13. „Sie wollen gerade ins Bett gehen, es ist zwölf Uhr an einem Donnerstag Abend. Ihr Nachbar in der Wohnung über Ihnen hat noch sehr laute Musik an. Vor allem die Baßtöne dröhnen durch Ihr Schlafzimmer. Sie müssen am nächsten Morgen sehr früh aufstehen und Sie befürchten, daß Sie mit dem Lärm kaum schlafen können. Deshalb rufen Sie Ihren Nachbarn, dessen Telefonnummer Sie haben, an, um ihn zu fragen, ob er die Musik leiser stellen kann. Sie wissen, daß er gern laut Musik hört, aber jemand ist, mit dem man reden kann. Sie wählen die Nummer, Ihr Nachbar hebt ab und Sie hören: „Hallo!" Sie sagen …"

14. „Es ist kurz vor Feierabend und Sie freuen sich auf einen schönen Konzertabend mit Ihrem Mann, für den Sie schon Karten haben. Ihr Vorgesetzter bittet Sie, etwas länger zu bleiben, aber dann müßten Sie auf das Konzert verzichten. Sie sind bereits zweimal in dieser Woche länger dageblieben. Sie wissen zwar, daß Ihr Chef Sie gerne länger dahaben würde, daß aber, falls Sie sich weigern, das keine schweren Konsequenzen hätte. Deshalb wollen Sie wirklich rechtzeitig gehen. Der Chef sagt: „Frau …, da ist noch was ganz Wichtiges zu erledigen. Können Sie noch ein bißchen länger bleiben, so etwa zwei Stunden?"
Sie antworten …"

lernen, Loben usw.). Derartige Standardsituationen werden hier vor allem als Übungsmaterial zur Vermittlung sozialer Grundfertigkeiten benutzt. Sie können aber auch konkrete, durch den Patienten berichtete soziale Erfahrungen ergänzt und ersetzt werden.

In vielen Fällen ist es angebracht, daß der Therapeut ad hoc derartige Szenen entwirft, um die konkrete Erfahrungswelt des Patienten hereinzubringen. Dabei ist darauf zu achten, daß die Lebens- und Gedankenwelt des Patienten sich in der Szenenbeschreibung widerspiegelt. Die Instruktionen sollten knapp und präzise sein. Es gelten auch hier die gleichen inhaltlichen Kriterien wie für die Rollenspielsituationen.

Die Zuhilfenahme von **Video- und Tonbandaufzeichnungen** beim Verbessern sozialer Fertigkeiten ist üblich und hat viele Vorteile: Da Aufzeichnungen ein komplettes Protokoll des Übungsablaufs darstellen, können wichtige bzw. entscheidende Passagen dem Patienten gleich nach Beendigung des Rollenspiels oder im Therapieverlauf vorgeführt werden. Therapeut und Patient diskutieren gemeinsam Form und Inhalt der Übung. Verhaltensfortschritte lassen sich so eindrucksvoll dokumentieren. Geht es nur um verbale Verhaltensmerkmale, dann ist oft die Verwendung eines Tonbandes viel eindrucksvoller. Der Einsatz eines Kotherapeuten ist bei diesen Übungen sozialer Fertigkeiten immer sinnvoll. Auch die Rückmeldung durch diesen Kotherapeuten (der ja oft im Rollenspiel beteiligt wird) ist meist besser als die Rückmeldung über das Video- bzw. das Tonbandgerät.

3. Einschätzung individueller sozialer Kompetenz und die Vermittlung sozialer Grundfertigkeiten

Depression und Äußern von Gefühlen

Der Ausdruck positiver Gefühle, der adäquate Ausdruck negativer Gefühle und die nonverbalen Komponenten sozialen Verhalten dürfen im Verhalten depressiver Personen als besonders problematisch gelten. Emotionale Symptome werden übereinstimmend zu den Hauptstörungen depressiver Patienten gerechnet. Neben den charakteristischen emotionalen Veränderungen, wie niedergedrückte Stimmung, Deprimiertheit, negative Gefühle sich selbst gegenüber usw. kommt es bei Depressiven immer auch zu einer Abnahme an Äußerungen von Gefühlen. Dabei werden häufig Interesseverlust und fehlendes Berührtsein oder Betroffensein berichtet.

Es mangelt jedoch depressiven Patienten nicht nur an der Fähigkeit, positiv auf Sozialpartner zu reagieren und positive Gefühlsregungen auszudrücken, sondern auch daran, in sozialen Interaktionen konstruktiv negative Gefühle im Sinne von Durchsetzungsvermögen, Nein-sagen-können und Kritik äußern zu können. Die bleibenden Emotionen sind oft destruktiv auf die eigene Person aber auch auf die engere soziale Umwelt gerichtet. Der möglichst offene und situationsgerechte Ausdruck von positiven und negativen Gefühlen ist jedoch eine grundlegende Voraussetzung für befriedigende Sozialkontakte.

Positive Gefühle: In bezug auf kompetentes Sozialverhalten lassen sich vier Kategorien positiver Gefühlsäußerungen unterscheiden:
1. Jemanden ein Kompliment machen oder etwas Positives über jemanden ausdrücken; 2. Zuneigung gegenüber einer anderen Person ausdrücken; 3. loben oder bestärken; 4. sich entschuldigen für etwas.

Dies alles sind Verhaltensmerkmale, die depressive Patienten recht selten zeigen und die in Rollenspielen geübt werden sollen. Obgleich Depressive meist die verbalen Fähigkeiten besitzen, zu loben oder sich zu entschuldigen, sollte der Therapeut darauf achten, inwieweit der Patient angemessene Begriffe benützt, d.h. solche, die weder zu unterkühlt oder verdeckt sind, noch solche, die zu exzessiv und übertreibend wirken. Außerdem sollte darauf geachtet werden, daß der Patient die Äußerungen positiver Gefühle zur richtigen Zeit einsetzt und dabei passendes nonverbales Verhalten zeigt. Der Patient kann z.B. aufgefordert werden zu beobachten, wie sich seine positiven Äußerungen auf die Gespräche und die Interaktion auswirken, wie der Gesprächspartner darauf reagiert. Außerdem sollte darauf geachtet werden, bei wem es leicht, bei wem es schwer fällt, positive Gefühle zu äußern. In der Therapie kann dann darüber diskutiert werden, wie sich diese Unterschiede erklären lassen.

Negative Gefühle: Der Ausdruck negativer Gefühle läßt sich ebenfalls in vier Kategorien unterteilen:
1. Sich unbilligen Forderungen widersetzen; 2. jemanden zu anderem Verhalten auffordern; 3. mit jemandem, der anderer Meinung ist, diskutieren und einen Kompromiß finden; 4. unterschiedliche Meinungen und Mißbilligungen (Kritik) ausdrücken. Auch diese Aspekte des Ausdrucks negativer Gefühle machen depressiven Patienten oft Schwierigkeiten. Viele haben Angst, sich in dieser Weise zu äußern, da sie Zurückweisung und negative Reaktionen befürchten. Meist sind die Patienten in solchen Situationen emotional sehr aufgewühlt und es fällt ihnen schwer, die richtigen Worte zu finden.

Ebenso wie bei den positiven Gefühlen ist es auch hier wichtig, den richtigen Zeitpunkt und den richtigen Ton zu wählen. Dabei kommt es darauf an, die Äußerung negativer Gefühle nicht als Vorwurf, als Anklage, als Provokation oder als eine Form der Nötigung vorzutragen, sondern als eine Information an den anderen. Nur so kann sich der Partner mit den Äußerungen auseinandersetzen. Negative Gefühle sollten in der nachfolgenden Aussprache oder einem Disput nicht wieder zurückgenommen werden. Der Patient soll lernen, zu seinen Äußerungen zu stehen, und er soll die Erfahrung machen, daß ebenso wie die Darstellung positiver Gefühle auch die offene Darstellung negativer Gefühle dazu beiträgt, Situationen zu klären und den eigenen Handlungs- und Kommunikationsspielraum zu erweitern.

Nonverbale Aspekte sozialen Verhaltens

Soziale Interaktionen mit Mitmenschen bestehen nicht nur aus verbalen Äußerungen, sondern sie werden wesentlich auch durch Mimik, Gestik, Körperhaltung, Tonfall, Blickkontakt und andere nonverbale Komponenten bestimmt. Dieses nonverbale Verhalten ist oft entscheidender für die Art und Weise, wie jemand auf andere Personen wirkt und wie diese wieder auf ihn reagieren, als die inhaltlichen Aussagen seiner Worte. Dies gilt besonders für den Ausdruck von positiven und negativen Gefühlen, der nur dann echt und glaubhaft wirkt, wenn er von der entsprechenden Mimik oder dem adäquaten Tonfall begleitet ist. Menschen mit Depressionen oder depressiver Stimmung zeichnen sich auch im Alltagsleben häufig durch einen nonverbalen Ausdruck aus, der gravierende Defizite aufweist:

Beispiel:
Herr M. versucht, auf Anraten seines Arztes, seiner häufigen Niedergeschlagenheit in einer Gruppentherapie Herr zu werden. Während der Stunde sitzen alle im Kreis, Herr M. jedoch stets einen Meter zurück, obwohl er näher heran und damit in die Gruppe hineinrücken könnte. Er schaut fast ständig zu Boden, seine Hände liegen im Schoß, mit der rechten Hand fingert er nervös an einem Finger der linken Hand herum. Schaut er gelegentlich auf, dann wirkt sein Gesichtsausdruck nervös und unglücklich; er lächelt nie. Die anderen fragen ihn ab und zu etwas; die Antworten erfolgen schleppend, mit langen Pausen zwischen den einzelnen Wörtern. Teilweise gibt er auch überhaupt keine Antwort, so daß die Unterhaltung schließlich ohne ihn abläuft.

Der **nonverbale** Ausdruck depressiver Personen trägt damit häufig dazu bei, die depressive Stimmung des Patienten aufrechtzuerhalten. Kraftlose und gebeugte Körperhaltung, trauriger und maskenhafter Gesichtsausdruck, verlangsamte Bewegungen oder nervöse Gesten, kein Blickkontakt und auch sonst kaum Beteiligung an Unterhaltungen und kraftloses, schleppendes Sprechen erwecken häufig bei den Sozialpartnern den Eindruck von Unfreundlichkeit und Desinteresse und führen dazu, daß sich andere Menschen eher zurückziehen und den Patienten in Aktivitäten oder Gespräche kaum mehr mit einbeziehen.

Der häufig zu beobachtende nonverbale Ausdruck depressiver Personen macht es anderen Menschen schwer, auf sie zuzugehen oder sich mit ihnen zu befassen. Er führt so zu einem weiteren Verlust positiver Verstärker für den

Patienten und zu dem Gefühl, im sozialen Leben kaum mehr integriert zu sein. Aus diesem Grund ist die Veränderung depressionsfördernder nonverbaler Verhaltensaspekte und das Beachten adäquaten nonverbalen Verhaltens ein wesentlicher Bestandteil der Vermittlung sozialer Kompetenz für Depressive.

Auf die folgenden wesentlichen **Komponenten adäquaten nonverbalen Verhaltens** sollten Therapeut und Patient dabei achten:
- Während des Gesprächs beim Sprechen und Zuhören möglichst häufig Blickkontakt suchen. - Die Körperhaltung aufrecht, entspannt und ruhig halten. - Die Distanz zum Interaktionspartner nicht übermäßig nah oder übermäßig entfernt halten. - Die Gestik ist reichhaltig, gelöst und zur Situation passend. Unterschiede zwischen positiven Gefühlen (z.B. Begeisterung) und negativen Gefühlen (z.B. Ablehnung) sollten erkennbar sein. - Die Mimik ist bestimmt, dem Inhalt entsprechend freundlich oder abweisend, zornig oder traurig. - Die Lautstärke der Stimme ist klar und verständlich, der Situation und der Distanz entsprechend lauter oder leiser. - Die Stimmodulation ermöglicht eine deutliche Artikulation der verbalen Botschaft, bestimmte Inhalte werden an den richtigen Stellen betont. - Der Patient redet nicht allgemein ("man"), sondern von sich selbst ("ich").

Bei der Korrektur der nonverbalen Verhaltensweisen des Patienten sollte der Therapeut jedoch nicht einfach dazu anleiten, sein modellhaftes Verhalten lediglich nachzuahmen, sondern auch die Unterscheidungsfähigkeit des Patienten für adäquates bzw. inadäquates nonverbales Verhalten schulen. Daher ist es angebracht, den Patienten dazu aufzufordern, sein eigenes nonverbales Verhalten und das des Therapeuten ebenfalls genau zu beobachten und zu beurteilen. Im Anschluß an die einzelnen Rollenspielsequenzen können damit Therapeut und Patient notwendige Verhaltensänderungen im nonverbalen Bereich gemeinsam erarbeiten.

Durchführung

Zunächst erklärt der Therapeut dem Patienten die Bedeutung der Äußerung von Gefühlen für die soziale Interaktion und erfragt typische Beispiele für die Äußerung positiver und negativer Gefühle aus dem Leben des Patienten. Diese Beispiele können zum Anlaß genommen werden, die verschiedenen Komponenten positiver und negativer Gefühle zu verdeutlichen und zu erklären; u.U. ergeben sich aber auch aus den Beispielen des Patienten erste Spielsituationen für ein Rollenspiel. Diese sich aktuell ergebenden Situationen oder auch die vorgefertigten Rollenspielsituationen (Standardsituationen) werden nun systematisch durchgespielt und besprochen. Dabei ist darauf zu achten, zunächst immer den Patienten eine Beurteilung seines eigenen Verhaltens vornehmen zu lassen, um darauf die eigene Beobachtung positiver und negativer Verhaltensaspekte anzubieten.

Genauso ist mit Korrekturvorschlägen zu verfahren: Zunächst wird der Patient aufgefordert, Korrekturen an seinen eigenen Verhaltensweisen vorzuschlagen. Diese werden dann vom Therapeuten gegebenenfalls ergänzt. Ein solches Vorgehen ist zwar zu Anfang nur teilweise realisierbar, da depressive Patienten sich meist für unfähig erklären, eigene Vorschläge zu machen; jedoch sollte der Therapeut jeden Schritt des Patienten in diese Richtung verstärken und so den allmählichen Aufbau von Selbstkorrektur und Selbstbeurteilung fördern.

Erst nach einigen Rollenspielsequenzen wird der Therapeut das Augenmerk des Patienten auch auf die nonverbalen Verhaltensaspekte seines Verhaltens lenken, um eine Überforderung des Patienten zu vermeiden. In dieser Phase ist ein Videogerät hilfreich. Zur Einschätzung der sozialen Kompetenz des Patienten sollte sich der Therapeut anhand der oben genannten Kriterien einen Beobachtungsbogen erstellen, um den adäquaten Ausdruck positiver und negativer Gefühle und nonverbaler Verhaltensweisen zu erfassen. Damit erhält der Therapeut eine übersichtliche Aufstellung der aktuellen sozialen Kompetenz des Patienten, die auch als Feedbackinstrument für den Patieten benutzt werden kann. Außerdem läßt sich dieser Beobachtungsbogen auch zur Kontrolle des Therapieprozesses und zur Feststellung von Erfolgen benutzen.

4. Bearbeiten individueller Problembereiche

Bei der Beschäftigung mit den Inhalten des vorausgehenden Abschnitts haben sich bereits einige soziale Situationen und Bereiche ergeben, in denen sich der Patient noch unsicher fühlt und die in bezug auf seine sozialen Fertigkeiten noch problematisch erscheinen. Da Art und Zahl der möglichen, unterschiedlichen individuellen Problembereiche sehr groß sein können, ist es nicht möglich, in diesem Teil Hinweise zur Bearbeitung und Veränderung aller denkbaren Problembereiche zu geben. Deshalb soll hier zunächst eine Methode dargestellt werden, die es ermöglicht, die individuellen sozialen Schwächen und Stärken des Patienten genauer zu identifizieren. Daraufhin werden für einige ausgewählte, allgemeingültige Problembereiche sozialer Kompetenz Hinweise zur Verbesserung gegeben.

Erkennen individueller sozialer Schwächen und Stärken

Um die soziale Kompetenz des Patienten in spezifischen, individuellen Problembereichen und -situationen verbessern zu können, ist es zunächst einmal notwendig, solche Bereiche herauszufinden und festzuhalten. Dies kann geschehen durch Beobachtungen bei der Einschätzung der sozialen Grundfertigkeiten eines Patienten und durch spontan geäußerte soziale Probleme durch den Patienten (z.B. jemanden kritisieren; stottern und rot werden, wenn man angesprochen wird; Unfähigkeit, jemanden von sich aus anzusprechen; Unsicherheit bei Kontakt mit Menschen des anderen Geschlechts; Forderungen ablehnen; u.ä.). Da diese individuellen Problembereiche das Material für Übungen im Rollenspiel darstellen, sollte der Therapeut sich bei der Auswahl solcher Problembereiche auf die im Rollenspiel genannten Kriterien beziehen („Herausarbeiten einer spielbaren Situation").

Wichtig ist hier für den Therapeuten, sein Augenmerk nicht nur auf Defizite in der sozialen Kompetenz des Patienten zu richten, sondern auch die Stärken und schon vorhandenen Fähigkeiten des Patienten zu beachten und mit einzubeziehen. Vorhandene Fertigkeiten des Patienten können bei der Verbesserung der sozialen Kompetenz wichtige Hilfsmittel darstellen, indem sie durch den systematischen Einsatz in für den Patienten problematischen Situationen erfolgreiches, neues und kompetentes Sozialverhalten des Patienten vorbereiten und motivational unterstützen können.

Soziale Wahrnehmung

Menschen mit depressiven Störungen tendieren häufig dazu, durch fehlenden Blickkontakt, resignierte Körperhaltung und automatische, selbstabwertende Gedanken, die Wirkung ihres Verhaltens in sozialen Situationen und deren Konsequenzen nicht wahrzunehmen und zu verarbeiten, und diese fehlende Information stattdessen durch (meist vorgefaßte) Meinungen und Interpretationen zu ersetzen (siehe auch „Veränderung von Kognitionen"). Dadurch entgeht dem Betreffenden eine Menge von Informationen, die zur Einschätzung von sozial kompetentem Verhalten notwendig wären. Vor allem ist es ihm dadurch oft unmöglich, die von einem Interaktionspartner ausgesandten Verstärker entsprechend aufzunehmen und zu verarbeiten.

Eine **Verbesserung der sozialen Wahrnehmung** des Patienten soll daher erreichen, daß der Patient (1) die unterschiedlichen Bedeutungen verschiedener Reaktionen im interpersonellen Bereich wahrnehmen kann, (2) in der Lage ist, die für die Bedeutung wesentlichen Aspekte der Interaktion und des situativen Kontextes herauszufiltern, (3) diese Bedeutungen verarbeiten kann, (4) die interpersonellen Konsequenzen sozialer Interaktionen vorhersehen kann. Dies bedeutet konkret, daß der Patient die Gestik, Mimik und die Körperhaltung seines Gegenübers beobachten kann, die besondere Art der Sprechweise des Interaktionspartners aufnehmen und dem Inhalt seiner Aussage zuhören kann; und daß er fähig ist, Berührungen in der sozialen Interaktion zu ertragen und auf sich wirken zu lassen.

Dies sind die Grundvoraussetzungen sozialer Wahrnehmung, deren Informationsinhalte dadurch interpretiert werden können, daß die jeweiligen Situationsmerkmale, die aktuell wirkenden Verstärker und das emotionale Verhältnis zwischen dem Patienten und seinen Interaktionspartnern festgestellt und bei der Interpretation zusammen mit dem beobachteten Verhalten des Gegenübers berücksichtigt werden.

Die Einübung sozialer Wahrnehmung kann je nach Therapieverlauf in unterschiedlicher Weise geschehen: So kann beim Wiederholen interaktiver Szenen aus dem Alltag des Patienten die Aufmerksamkeit auf die Prozesse der sozialen Wahrnehmung gelenkt werden; beim Einüben neuer sozialer Fähigkeiten kann neben der Vermittlung nonverbaler und verbaler Fertigkeiten der Aspekt der sozialen Wahrnehmung einen besonderen Stellenwert bekommen. Unter Umständen ist es sinnvoll, zu Anfang reine Selbstwahrnehmungs- und Fremdwahrnehmungsübungen mit dem Patienten durchzuführen. Bei allen Übungen zur sozialen Wahrnehmung ist darauf zu achten, daß der Patient die Verhaltensweisen seines Interaktionspartners zunächst ohne Interpretation beobachtet und diese Beobachtung beschreibt, um die Diskriminationsfähigkeit der Wahrnehmung zu fördern. Erst danach sollten Interpretationsversuche unter Einbezug der genannten Variablen vorgenommen werden.

Kontakte aufbauen und aufrechterhalten

Depressive Menschen berichten meist über Einsamkeit, Isolation und über einen fehlenden Bekanntenkreis. Mögen auch oft mangelnde Information über mögliche soziale Aktivitäten, fehlende positive Rückmeldungen oder auch kognitive Verzerrungen zu dieser sozialen Isolation geführt haben, so wird doch oft von Patienten die Frage gestellt: „Wie soll ich denn jemanden kennenlernen, wenn niemand auf mich zugeht? Ich weiß nicht, wie man Leute anspricht."

Beispiel:
Frau S. ist vor zwei Jahren nach München gezogen und fühlt sich, obwohl sie mitten in Schwabing wohnt, sehr einsam und isoliert. Sie habe einfach keine Bekannte und habe es auch trotz mehrmaliger Versuche nicht geschafft, jemanden kennenzulernen. Ihre Einsamkeit hat sie so deprimiert und ihre Mißerfolge haben sie so entmutigt, daß sie auch an ihrem Arbeitsplatz keinen Versuch mehr unternimmt, überhaupt in Kontakt mit Kolleginnen zu kommen.

Beispiel:
Herr E. lebt seit 2 Jahren in Scheidung und von seiner Familie getrennt. Obgleich die Ehe seit Jahren zerbrochen war und Herr E. unter der Trennung von seiner Frau nicht litt, hatte er es bis jetzt nicht geschafft, wieder Anschluß und Kontakt, vor allem zu Frauen zu finden. Er traute sich nicht auszugehen, da er nicht wußte, wie er neue Kontakte herstellen sollte. Schon vor seiner Ehe litt er unter Hemmungen und fehlendem Kontakt zu Frauen.

Diese Unfähigkeit, Kontakte aufzubauen und aufrechtzuerhalten, führt meist dazu, daß der Patient in seiner passiven Haltung verharrt und es ihm nicht möglich ist, seine isolierte Situation selbst aktiv zu ändern. Aus diesem Grund sollen im folgenden einige Hinweise zur Einübung von Kontaktverhalten und der Aufrechterhaltung von Kontakten gegeben werden.

Voraussetzung für soziale Kontakte ist eine Situation, in der das Zusammentreffen und das Gespräch mit anderen Menschen möglich ist. Der Patient sollte sich zunächst **Wissen** über Orte und Gelegenheiten, die soziale Kontakte erlauben, erwerben. Dieses Wissen beinhaltet Erfahrungen über die Atmosphäre solcher Situationen, relevante Normen und Regeln und Verhaltensweisen anderer Menschen in solchen Situationen (in Cafes, am Sportplatz, in Parks, bei öffentlichen Veranstaltungen, auf der Straße usw.).

Will der Patient ein **Gespräch beginnen**, so muß er darauf achten, den **richtigen Zeitpunkt** für den Gesprächsbeginn zu wählen und die Aktivität zu berücksichtigen, mit der sein potentieller Gesprächspartner beschäftigt ist. Es ist daher zunächst sinnvoll, ihn und seine Umgebung vorher etwas zu beobachten. Hierbei ist nach Hinweisen der Gesprächsbereitschaft des anderen zu suchen (herumschauen, Blickkontakt suchen); außerdem sollte ein Zeitpunkt gewählt werden, an dem die anderen beteiligten Personen nicht oder wenig reden (Gesprächspausen).

Möglichkeiten ein Gespräch zu beginnen sind Begrüßungen (in Lokalen: „Darf ich mich hierhersetzen?") und offene Fragen, d.h. Fragen, die nicht einfach mit ja oder nein zu beantworten sind (z.B. „Wieviel kostet hier das Bier?", „Wie hat Ihnen das Konzert bisher gefallen?" (bei Fremden); „Ich habe Sie länger nicht gesehen, gibt es etwas Neues?", „Haben Sie schon gelesen, daß ..." (bei Kollegen und Bekannten)).

Formulierungen, um sich an einem schon laufenden **Gespräch zu beteiligen**, können sein: „Ich höre gerade, daß Sie auch den Film gestern im Fernsehen gesehen haben, wie fanden Sie denn ...?"; „Das interessiert mich, was halten Sie denn von ...?".

Für die **Fortsetzung des Gesprächs** kommt es darauf an, eine für beide Partner angenehme Gesprächsbeziehung entstehen zu lassen. Neben sprachlichen und nichtsprachlichen Ausdrucksmöglichkeiten ist es hier besonders wichtig, genau wahrzunehmen, was der Gesprächspartner will, sagt und tut, um selbst darauf eingehen zu können (siehe „soziale Wahrnehmung").

Zentrale Aspekte, um Gespräche aufrecht zu erhalten, sind:
- offene Fragen stellen, die es dem Partner erleichtern, zu antworten oder die einem selbst wieder mehr Anknüpfungspunkte für die Fortführung des Gesprächs geben (solche Frage beginnen häufig mit „w", z.B. wie, wer, was, wo, wann, wie lange, wodurch, wozu, warum);
- an die Reaktionen des Gesprächspartners anknüpfen oder sie noch einmal in Frageform zusammenfassen („Sie meinen also ...") um sich zu vergewissern, daß man den anderen verstanden hat;
- den Gesprächspartner verstärken, indem man ihm zustimmt („Da haben Sie recht", „Ich sehe das auch so") oder ihm etwas Anerkennendes sagt ("Sie sehen gut erholt aus", „Diese Erklärung hat mir jetzt aber gerade gut gefallen"). Höflichkeitsredewendungen („Bitte", „Entschuldigen Sie, wenn ich ...") oder auch kurze, interessierte Reaktionen („Aha", „Ach?") helfen, den Gesprächspartner am Reden zu halten.

Obwohl man einen Partner über längere Zeit mit Fragen und positiven Reaktionen am Gespräch halten kann, ist ein Gespräch langfristig befriedigender, wenn es in einem gegenseitigen Austauschen von Ansichten und Gefühlen besteht. Deshalb sollte der Patient im Gespräch auch üben, seine Ansichten und Gefühle zu äußern, wobei allgemeine und komplizierte Formulierungen vermieden werden und möglichst in der Ich-Form gesprochen werden sollte.

Im **nonverbalen Bereich** sollte der Patient den Gesprächspartner während des Gesprächs anblicken, immer wieder Blickkontakt aufnehmen und deutlich und betont sprechen. Der Patient sollte in der Lage sein, möglichst schnell auf Äußerungen seines Partners zu reagieren und zu antworten, um so einen Gesprächsfluß aufrechtzuerhalten. Außerdem ist es wichtig, die richtige Distanz zum Gesprächspartner wahrnehmen und herbeiführen zu können (ihm nicht „auf die Pelle rücken"; nicht zu weit weg, da man sonst schreien muß); nervöse Gesten sind möglichst zu vermeiden (z.B. sich ständig die Hände reiben oder mit dem Stuhl wippen).

Ein **Gespräch beenden** sollte man weder in abrupter Art und Weise, noch das Gespräch unendlich weiterführen. Es ist günstig, einen Zeitpunkt abzuwarten, an dem beide Parteien sich zu einem Thema geäußert haben und eine natürliche Pause entsteht. Dann kann man sich verabschieden und unter Umständen ein weiteres Treffen vereinbaren ("Das fand ich jetzt angenehm und interessant, ich würde darüber gern noch einmal weiter diskutieren").

Die Einübung des Kontaktverhaltens sollte je nach den sozialen Fertigkeiten des Patienten schrittweise geschehen. So können zunächst Verhaltensübungen in Cafes oder anderen kommunikativen Plätzen stattfinden, ohne daß die Aufgabe besteht, ein Gespräch zu beginnen. Erste Gespräche können im Rollenspiel geübt werden, um diese Fertigkeiten dann in natürlichen Situationen zu erproben. Zur Erleichterung beim Finden von Gesprächsthemen kann es manchmal hilfreich sein, den Patienten zu bitten, sich zu verschiedenen Themenbereichen (Malerei, Musik, Kommunalpolitik) zu informieren und beim nächsten Mal darüber zu erzählen.

Interaktion mit wichtigen Sozialpartnern

Probleme im Bereich sozialer Kompetenz bei Depressiven ergeben sich nicht nur durch die mangelnde Fähigkeit, Kontakte aufzunehmen und aufrechtzuerhalten, sondern auch häufig durch Schwierigkeiten im Umgang mit Bekannten, engeren Freunden, Familienmitgliedern und Partnern. So sind Menschen mit schweren depressiven Verstimmungen im Umgang mit engeren Bezugspersonen häufig verbittert, reizbar und lehnen helfende Kontakte aus ihrer Umwelt ab; sie klagen exzessiv über somatische und psychische Beschwerden, negative Zukunftserwartungen und über ihre eigene Unfähigkeit und Minderwertigkeit; oder sie ziehen sich extrem zurück, gehen kaum auf andere zu, sind lustlos und reagieren nicht auf Kontaktversuche. Solche Verhaltensweisen führen häufig zu einer Entfremdung des Patienten von Partnern und Freunden, die sich aufgrund dieser Reaktionen oft kaum mehr zu helfen wissen. Der Patient selbst verhindert damit meist erfolgreich positive Interaktionen mit seiner Umwelt und gerät weiter in den depressiven Kreislauf (COYNE 1976, HAUTZINGER et al. 1982) (siehe auch „Reduktion depressionsfördernder Aktivitäten", „Veränderung von Kognitionen").

Emotionale Verhältnisse zu Sozialpartnern: Hier sollten problematische und befriedigende Beziehungen zu engen Bezugspersonen des Patienten besprochen werden. Es ist hilfreich, wenn Patient und Therapeut dabei eine Rangreihe von Personen erstellen, die von „angenehmen Beziehungen" bis zu „problembeladenen Beziehungen" reicht. Zusätzlich sollten spezifische Situationen, in denen die Beziehung besonders problematisch ist, ausgelöste Gefühle und häufig gezeigte Verhaltensweisen (Vermeidungsverhalten), die in Zusammenhang mit diesen Personen stehen, aufgelistet werden. Ist dadurch das emotionale Verhältnis des Patienten zu bestimmten Personen klarer geworden, so kann dazu übergegangen werden zu besprechen, welche Arten von offener Rückmeldung zur Klärung der Beziehung beitragen könnten (siehe auch „Ausdruck positiver und negativer Gefühle"). Hierbei kann die Art der Rückmeldung und damit der Beziehungsklärung, die sich der Patient wünscht, in **Rollenspielen** erprobt und verbessert werden. Der Therapeut sollte dabei auf die **Einhaltung folgender Rückmeldungsregeln** achten (da sicher nicht in jeder Situation alle Regeln beachtet werden können, stellen diese lediglich Orientierungspunkte dar):
- Rückmeldung geben ist nur dann sinnvoll, wenn der andere es wahrnehmen kann und aufnahmebereit ist.
- Rückmeldung sollte die Informationskapazität des anderen berücksichtigen.
- Rückmeldung sollte sich auf begrenztes, konkretes Verhalten beziehen.
- Rückmeldung sollte so ausführlich und konkret wie möglich sein.
- Rückmeldung sollte möglichst unmittelbar erfolgen.
- Wahrnehmungen sollten als Wahrnehmungen, Vermutungen als Vermutungen und Gefühle als Gefühle mitgeteilt werden.
- Die Aufnahme von Rückmeldung ist dann am günstigsten, wenn der Partner es sich wünscht.
- Rückmeldung sollte den anderen nicht analysieren.
- Nimmt der Patient selbst Rückmeldung an, sollte er zunächst nur ruhig zuhören.
- Rückmeldung sollte auch gerade positive Gefühle und Wahrnehmungen umfassen.
- Rückmeldung geben bedeutet, Information geben und nicht, den anderen zu verändern.
- Rückmeldung sollte umkehrbar sein.

Das partnerschaftliche Gespräch: Wichtige Bestandteile des partnerschaftlichen Gesprächs sind (1) aktives, aufmerksames und akzeptierendes Zuhören; (2) Wahrnehmungsüberprüfungen, Informationssuche, bei der durch Rückfragen die eigene Wahrnehmung des Gesagten überprüft wird oder neue, verwandte Themen angesprochen werden, um den Bereich des Gesprächs zu erweitern; (3) Paraphrasieren, indem der Inhalt der Aussage des Gegenübers noch einmal mit eigenen Worten wiederholt wird; (4) Mitteilung der eigenen Gefühle.

Das **aktive Zuhören** bedeutet hier nicht nur passives Schweigen, während der Partner etwas erzählt, sondern dem andern durch verschiedene Signale Interesse, Verständnis und Anteilnahme an dem Inhalt seiner Äußerung zeigen. Es geht hier darum, mitzuteilen, daß man sich für die Person und die Äußerungen seines Gesprächspartners interessiert und bereit ist, sich mit ihm auseinanderzusetzen. Aktives Zuhören bedeutet jedoch nicht, bereits während des Zuhörens in Gedanken seine eigene (eventuell gegenteilige) Meinung zu formulieren und diese bei der ersten Gelegenheit auszudrücken. Wichtig ist hier zunächst der Versuch, den anderen zu verstehen und ihm dies auch zu signalisieren.

Signale und Äußerungen, die die Bereitschaft ausdrücken, zuzuhören und zu verstehen: Kopfnicken, zugewandter, freundlicher Blick, zugeneigte Körperhaltung; während des Gesprächs Äußerungen, wie „Ja", „Hm", „Genau", „Aha", usw.; Aufforderungen wie: „Wollen Sie mir mehr darüber erzählen?", „Da bin ich neugierig.", „Können wir uns noch genauer über ... unterhalten?", „Das habe ich noch nicht vollständig verstanden. Können Sie mir noch mehr darüber erzählen, besonders, wie Sie sich gefühlt haben?"

Beim **Paraphrasieren** wird versucht, die Äußerungen des Partners mit eigenen Worten, so wie man sie verstanden hat, zu wiederholen, um damit dem Partner Gelegenheit zu geben, dieses Verständnis zu korrigieren oder zu bestätigen. Hierbei ist es weniger wichtig, äußere Gegebenheiten richtig oder adäquat wiederzugeben, sondern eher die Gefühle und Emotionen, die man in den Schilderungen des Gesprächspartners erkennt. Hierbei sollen jedoch nicht Erlebnisse oder Emotionen analysiert bzw. interpretiert werden, sondern nur das eigene Verständnis der Abläufe und der damit verbundenen Gefühle beschrieben werden.

Ein Gespräch, das sich nicht auf oberflächlichen „small talk" beschränkt, sondern in partnerschaftlicher Weise stattfinden soll, verlangt auch, daß der zunächst zuhörende und passive Teilnehmer seine **eigenen Emotionen** in bezug auf die Aussagen des Partners ausdrückt. Diese Mitteilung eigener Gefühle sollte jedoch erst nach einer ausreichenden Phase des aktiven Zuhörens erfolgen, um nicht vorschnell unterschiedliche Auffassungen zum Gegenstand des Gesprächs zu machen (siehe auch „Ausdruck von Gefühlen").

Die hier beschriebenen vier Komponenten sind zwar wesentliche Bestandteile jedes partnerschaftlichen Gesprächs in der Realität, sind jedoch natürlich kaum so klar zu trennen und in dieser Abfolge zu beobachten. Für eine Einübung des partnerschaftlichen Gesprächs ist es jedoch sinnvoll, mit dem Patienten zunächst die einzelnen Komponenten getrennt einzuüben, um ihm diese Bestandteile in der Gesprächssituation bewußter zu machen und ihn zu befähigen, diese auch zu beherrschen.

Die partnerschaftliche Konfliktlösung

Ein häufig zu beobachtendes Problem im sozialen Bereich von depressiven Patienten sind Konflikte mit Partnern oder wichtigen Bezugspersonen (Eltern, Geschwister, Freunde), die nicht oder für den Patienten oft nur unbefriedigend gelöst werden können. Depressive Patienten reagieren auf auftretende Konflikte häufig mit Rückzug und Flucht und machen damit gar nicht erst den Versuch, eine Lösung für den Konflikt zu finden. Dies trägt nicht selten zu einer Verstärkung ihrer depressiven Stimmung und zu einer Selbstbestätigung ihrer resignativen Grundhaltung bei. Auf der anderen Seite behindert die Tendenz Depressiver, ihrer sozialen Umwelt eher verbittert gegenüberzustehen, oftmals eine positive Konfliktlösung.

Bei der partnerschaftlichen Konfliktlösung wird in einem ersten Schritt versucht, die zugrundeliegende Störung (z.B. der Partner kommt zu spät o.ä.) offen auszusprechen. Ein Partner oder beide **äußern „ihre Störung"**, indem sie ihre Gefühle **direkt und ohne Vorwurf** ausdrücken. Darin liegt eine Aufforderung, gemeinsam über das Problem zu sprechen und die Bereitschaft, offen für neue Lösungsmöglichkeiten zu sein.

Die Aufforderung: „Mach endlich das Radio leiser! Das hört man ja in der ganzen Nachbarschaft!" ist ein Befehl, den der andere befolgen kann oder nicht. Die Aussage: „Du, das Radio ist mir zu laut, das stört mich" signalisiert Gesprächsbereitschaft und kann zu einer beiderseitig befriedigenden Konfliktlösung führen.

In einem zweiten Schritt versuchen beide Partner, die jeweiligen Bedürfnisse, die hinter der vorgebrachten Störung stehen, herauszuarbeiten. Hierbei ist es notwendig, die Bedürfnisse und Interessen des anderen zu verstehen und zu akzeptieren; jeder Partner sollte versuchen, die Meinung des anderen nachzuvollziehen, d.h. nicht, die Meinung des anderen zu übernehmen, sondern zu versuchen, die Sachlage mit dessen Augen zu sehen.

Zur Übung kann es hilfreich sein, hier für beide Partner einen **Rollenwechsel** vorzuschlagen. Jeder der beiden Partner schlüpft in die Rolle des anderen und argumentiert in der „Ich-Form" für dessen Interessen.

Der nächste Schritt besteht darin, die bei jedem Partner vorhandene Störung oder den Ärger in konkrete Wünsche an den anderen Partner umzuformulieren. Sind diese Wünsche von beiden Partnern klar formuliert, werden zunächst Vorschläge für mögliche Lösungen des Konflikts gesammelt. In dieser Phase vermitteln beide Partner dem anderen, daß sie sich um eine Lösung bemühen. Nun versuchen die Konfliktpartner sich auf die beste Lösung zu einigen, wobei jeder Partner darauf achtet, daß sich die Interessen des anderen sowie die eigenen Wünsche in dieser Lösung verwirklichen lassen. Ähnlich wie beim partnerschaftlichen Gespräch sollen diese Komponenten einer partnerschaftlichen Konfliktlösung nicht den Ablauf simulieren, sondern lediglich die einzelnen Bestandteile einer Konfliktlösung aufzeigen. Auch hier kann es wieder sinnvoll sein, die einzelnen Komponenten der partnerschaftlichen Konfliktlösung teilweise getrennt in Rollenspielen einzuüben.

Umgang mit Belastungssituationen

Belastungen verschiedenster Art stellen im Leben von Menschen mit depressiven Störungen häufig Auslöser dar, die die Depression und Niedergeschlagenheit der Patienten aktuell hervorrufen oder verstärken. Aus diesem Grund ist es notwendig, depressiven Patienten eine Möglichkeit an die Hand zu geben, mit verschiedenen Belastungssituationen, die nicht vorhersehbar oder in der Therapie bearbeitbar sind, fertigzuwerden. Die Fähigkeit zum Problemlösen stellt hierzu eine wichtige Basis dar. Daneben ist es in verschiedenen Belastungssituationen aber auch notwendig, sich adäquater Hilfe und Unterstützung zu versichern und diese zum richtigen Zeitpunkt aktivieren zu können.

Soziale Unterstützung: Um Belastungssituationen adäquat bewältigen zu können, sind nicht nur Fähigkeiten zum Problemlösen notwendig, sondern oft auch Unterstützung durch Freunde, Bekannte, Familienmitglieder, aber auch durch Institutionen und Behörden. Depressive Patienten haben im Vergleich zu psychisch unbelasteten Menschen meist nur sehr wenige Freunde oder Bekannte, die ihnen bei emotionalen Problemen oder anderen Krisensituationen zur Seite stehen könnten. Zudem haben sie oft große Probleme, vorhandene Hilfsmöglichkeiten zu nutzen oder solche Hilfsnetze in Krisensituationen zu aktivieren. Bei der Therapie depressiver Patienten ist es daher sinnvoll, das soziale Netzwerk des Patienten zu stärken, zu erweitern und ihm so die Möglichkeit zu geben, sich in Krisen Hilfe durch emotionale Unterstützung, konkrete Ratschläge oder materielle Hilfe zu holen. Für den Therapeuten ist es zunächst wichtig, das Ausmaß und die Qualität des sozialen Netzes des Patienten zu identifizieren. Hierzu kann eine „**Matrix sozialer Unterstützung**" für jeden Patienten verwendet werden.

Das Ausfüllen dieser Matrix hat drei Ziele: Es hilft dem Patienten zu erkennen, daß Möglichkeiten sozialer Unterstützung in seiner sozialen Umwelt für ihn vorhanden sind. Es hilft ihm, die Quellen sozialer Unterstützung und Hilfe zu identifizieren. Es hilft ihm zu erkennen, wo sich schwache Stellen in seinem persönlichen Hilfsnetz befinden und welche Arten von sozialer Unterstützung er noch benötigt.

Haben Therapeut und Patient das **persönliche soziale Hilfsnetz** des Patienten erarbeitet, so können sie daran gehen, gezielt dieses soziale Netzwerk zu stabilisieren oder an bestimmten Stellen zu verbessern bzw. zu erweitern. Hierzu kann wieder die Problemlösetechnik angewandt werden. In bezug auf spezifische Problem- und Belastungssituationen ist es möglich, mit Hilfe

Matrix Sozialer Unterstützung			
	Belastungen bzw. Probleme	Vorhandene Hilfe oder Unterstützung	noch benötigte Hilfe oder Unterstützung
Durch die eigene Person	Bin meistens traurig und verzweifelt; kenne kaum Menschen, mit denen ich reden oder etwas unternehmen könnte; bin nicht in der Lage, meinen Beruf richtig auszuüben.	Ich habe eine gute Ausbildung (Bankkaufmann); kann mich in Gesellschaft benehmen; kann (konnte) sehr gut Schach spielen.	Mich mit Bekannten wieder zum Schachspielen verabreden (Schachkneipe!); Chef nach Erweiterung der Arbeitszeit von 20 auf 30 Stunden pro Woche fragen.
Durch die Familie oder Verwandte bzw. enge Freunde	Meine Eltern kritisieren mich häufig, weil ich zu wenig tue; ein guter Freund ruft nicht mehr an; alle Geschwister haben es weiter gebracht als ich.	Ich kann mich mit meiner Schwester Ingrid gut unterhalten; die Eltern haben mich gefragt, ob ich am Wochenende beim Tapezieren helfe.	Mit Ingrid und ihrer Clique weggehen; kleine Wohnung im Obergeschoß des Elternhauses beziehen.
Durch die soziale Lebenswelt	Meine Arbeit ist nicht meiner Ausbildung entsprechend und schlecht bezahlt; Wohnungen (2 Zimmer) sind zu teuer, also muß ich noch bei meinen Eltern wohnen.	Ich habe ein paar nette Kollegen am Arbeitsplatz; vielleicht könnte ich die Buchhaltung in der Firma übernehmen.	Verantwortungsvollere Tätigkeit in der Arbeit oder zum Arbeitsamt gehen (Arbeitssuche); weiterbilden?

Abbildung 6: Beispielmatrix sozialer Unterstützung (persönliches Hilfenetz)

der „Matrix sozialer Unterstützung", die in bezug auf dieses Problem vorhandenen Möglichkeiten sozialer Hilfe in den Bereichen Familie, Freunde, soziale Umwelt und bei sich selbst herauszufinden und Wege zu suchen, wie diese Hilfe in adäquater Weise zu nutzen ist. Da informelle soziale Unterstützung dauerhaft nur auf dem Wege der Gegenseitigkeit aufrechtzuerhalten ist, sind bei diesen Analysen und Planungen auch immer Möglichkeiten zu bedenken, wie der Patient nicht nur soziale Unterstützung bekommen, sondern in verschiedenen Fällen auch geben kann. Auch hierzu kann die Methode der „Matrix sozialer Unterstützung" angewendet werden.

In jedem Fall ist es wichtig, daß der Therapeut zunächst zusammen mit dem Patienten nach und nach Teile dieser Matrix durcharbeitet und ihn dabei immer wieder zu möglichst konkreten Aussagen veranlaßt, die auch realistisch erscheinen. Patienten mit depressiven Störungen neigen sonst sehr leicht dazu, Probleme, Hilfen oder Forderungen nach Unterstützug sehr allgemein und global zu benennen und damit das Erreichen konkreter Hilfe durch sich und andere von vornherein zu verhindern.

Angemessenes Therapeutenverhalten:

- Therapeut und Patient erarbeiten zu Beginn dieses Abschnitts ein gemeinsames Verständnis vom Konzept der „sozialen Kompetenz" und diskutieren verschiedene Auffassungen über Art und Ursache sozialer Schwierigkeiten. - Das Verhalten des Therapeuten sollte primär ermutigend für

den Patienten sein und als positiver Verstärker dienen; er sollte daneben auch eine möglichst objektive, unmittelbar erfolgende Rückmeldung für die Angemessenheit und Effektivität des Verhaltens des Patienten darstellen. Beide Anteile sollen in einem ausgewogenen Verhältnis stehen.
- Der Therapeut muß sich vor Einsatz entsprechender Methoden ein detailliertes Bild von den sozialen Fertigkeiten des Patienten machen, sowie von dessen individuellen Zielen durch Methoden der Selbsteinschätzung oder direkten Verhaltensbeobachtung.
- Bei der Durchführung von Rollenspielen sollte der Therapeut durch eine hierarchische Abstufung der Verhaltensübungen den Lernprozeß für den Patienten erleichtern, wobei mit den formalen Aspekten (Grundfertigkeiten) begonnen werden sollte und erst im weiteren Verlauf zu inhaltlich komplexeren Anforderungen übergegangen werden sollte. - Der Therapeut sollte angemessen auf die bei Rollenspielen häufig auftretenden Leistungs- und Selbstdarstellungsängste eingehen. Wichtige Voraussetzung hierfür ist eine gute therapeutische Beziehung, Konzentration auf eine Sequenz, sicheres Auftreten des Therapeuten, Verzicht auf fremde Personen oder Hilfsmittel. - Der Patient sollte immer als erster Gelegenheit haben, sein eigenes Verhalten im Rollenspiel zu beobachten und danach sollte der Therapeut Rückmeldung über positive/negative Aspekte geben. Das gleiche gilt für Korrekturen, so daß allmählich die Fertigkeiten zu adäquater Selbstbeobachtung und -korrektur entwickelt werden.
- Beim Bearbeiten individueller Problembereiche sollten alle möglichen sozialen Kontexte einbezogen werden und vom Patienten in eine Rangreihe gebracht werden. Der Therapeut sollte unbedingt sein Augenmerk auf die vorhandene soziale Kompetenz des Patienten richten, da sie bei der Konstruktion von Übungssituationen sinnvoll einsetzbar ist.

Ungünstiges Therapeutenverhalten:

- Der Therapeut geht nicht angemessen auf die Ängste des Patienten ein und überfordert somit den Patienten beim Erwerb neuen Verhaltens. - Der Therapeut gibt stark negative Rückmeldung und verunsichert den Patienten dadurch. - Der Therapeut initiert Rollenspiele oder in-vivo-Übungen, ohne sich in ausreichender Form über die sozialen Stärken und Schwächen des Patienten informiert zu haben. - Der Therapeut steigt in diesen Abschnitt mit zu hohen Anforderungen an den Patienten ein und übersieht die Notwenigkeit eines sukzessiven Vorgehens. - Der Einsatz von Rollenspielen erfolgt zu einem zu frühen Zeitpunkt im Therapieverlauf, zu dem noch kein stabiles Vertrauensverhältnis zwischen Patient und Therapeut vorliegt. - Der Therapeut wirkt unsicher. - Es wird eine zusätzliche Belastung durch den Einsatz zahlreicher technischer Hilfsmittel oder Einbezug fremder Personen geschaffen. - Es gab keine ausgiebige Aufwärmphase. - Es erfolgt keine intensive Nachbesprechung mit dem Therapeuten nach der Durchführung von Verhaltensübungen im Alltag des Patienten, so daß der Patient sich mit seinen Erfahrungen nicht noch einmal im Therapieprozess auseinandersetzen kann. - Der Therapeut beeinträchtigt den Aufbau von Selbstbeobachtung und -korrektur, indem er dem Patienten diesbezüglich immer zuvorkommt und ihm dadurch keinen Raum läßt, sich zunächst einmal eigenständig zu erfahren. - Der Therapeut läßt einige Bereiche sozialer Kompetenz unberücksichtigt; er bezieht sich nicht auf die bereits vorhandenen Fähigkeiten des Patienten.

5. Fallbeispiel

Herr T. ist 39 Jahre alt und aufgrund seiner manisch-depressiven Erkrankung seit zwei Jahren berentet. Er ist von Beruf Realschullehrer (naturwissenschaftliche Fächer), konnte diesen

Beruf jedoch in den Jahren vor der Berentung nur noch phasenweisen (nie länger als 3 Monate am Stück) ausüben. Die Erkrankung trat erstmals vor sieben Jahren auf. Vor vier Jahren wurde Herr T. erstmalig psychiatrisch hospitalisiert. Der jetzige Aufenthalt ist die fünfte Aufnahme. Jedesmal waren es psychotische Symptome, die eine Einweisung zur Folge hatten. Die Themen drehten sich dann meist um das vor sieben Jahren erbaute Haus, die damit zusammenhängenden Probleme mit der Gemeindeverwaltung, den Nachbarn, den Schulden und der unklaren Zukunft. Die manische Symptomatik ist von unklarer Ausprägung, da hypomanisches Verhalten und maniforme Symptome immer nur nach Abklingen der depressiven Phasen berichtet wurden.

Als er in verhaltenstherapeutische Behandlung kommt ist er bereits drei Monate überwiegend medikamentös behandelt worden. Vor zwei Monaten wurde der erste Versuch mit Lithium begonnen und während der gesamten verhaltenstherapeutischen Behandlung beibehalten. Die Verhaltenstherapie wurde über 10 Wochen stationär und über zehn daran anschließende Wochen ambulant durchgeführt.

Herr T. ist verheiratet. Seine Frau ist 31 Jahre alt und Hausfrau, obgleich sie keine Kinder haben. Die Ehe besteht seit 8 Jahren und wurde geschlossen, nachdem die beiden sich knapp vier Monate kannten. Für beide ist es die erste Partnerschaft. Herr T. verbrachte während den letzten zwei Jahren nur insgesamt vier Monate zu Hause mit seiner Frau. Der Patient wurde von der Aufnahmestation auf die Psychotherapiestation überwiesen, da nach Besserung der depressiv psychotischen Symptomatik eine deutliche soziale Unsicherheit und eine unklare Partnerproblematik für die raschen Rückfälle und die Tendenz zur Chronifizierung verantwortlich gemacht wurde.

Dieser Eindruck bestätigte sich auf der Station. Herr T. vermied den Kontakt zu den Mitpatienten und nahm selten an Gruppenaktivitäten teil. Zu den Gruppengesprächen mußte er immer extra aufgefordert werden. Auch seine Beteiligung an diesen Gesprächen erfolgte nur aufgrund ausdrücklicher Bitte. Sie war dann knapp und abweisend. Herr T. wollte an den Wochenenden nicht nach Hause. Ging er dann doch, dann berichtete er am Montag meist über schlechte Erfahrungen.

Während den ersten vier Wochen konzentrierte sich die Behandlung vor allem auf seine sozialen Defizite und Hemmungen. Er nahm neben den regelmäßigen Einzelterminen (drei Gespräche pro Woche) auch an den zweimal wöchentlich stattfindenden Gruppentherapien zum Aufbau sozialer Kompetenzen teil. Diese geschlossene, über 8 Wochen gehende Gruppe mit maximal 10 Patienten und 2 Therapeuten orientiert sich an den verschiedenen Trainings zum Aufbau von Kommunikations- und sozialen Fertigkeiten (wie in den vorhergehenden Abschnitten dargestellt oder wie ULLRICH und ULLRICH 1976, HINSCH und PFINGSTEN 1983, PFINGSTEN und HINSCH 1991). Die Einzelkontakte vertieften diese Arbeit. Auch dort wurden überwiegend Rollenspiele zu konkreten Situationen auf der Station und in seinem Alltag draußen (z.B. Bewältigung eines Telefonats, Wünsche vorbringen der Patientengruppe gegenüber wegen Küchendienst, Kontakt aufnehmen zu einem neuen Patienten, Gefühle äußern einer Mitpatientin gegenüber usw.) durchgeführt.

Ein zusätzlicher Aspekt der Einzeltermine war die ausführliche Bearbeitung von automatischen Gedanken in sozialen Zusammenhängen. Es kam zu Tage, daß viele Unsicherheiten über das „richtige" Verhalten (soziale Regeln), über die Erwartungen anderer, über eigene Gefühle und über die Einschätzung und Wahrnehmung der eigenen Wirkung ihn beschäftigten. Meist endete die damit damit verbundene Gedankenkette mit Selbstabwertungen und Selbstkritik. Daher wurde wiederholt mit Herrn T. in Form des sokratischen Dialogs diese dysfunktionale Gedankenwelt bearbeitet. Vor allem Rollentausch und Realitätsüberprüfung waren die bevorzugten Strategien, um situationsangemessenere Gedanken zu erlernen. Die Aufgaben bestanden darin bestimmte Personen (z.B. einen Pfleger, eine Mitpatientin) über bestimmte Verhaltensweisen und deren Wirkung, über soziale Regeln und Erwartungen zu befragen.

Ab der fünften Behandlungswoche nahm die Ehefrau zunächst nur einmal wöchentlich, dann an zwei Gesprächsterminen der Woche teil.

Zwischen beiden Partnern war zumindest während den letzten Jahren eine deutliche Entfremdung eingetreten. Die Frau hatte durch die vielen krankheitsbedingten Abwesenheiten ihr eigenes Leben eingerichtet. War der Ehemann zu Hause, dann gingen sie sich meist aus dem Weg. Doch das „passive, pessimistische, langweilige, schwerfällige und begriffsstutzige Verhalten" (so die Ehefrau) des Mannes, provozierte bei ihr immer wieder Verstimmung, Ärger und Streit. Während er sich immer mehr verschloß. Über derartige Abläufe wurde zwischen beiden Partnern nie gesprochen. Die Frau war zudem verbittert darüber, daß die Mutter und die Schwester des Patienten der Ehefrau die Schuld an der Erkrankung des Ehemannes gaben. Wie er selbst darüber dachte und wie er zu diesen Äußerungen stand, war ihr unklar.

Bei den therapeutischen Gesprächen wurde außerdem deutlich, daß zwischen beiden Partnern recht unterschiedliche Interessen (z.B. bezüglich Freizeit, Urlaub, Haushaltsorganisation) und recht unterschiedliche Herangehensweisen an Pflichten bzw. Schwierigkeiten bestanden. Nachdem klar war, daß bei beiden der Wunsch bestand die Beziehung weiter zu führen und zu verbessern, wurden folgende Punkte in den Partnergesprächen bearbeitet:

1. Kennenlernen der jeweiligen Standpunkte zu verschiedenen Lebensbereichen (Krankheit des Mannes, Garten, Haus, Sex, Schwiegermutter).
2. Mitteilen, was der eine am anderen mag, gut findet, früher mochte, früher gut fand.
3. Äußern von Dingen, Verhaltensweisen und Gewohnheiten, die einen am anderen stören.
4. Konfliktgespräche, Einüben von Kommunikationsfertigkeiten wie zuhören, paraphrasieren, Kritik äußern, eigene Emotionen einbringen.
5. Tagesabläufe gestalten, gemeinsame Aktivitäten, persönliche Freiräume, Umgang mit Verwandten, Urlaub, Berufstätigkeit bzw. Beschäftigung der Frau.
6. Aufklärung über die Krankheit, die Medikamente, den Verlauf, die Gefahrensignale und Risiken, das Verhalten bei Krankheitsanzeichen.

Das wesentliche Medium dafür war die direkte Interaktion der beiden Partner. Es wurden Videoaufnahmen gemacht, die zeitweilig zusammen mit den Therapeuten in der Sitzung angesehen wurden. Herr T. nahm parallel dazu weiterhin an den Selbstsicherheitsübungen der Stationsgruppe teil.

Die Partnertherapie wurde empfehlungsgemäß auch nach Beendigung der Klinikbehandlung bei einem niedergelassenen Verhaltenstherapeuten fortgesetzt. Die pharmakologische Therapie wurde von einem Nervenarzt kontrolliert. Während den inzwischen verstrichenen zwei Jahren fand keine erneute Hospitalisierung statt. Durch Intensivierung der Gespräche und Erhöhung bzw. Ergänzung der Medikation konnten depressive Phasen ambulant aufgefangen werden. Die Frau hatte eine Halbtagsstelle in einer Behindertenwerkstatt angefangen. Herr T. war vor allem in einem Schachklub aktiv geworden. Er besuchte regelmäßig Malkurse an der örtlichen Volkshochschule. Musik hören und aufnehmen war neben der Gartenarbeit eine weitere wichtige Freizeitbeschäftigung.

Beibehaltung des Therapieerfolgs

1. Das frühzeitige Erkennen von Depressionen

Der Patient sollte durch die Therapie auch für die Zukunft selbst in die Lage versetzt werden, erste Anzeichen einer erneut auftretenden depressiven Verstimmung frühzeitig zu erkennen, und so etwaige Rückfälle, die mit verminderter Aktivität, negativen Gedanken oder anderen vorhersehbaren Belastungfaktoren zusammenhängen, zu vermeiden bzw. ihnen entgegenzuwirken. Um diese **Fähigkeiten zur Eigensteuerung** zu erreichen, sollte dem Patienten mit diesem Element folgendes ermöglicht werden: Die Fertigkeit, erneute depressive Stimmungen frühzeitig zu erkennen; die Kenntnis der Mittel, die in Zukunft möglicherweise starke depressive Verstimmungen verhindern können bzw. Mittel, die aus einem solchen Tiefpunkt wieder herauszuführen vermögen; die Fertigkeit, solche Methoden oder Techniken bei Bedarf einzusetzen und den Erfolg zu bewerten; die Fertigkeit, Ereignisse oder Belastungsfaktoren möglichst frühzeitig vorauszusehen, die das Risiko einer erneuten depressiven Verstimmung mit sich bringen und diesen Ereignissen präventiv zu begegnen.

Alle stimmen darin überein, daß es wesentlich einfacher ist, gegen Probleme (also auch Depressionen) vorbeugend etwas zu tun, als erst dann, wenn diese Probleme schon massiv aufgetreten sind. Trotzdem fällt es den meisten Leuten sehr schwer, präventiv zu denken bzw. zu handeln.

Oft achtet man erst dann auf sein Befinden, wenn es massiv beeinträchtigt ist. Deshalb ist es für die Aufrechterhaltung des einmal erreichten Therapieerfolgs unabdingbar, den Erfolg auch regelmäßig zu überwachen und zu kontrollieren.

Der Therapeut sollte den Patienten dazu anregen, auch weiterhin sich selbst, seine Aktivitäten, automatischen Gedanken, sozialen Verhaltensweisen und Problemlösefertigkeiten regelmäßig zu beobachten. Dies muß jedoch nicht mehr unbedingt täglich geschehen, sondern kann zu wöchentlicher Beobachtung übergehen. Wichtig ist bei dieser eigengesteuerten Selbstbeobachtung jedoch, daß Therapeut und Patient zusammen Hinweisreize erarbeiten, die dem Patienten signalisieren, wann sein erwünschtes Aktivitätsniveau sinkt oder sich alte, negative Denkgewohnheiten wieder einschleichen. Damit kann der Patient einer verstärkten Passivität und einem damit einhergehenden Verlust angenehmer Ereignisse entgegenwirken, aber auch automatisch auftretende Gedanken, die zu depressiven Stimmungen führen, möglichst eindeutig und frühzeitig erkennen.

Diese wöchentliche (oder unter Umständen auch monatliche) Selbstbeobachtung des Patienten sollte an ein regelmäßig auftretendes Ereignis geknüpft werden (wie z.B. der wöchentliche Schwimmabend oder der monatliche Gehaltsauszug).

> **Beispiel:**
> Frau K.'s Liste an „Warnsignalen" 1. Schlechter Schlaf (plötzlich auftretend oder über zwei Tage anhaltender unruhiger Schlaf mit vielen Träumen). 2. Morgens schon wie gerädert fühlen und dabei einen Druck auf der Brust fühlen. 3. Hektik und Zeitdruck, um die täglichen Dinge zu schaffen. 4. Die ganze Woche keine Zeit für sich selbst gehabt (mindestens drei Stunden).

2. Aufrechterhaltung bzw. Erhöhung positiver Aktivitäten

Im Verlauf der zuvorgenannten Elemente haben Therapeut und Patient Methoden zur Erhöhung positiver Aktivitäten bzw. Verminderung von Passivität kennengelernt, die für den einzelnen Patienten besonders hilfreich waren oder mit denen er/sie besonders gut umgehen konnte. Ein individueller Katalog solcher Bewältigungsmethoden sollte daher noch einmal explizit gemeinsam aufgestellt werden. Dies gestattet dem Patienten, zu gegebener Zeit Gebrauch davon zu machen.

Der Patient sollte sich dazu Fragen stellen, wie z.B. „Was hat mir am meisten geholfen, um aus meiner Passivität herauszukommen?" oder „Was hilft mir, die begonnenen regelmäßigen Aktivitäten weiter durchzuhalten?". Außerdem sollte der Patient mit Hilfe des Therapeuten eine weitere Liste solcher Aktivitäten erstellen, die ihm am meisten Spaß machen bzw. die er gerne durchführen würde. Auch der bereits erstellte Katalog individueller angenehmer Aktivitäten sollte noch einmal durchgesprochen und gegebenenfalls ergänzt werden.

Besonderes Interesse sollte den Problemen gelten, die bei der Durchführung von positiven Aktivitäten oder der Kontrolle depressionsfördernder Aktivitäten bisher aufgetreten sind. Sie müssen ausführlich besprochen und analysiert werden. Außerdem sollten Hinweise zur Problemlösung vergangener bzw. gegenwärtig bestehender Probleme erarbeitet werden. Therapeut und Patient gehen auch noch einmal darauf ein, mit welchen Methoden der Patient seine Aktivitäten erhöhen möchte. Falls nötig, greift der Therapeut bei der Wahl der Methoden korrigierend ein.

> **Beispiel:**
> Frau S. erkannte im Verlauf der Therapie, daß ein angemessen hohes Niveau angenehmer Aktivitäten im Verlauf einer Woche ihr besonders half, Verspannungen, Kopfschmerzen und depressive Verstimmungen (bis hin zu starken Selbstzweifeln und Lebensüberdruß) zu vermeiden. Sie hatte sich daher vorgenommen, in Zukunft besonders darauf zu achten, daß sie täglich 5 für sie angenehme Dinge ihrer persönlichen Liste angenehmer Aktivitäten einplante und durchführte. Dazu gehörte auch, daß in der Woche einmal abends (19:30 Uhr) sie sich mit ihrem Frauenkränzchen traf, nachmittags schwimmen ging (für mindestens 2 Stunden) und einmal im Monat ins Theater, in die Operette gehen oder einen kleinen Ausflug (z.B. in den Zoo o.ä.) machen wollte. Sollte sie aus geschäftlichen Gründen einen Tag oder eine ganze Woche verhindert sein, dann soll zum nächstmöglichen Zeitpunkt (anderen Tag oder in der nächsten Woche) das Ausgefallene nachgeholt werden.

3. Hilfen zur Stabilisierung veränderter Kognitionen

Die grundlegende Methode, um erneut auftretende negative Gedanken und kognitive Verzerrungen zu kontrollieren und Veränderungen im Denken des Patienten zu stabilisieren, ist die regelmäßige Anwendung des Tagesprotokolls negativer Gedanken. Besonders wenn wiederholt Tage oder Phasen auftreten, die von negativen Stimmungen getrübt sind, sollte der Patient die die Emotionen begleitenden Gedanken genauer beobachten. Eine solche Selbstbeobachtung von Kognitionen empfiehlt sich auch unabhängig von negativen Stimmungen von Zeit zu Zeit, um das allmähliche Wiedereinschleichen alter Denkgewohnheiten zu verhindern. Der Patient sollte in solchen Fällen über ein paar Tage hinweg jeweils dann Eintragungen auf dem Bogen des Tagesprotokolls machen, wenn es ihm/ihr schlecht geht, er/sie sich plötzlich negativer fühlt o.ä. Damit ist es ihm selbst möglich, automatische Gedanken, die negative Stimmungen beeinflussen, herauszufinden, wie auch die erneut auftretenden Kognitionen, Verzerrungen und Fehler zu benennen.

Der Patient sollte dann auf in der Behandlung gelernte Strategien zurückgreifen, um diese Gedanken und Kognitionen zu korrigieren. Solche Strategien sind z.B. „Reattribuieren" oder „rationale Alternativen finden". Auch diese korrigierenden Maßnahmen sollte der Patient in das Tagesprotokoll entsprechend eintragen.

Beispiel:
Eine ältere, allein lebende Patientin beendete eine 19 Sitzungen umfassende Verhaltenstherapie recht erfolgreich. In der letzten Sitzung war sie nochmals auf den Wert des Tagesprotokolls negativer Gedanken in bezug auf das selbständige Entdecken und Beeinflussen von gedanklichen Verzerrungen hingewiesen worden. Im Verlauf des dreijährigen Nachkontrollzeitraums griff die Patientin wiederholt auf dieses Schema zurück. Einmal ging es ihr aus zuerst unerklärlichen Gründen plötzlich schlecht. Erst das Protokollieren der Ereignisse und die damit verbundenen automatischen Gedanken zeigten ihr, daß sich ihre alten Selbstzweifel hinsichtlich ihrer selbständigen Lebensführung, in bezug auf das Instandhalten des Hauses, die Pflege des Gartens und der täglichen Hausarbeit wieder eingeschlichen hatten. Sie erinnerte sich an die zahlreichen Gespräche mit dem Therapeuten darüber. Sie formulierte dann selbständig konstruktivere Alternativen und konnte so die beginnende Phase des Niedergeschlagenseins frühzeitig meistern. Durch die Anwendung dieses Vorgehens gelang es der Patientin während des Nachkontrollzeitraums, ohne fremde Hilfe auszukommen.

Das Tagesprotokoll negativer Gedanken, das bereits während der Behandlung intensiv als Hilfsmittel benützt wird, sollte jedem Patienten auch als wertvolle Präventions- und Selbsthilfemaßnahme nahegelegt werden. Gerade durch seine Einfachheit ist es auch ohne Anleitung durch einen Therapeuten für jeden leicht verfügbar.

4. Rechtzeitiges Erkennen depressionsauslösender Ereignisse

Es gibt eine Reihe von Belastungen oder Streßfaktoren im Leben eines jeden Menschen, die das Risiko für depressive Verstimmungen stark erhöhen. Solche kritischen Lebensereignisse sind z.B. der Tod nahestehender Personen, eine Trennung, gesundheitliche Ereignisse, finanzielle Schwierigkeiten usw. Allerdings können auch positiv erlebte Ereignisse (z.B. Umzug, Geburt eines Kindes, Beförderung oder Beginn einer neuen Beziehung) Depressionen auslösen (siehe

---

Lebensereignisse, die Depressionen auslösen (Rückfallrisiken)

A. Soziale Trennungen
1. Tod des Ehegatten, eines nahen Verwandten oder engen Freundes
2. Scheidung
3. In einer Ehe getrennt leben
4. Sohn oder Tochter verläßt das Elternhaus
5. Wohnungswechsel

B. Gesundheitliche Faktoren
1. Gravierende Gesundheitsstörung bei sich selbst oder einem nahen Verwandten
2. Eigene Verletzung oder Erkrankung

C. Neue Verpflichtungen und Anpassungen
1. Heirat
2. Sorge für ein neues Familienmitglied

D. Berufliche Ereignisse
1. Berufswechsel
2. Beförderung und/oder wesentliche berufliche Veränderung
3. Entlassen werden
4. Ärger mit dem Chef
5. In den Ruhestand gehen
6. Ehegatte nimmt Berufstätigkeit auf oder beendet sie
7. Wechsel zu einer anderen Arbeitsstelle
8. Ende der offiziellen Ausbildung

E. Finanzielle und materielle Ereignisse
1. Drückende Schulden
2. Finanzielle Rückschläge
3. Verlust persönlichen Eigentums durch Feuer, Diebstahl usw.
4. Juristische Probleme

Diese Aufzählung ist nicht vollständig, stellt aber Beispiele für Lebensereignisse in verschiedenen Lebensbereichen dar, die möglicherweise depressionsfördernd sein können. Bitte beachten Sie, daß nicht nur als negativ empfundene Ereignisse Depressivität und Niedergeschlagenheit nach sich ziehen können, sondern auch Ereignisse, die als sehr positiv erlebt werden.

die Liste „**Lebensereignisse**" als Rückfallrisiken), da sie oft das Leben des Patienten grundlegend verändern.

Einschneidende Ereignisse oder Veränderungen im Leben des Patienten sollten daher in präventiver Weise besprochen werden, indem der Patient die von ihm erwarteten Auswirkungen auf sein Verhalten bzw. sein Leben möglichst eingehend beschreibt. Daraufhin sollte beispielhaft für ein solches Ereignis ein Selbsthilfeplan erarbeitet werden. Der Patient wird ermuntert, in ähnlicher Weise mit weiteren vorhersehbaren Veränderungen bzw. Ereignissen zu verfahren.

Außerdem ist darauf hinzuweisen, daß in Zeiten solcher Veränderungen die routinemäßige Selbstbeobachtung sehr hilfreich ist und deshalb besonders sorgfältig durchgeführt werden sollte, um auf erste Anzeichen von Depressivität stärker zu achten. Zusammen mit dem Therapeuten kann auch ein „Notfallplan" erarbeitet werden, in dem schriftlich festgehalten wird, welche Strategien im Falle erhöhten Stresses und erster Anzeichen von depressiver Stimmung durchzuführen sind. Hierzu gehört in Fällen starker emotionaler Belastungen z.B. vertraute Personen um Unterstützung zu bitten (siehe das Kapitel zur „sozialen Unterstützung").

Beispiel:
Für Frau St. wurde am Ende der Therapie vereinbart, daß sie zu Zeiten, zu denen es ihr nicht gut geht (einige depressive Symptome sind bemerkbar) nicht in Urlaub fahren soll. Selbst Wochenend- und „Erholungsausflüge" sind ungünstig.

5. Planung der Zukunft

Depressionen erfolgreich verhindern heißt nicht nur, sich auf die Schicksalsschläge und Wechselfälle des Lebens vorbereiten und ihnen angemessen begegnen zu können, sondern in wesentlichem Maße auch, aktiv seine eigene zukünftige

Entwicklung zu planen und zu gestalten. Auf der Basis der zu diskutierenden Werte des Patienten sollten allgemeine Ziele, die dem Patienten in bezug auf seine Aktivitäten wichtig sind, formuliert und schriftlich festgehalten werden. Hierbei kann die Benutzung der „**Zielerreichungsskala**" hilfreich sein, da auf diese Weise die zu formulierenden Ziele in verschiedene Lebensbereiche eingeordnet und damit operationalisiert werden können. Wichtig ist hier, den Patienten darauf hinzuweisen, seine Ziele in kurz und langfristige Ziele zu unterteilen und die durchgeführten Veränderungen bzw. Aktivitäten im Hinblick auf die erfolgte Annäherung an die eigenen Vorstellungen zu bewerten.

Die Formulierung der Ziele sollte hierbei jedoch nicht mit dem Setzen von Grundwerten durch den Patienten verwechselt werden. **Werte** sollten hier als allgemeine Prinzipien betrachtet werden, die dem Patienten wertvoll erscheinen und als Richtschnur für Aktivitäten oder Tätigkeiten dienen. **Ziele** dagegen sind spezifische Zwecke, auf die man die eigenen Bemühungen richtet und die ihre Bedeutung aus den Wertvorstellungen erhalten. Diese Unterscheidung ist wichtig, da depressive Menschen Werte und Ziele leicht vermischen und somit im Sinne überhöhter Ansprüche sich das unerreichbare Ziel setzen, den eigenen idealen Werten durch ihr Verhalten zu genügen.

Unter Umständen ist es in diesem Zusammenhang auch sinnvoll, die Angst vor Veränderungen, die bei vielen Patienten vorhanden ist, zu thematisieren. Häufige Gründe, Veränderungen und somit auch deren Planung zu vermeiden, sind: Angst davor, den gegenwärtig bekannten (wenn auch nicht zufriedenstellenden) Zustand zu verändern; Angst davor, wankelmütig oder unbeständig zu erscheinen; Angst, die Veränderungen könnten als Eingeständnis eines Mißerfolges verstanden werden; Angst davor, durch das Planen eine gewisse Spontaneität einzubüßen; Angst vor Experimenten.

Im Rahmen dieses Vorgehens sollte der Therapeut **drei Hauptlinien** verfolgen:

1. Er sollte die Inhalte, die hier vermittelt wurden, noch einmal in kurzer Form zusammenfassen und daraufhin den Patienten ermuntern, selbst zu formulieren, welche Bedeutung diese inhaltlichen Bestandteile für sein persönliches Verhalten und seine persönliche Problematik haben. Diese Aufgabe muß der Patient selbst lösen. Der Therapeut sollte den Patienten also höchstens an eigene Aussprüche erinnern, ihm jedoch auf keinen Fall die Aufgabe abnehmen.

2. Therapeut und Patient müssen noch einmal die Probleme, die für den Patienten bei der Therapie aufgetreten sind (z.B. bei der Selbstbeobachtung der Zielplanung, der Durchführung von Aktivitäten oder deren Bewertung) ansprechen und analysieren. Sind einzelne Probleme noch weiterhin vorhanden, so sollten Hinweise zur Lösung dieser Probleme erarbeitet werden; eventuell ist eine Problemliste aufzustellen, die der Patient zunächst selbständig zu bearbeiten versucht.

3. Der Therapeut sollte mit dem Patienten die zukunftsorientierten Methoden besprechen, mit deren Hilfe das erreichte Niveau und die erreichten Veränderungen aufrechterhalten werden sollen. Besonderes Augenmerk ist dabei auf die Notwendigkeit des aktiven Vorgehens des Patienten und der aktiven Gestaltung seiner Zukunft zu richten.

Angemessenes Therapeutenverhalten:

- Der Therapeut ermutigt den Patienten zur Fortführung der Selbstbeobachtung in der Zukunft zwecks Kontrollmöglichkeit über sein Aktivitätsniveau. - Therapeut und Patient suchen gemeinsam nach Anzeichen für das Absinken des angestrebten Aktivitätsniveaus, um etwaiger Passivität rechtzeitig entgegenzuwirken. - Therapeut und Patient entwickeln zusammen eine Aufstellung der für den Patienten individuell angemessenen Bewältigungsformen, die ihm dann gegebenenfalls schnell präsent und verfügbar sind. - Therapeut leitet abschließend den Patienten an, die Bedeutung einzelner Aspekte präventiven Herangehens für seine persönliche Situation zu klären. - Bei Durchführung des Elements auftretende Probleme sollten gemeinsam besprochen werden; gegebenenfalls kann eine Problemliste erarbeitet werden, für deren Lösung der Patient eigenständig Möglichkeiten benennt. - Der Therapeut unterstützt den Patienten darin, seine Zukunft aktiv zu gestalten (z.B. mit Hilfe der Zielerreichungsskala).

Ungünstiges Therapeutenverhalten:

- Der Therapeut vernachlässigt die für den Patienten bei der präventiven Methode entstehenden Schwierigkeiten und riskiert, daß der Patient in Zukunft nicht in der Lage ist, in problematischen Lebenssituationen in nicht-depressiver Form zu reagieren. - Der Therapeut gibt dem Patienten Ratschläge, wie er seine Zukunft planen soll und schafft damit eine stärkere Abhängigkeit des Patienten von ihm. - Der Therapeut entscheidet, welche Bewältigungsmethoden für Depressionen der Patient anwenden sollte. - Der Therapeut verdeutlicht nicht hinreichend die Wichtigkeit fortgesetzter Selbstbeobachtung und die Suche nach Signalen für Depressionen, so daß die Gefahr besteht, daß der Patient seine Stimmung zu spät erkennt, um ihr noch vorbeugen zu können. - Der Therapeut zählt lediglich auf allgemeiner Ebene Probleme auf, die entstehen könnten, ohne die individuelle Situation des Patienten zu berücksichtigen.

Informationen zur Krankheit Depression

Als Ratgeber und Informationsbroschüre für betroffene Patienten, deren Angehörige und für die Berufsgruppen in der Klinik, die mit depressiven Patienten zu tun haben, empfiehlt sich ein kleines, preiswertes Buch: „Depression: Wege aus der Krankheit" (Wittchen, Möller, Vossen, Hautzinger, Kasper, Heuser 1995), zu dem es auch eine Diareihe mit Begleitbuch gibt. Diese Informationen („Depressive Störungen erkennen und behandeln", Kasper et al. 1994) sind für Hausärzte gedacht, doch bieten sich Broschüre und Dias auch für die Arbeit mit Angehörigen depressiver Patienten an.

Andere hilfreiche Bücher sind das Buch von D. Burns (1995) „Fühl' Dich gut" und das Buch von H. Stavemann (1995) „Emotionale Turbulenzen".

VIII. Supervision und Kontrolle kognitiver Verhaltenstherapeuten

Sowohl im Rahmen der Aus- und Weiterbildung als auch in der begleitenden Supervision ist die Beurteilung von Therapeuten zentral. Im folgenden Abschnitt soll daher ein Raster vorgeschlagen werden, das anhand von 11 Kategorien eine Therapeutenbeurteilung während einer Behandlungsitzung mit kognitiver Verhaltenstherapie nach dem hier beschriebenen Vorgehen erlaubt. Diese Beurteilungskategorien wurden in einem Forschungszusammenhang entwickelt, eingesetzt und untersucht (HAUTZINGER 1986). Selbst wenn in der Supervision nicht auf die Skalenwerte der Beurteilungskategorien zurückgegriffen wird, so bietet die Verwendung des **Antwortbogens** (siehe Abbildung) dennoch eine gute Grundlage, die wesentlichen Aspekte einer verhaltenstherapeutischen Sitzung mit einem depressiven Patienten berücksichtigt zu haben.

Planung der Therapiestunde: Die zeitliche Begrenzung der therapeutischen Intervention erfordert eine effektive Anwendung und Ausnutzung jeder Sitzung. Die Erstellung einer Tagesordnung zu Beginn jeder Sitzung hilft, daß wesentliche Punkte erfaßt und für die Bearbeitung

1. Planung der Therapiestunde	0	1	2
2. Hausarbeiten bearbeiten	0	1	2
3. Begründungen geben, Reformulierungen	0	1	2
4. Schlüsselprobleme benennen	0	1	2
5. Anwendung bestimmter Techniken	0	1	2
6. Hausarbeiten geben	0	1	2
7. Einhaltung der Tagesordnung	0	1	2
8. Gelenktes Fragen, Sokratischer Dialog	0	1	2
9. Verständnis	0	1	2
10. Interaktionswirksamkeit	0	1	2
11. Interesse	0	1	2

0 = trifft nicht zu   1 = trifft teilweise zu   2 = trifft voll zu

Antwortbogen für die Beurteilung einer verhaltenstherapeutischen Sitzung

bereitgelegt werden. Die Einbeziehung des Patienten ist wichtig und vorrangig. Die Vorschau auf eine Sitzung durch eine Tagesordnung sollte daher in den ersten 10 bis 15 Minuten einer Sitzung stattfinden.

Hausarbeiten bearbeiten: Hausarbeiten zu geben ist aus folgenden Gründen eine Verpflichtung des Therapeuten: 1. Das Erlernen von neuen Fertigkeiten wird erleichtert. 2. Ein Raster für Selbstwahrnehmung und -analyse des eigenen Verhaltens, der Stimmung und der Gedanken wird geliefert. 3. Wichtige Verhaltensinformationen und Schlüsselprobleme werden zusammengetragen.

Zu Beginn jeder Sitzung werden die Hausarbeiten besprochen. Dabei sind Erfolge und Bemühungen des Patienten anzuerkennen und zu verstärken. Mißerfolge sollten mit Hilfe von Problemlösestrategien bearbeitet werden. Günstig ist es, wenn der Therapeut die Zusammenhänge zwischen Erfolgen bzw. Mißerfolgen des Patienten bei der Erledigung der Hausaufgaben, dem kognitiv-verhaltenstheoretischen Verständnis der Depression und den Schlüsselproblemen aufzeigt.

Begründungen geben, Reformulierungen: Wie mehrfach betont, ist die Transparenz des Vorgehens und des Verständnisses ein zentraler Aspekt dieser Behandlungsrichtung. Befinden, Verhalten und Denken stehen in wechselseitiger Beziehung und diese kognitiv-verhaltenstheoretische Erklärung wird dem Patienten immer wieder verdeutlicht.

Schlüsselprobleme benennen: Der Therapeut hat die Aufgabe, aus den Gesamtschwierigkeiten des Patienten die Schlüsselprobleme herauszuarbeiten. Es ist wichtig, daß die sowieso begrenzte Therapiezeit nicht mit peripheren, sondern mit zentralen Problemen gefüllt wird. Der Therapeut hat dabei auch die Aufgabe, die Inhalte der Behandlung auf die Bearbeitung dieser zentralen Themen zu lenken.

Anwendung bestimmter Techniken: Aufgrund der Festlegung bestimmter Tagesordnungspunkte einer Behandlungssitzung und der Herausarbeitung von Schlüsselproblemen wird der Therapeut bestimmte „Techniken" auswählen, um damit die Fertigkeiten des Patienten bei der Vermehrung angenehmer Aktivitäten, der Verminderung belastender Dinge, in sozialen Situationen und Interaktionen sowie auf kognitiver Ebene der automatischen Gedanken, Einstellungen und Grundannahmen zu entwickeln. Dazu ist es notwendig, daß der Therapeut sein Vorgehen bzw. seinen Veränderungsvorschlag benennt, erklärt und mit dem Patient erprobt. Die Anleitung zur selbständigen Anwendung durch den Patienten ist ein wichtiges Ziel.

Hausarbeiten geben: Hausarbeiten und Aufgaben stellen die Fortsetzung der Therapiesitzungen dar. Der Therapeut sollte in jeder Behandlungssitzung eine klar umrissene und lösbare Aufgabe geben. Diese Aufgaben sollten sich aus den Sitzungsinhalten herleiten, zum Erwerb bestimmter Problemlösefertigkeiten führen, das Verständnis des Patienten für seine Schwierigkeiten erhöhen, seine Fertigkeiten zur Verhinderung von zukünftigen Schwierigkeiten steigern und zur Informationsgewinnung über die Behandlungsfortschritte beitragen. Meist werden die Aufgaben und Übungen zwischen den Sitzungen am Ende des Therapiekontaktes gegeben. Mögliche Schwierigkeiten beim Durchführen der Aufgaben sollten antizipiert und Lösungsmöglichkeiten gesucht werden. Hausarbeiten sollten möglichst das Ergebnis gemeinsamen Bemühens sein.

Einhalten der Tagesordnung: Einhalten und Bearbeiten der vorher gesammelten Themen ist Ziel von Therapeut und Patient. Es stellt eine Anforderung an den Therapeuten dar, trotz Beachtung der gemeinsamen Sitzungsplanung ausreichende Flexibilität zu zeigen, um Probleme, die während des Sitzungsverlaufs erkannt werden, noch mit zu berücksichtigen und die Tagesordnung entsprechend zu modifizieren.

Gelenktes Fragen, Sokratischer Dialog: Kernstück kognitiver Vorgehensweise ist es, durch diese spezifische Gesprächsform Patienten selbst zu Einsichten und Erkenntnissen kommen zu lassen. Durch geschicktes Fragen seitens des Therapeuten wird dieser Prozeß ermöglicht. Dozieren und Argumentieren sind entsprechend ungünstige Verhaltensmerkmale des Therapeuten.

Verständnis: Der Therapeut hat die Aufgabe, die Welt, die Gedanken und die Gefühle des Patienten zu verstehen und dieses Verständnis dem Patienten auf möglichst eindeutige, präzise und einfühlende Weise zu vermitteln. Empathisches Verstehen zeigen Therapeuten, die in der Lage sind, sich intellektuell auf die Ebene des Patienten zu begeben, seine Sichtweise der Welt zu verstehen und zu empfinden. Die gebräuchlichsten Methoden hierbei sind konkretes Fragen, Paraphrasieren und Zusammenfassungen geben. Wirksame therapeutische Interventionen erfordern ein klares Verständnis der Welt des Patienten.

Interaktionswirksamkeit: Die Wirksamkeit der Verhaltenstherapie wird dadurch gesteigert, daß es dem Therapeuten gelingt, Aufmerksamkeit, Interesse, Fürsorge, Echtheit und professionelle Kompetenz zu zeigen und in die Interaktion mit dem Patienten einzubringen.

Interesse: Kognitive Verhaltenstherapeuten haben die Aufgabe, eine Balance zwischen Interessiertsein, emotionaler Wärme, Gewährenlassen und Direktivität zu halten. Kühle Distanziertheit und Geschäftigkeit (womöglich unter Zeitdruck) erschweren die Entwicklung einer kooperativen, entspannten Beziehung. Neben Interesse und Verständnis sind Rückmeldungen, Konfrontation, Selbsteinbringung und Anleitung wichtige Basisvariablen.

Grundlage für die Beurteilung anhand dieser Kategorien ist die gesamte Therapiesitzung. Entsprechend eigener Voruntersuchungen (HAUTZINGER 1986) kann ein Gesamtwert von 11 Punkten (aus den 11 spezfischen Kategorien) als Ausdruck eines befriedigenden verhaltenstherapeutischen Handlungsniveaus betrachtet werden. Dieser Wert dürfte im Rahmen einer Supervision weniger von Bedeutung sein. Dort können die einzelnen Dimensionen inhaltlich anhand der unterschiedlichen Beurteilungen der an der Supervision beteiligten Kollegen diskutiert werden.

IX. Anhang

1. Verkürzte, neue Liste zur Erfassung angenehmer Aktivitäten .... S. 160
2. Kompetenzliste kognitiver Verhaltenstherapeuten bei depressiven Patienten .... S. 167
3. Protokollblatt für Selbstbeobachtung angenehmer Tätigkeiten .... S. 171
4. Protokollblatt für Grafik .... S. 173

Liste zur Erfassung angenehmer Aktivitäten

Im folgenden finden Sie 198 angenehme Aktivitäten. Bitte kreuzen Sie an, wie angenehm jede Aktivität für Sie ist.

	sehr angenehm	angenehm	weder noch	un-angenehm
1. Ins Grüne fahren	++	+	0	-
2. Modische oder exklusive Kleidung tragen	++	+	0	-
3. Für einen guten Zweck spenden	++	+	0	-
4. Sich über Sport unterhalten	++	+	0	-
5. Eine neue Bekanntschaft machen	++	+	0	-
6. Zu einem Konzert gehen	++	+	0	-
7. Federball/Badminton/Squash spielen	++	+	0	-
8. Ausflüge oder Urlaubsfahrten planen	++	+	0	-
9. Für sich selbst Dinge einkaufen	++	+	0	-
10. Sich künstlerisch betätigen (Zeichnen, Filme drehen, Bildhauerei usw.)	++	+	0	-
11. Kletterfahrten oder Bergtouren machen	++	+	0	-
12. Die Bibel oder andere religiöse Schriften lesen	++	+	0	-
13. Gold oder Minigolf spielen	++	+	0	-
14. Zimmer oder Haus auf- oder umräumen	++	+	0	-
15. Zu einer Sportveranstaltung gehen	++	+	0	-
16. In ein Lokal gehen	++	+	0	-
17. Zu einer Rennveranstaltung gehen (Pferde-, Auto-, Bootsrennen usw.)	++	+	0	-
18. Tips und Ratschläge zur Selbsthilfe lesen	++	+	0	-
19. Romane, Erzählungen, Theaterstücke oder Gedichte lesen	++	+	0	-
20. Zu Vorträgen gehen	++	+	0	-
21. Autofahren	++	+	0	-
22. Eine Sache klipp und klar sagen	++	+	0	-

		sehr angenehm	angenehm	weder noch	unangenehm
23.	Segeln, Motorboot oder Kanu fahren	++	+	0	−
24.	Antiquitäten restaurieren, Möbel aufbereiten	++	+	0	−
25.	Fernsehen	++	+	0	−
26.	Zelten	++	+	0	−
27.	Sich politisch betätigen	++	+	0	−
28.	An technischen Dingen arbeiten (Autos, Fahrräder, Motorräder, Hausgeräte usw.)	++	+	0	−
29.	Positive Zukunftspläne schmieden	++	+	0	−
30.	Karten spielen.	++	+	0	−
31.	Eine schwierige Aufgabe meistern	++	+	0	−
32.	Puzzle, Kreuzworträtsel usw. lösen	++	+	0	−
33.	Mit Freunden oder Bekannten zusammen essen	++	+	0	−
34.	Tennis spielen.	++	+	0	−
35.	Eine Dusche nehmen	++	+	0	−
36.	Lange Strecken fahren	++	+	0	−
37.	Holz- oder Schreinerarbeiten ausführen.	++	+	0	−
38.	Romane, Erzählungen, Theaterstücke oder Gedichte schreiben	++	+	0	−
39.	Sich mit Tieren beschäftigen	++	+	0	−
40.	Erkundigungsgänge machen (von gewohnten Straßen abweichen, unbekannte Gegenden erforschen usw.)	++	+	0	−
41.	Eine offene und ehrliche Unterhaltung führen	++	+	0	−
42.	In einem Chor singen	++	+	0	−
43.	Über sich selbst und seine Probleme nachdenken.	++	+	0	−
44.	Sich beruflich engagieren	++	+	0	−
45.	Zu einer Party gehen	++	+	0	−
46.	Eine Fremdsprache lernen.	++	+	0	−
47.	Zu einer kirchlichen Veranstaltung gehen (Vorträge, Bazare usw.).	++	+	0	−
48.	Zu Versammlungen von gemeinnützigen oder sozialen Vereinen gehen	++	+	0	−
49.	An einer Tagung teilnehmen	++	+	0	−
50.	Ein Musikinstrument spielen	++	+	0	−
51.	Skilaufen	++	+	0	−
52.	Leger gekleidet sein.	++	+	0	−
53.	Sein Haar kämmen oder bürsten	++	+	0	−
54.	Schauspielerisch tätig sein	++	+	0	−

		sehr angenehm	angenehm	weder noch	un- angenehm
55.	Ein Nickerchen machen	++	+	0	-
56.	Mit Freunden zusammen sein	++	+	0	-
57.	Lebensmittel einmachen, einfrieren, Vorräte anlegen	++	+	0	-
58.	Ein Bad nehmen	++	+	0	-
59.	Vor sich hinsingen	++	+	0	-
60.	Billard spielen	++	+	0	-
61.	Schach oder Dame spielen	++	+	0	-
62.	Mit künstlerischen Materialien arbeiten (Ton, Leder, Perlen usw.)	++	+	0	-
63.	Zirkus oder Zoo besuchen	++	+	0	-
64.	Make-up auflegen, sein Haar richten usw.	++	+	0	-
65.	Etwas entwerfen oder zeichnen	++	+	0	-
66.	Bowling spielen	++	+	0	-
67.	Tiere beobachten	++	+	0	-
68.	Gartenarbeiten verrichten	++	+	0	-
69.	Fachliteratur oder Sachbuch lesen	++	+	0	-
70.	Neue Kleidung tragen	++	+	0	-
71.	Tanzen	++	+	0	-
72.	In der Sonne sitzen	++	+	0	-
73.	Motorrad fahren	++	+	0	-
74.	Nur so herumsitzen und nachdenken	++	+	0	-
75.	Einen Vergnügungspark besuchen	++	+	0	-
76.	Sich über Philosophie oder Religion unterhalten	++	+	0	-
77.	Etwas planen oder organisieren	++	+	0	-
78.	Den Geräuschen in der freien Natur zuhören	++	+	0	-
79.	Verabredungen treffen	++	+	0	-
80.	Eine lebhafte Unterhaltung führen	++	+	0	-
81.	Radio hören	++	+	0	-
82.	Besuch von Freunden bekommen	++	+	0	-
83.	An einem sportlichen Wettbewerb teilnehmen	++	+	0	-
84.	Geschenke machen	++	+	0	-
85.	Zu Gerichtsverhandlungen gehen	++	+	0	-
86.	Massiert werden	++	+	0	-
87.	Briefe schreiben	++	+	0	-
88.	Den Himmel, Wolken oder Sturm beobachten	++	+	0	-

	sehr angenehm	angenehm	weder noch	un- angenehm
89. Sich im Freien aufhalten (Garten, Park, Picknick, Grillen usw.)	++	+	0	-
90. Basketball oder Volleyball spielen	++	+	0	-
91. Seiner Familie etwas kaufen	++	+	0	-
92. Fotografieren	++	+	0	-
93. Landkarten studieren	++	+	0	-
94. Dinge aus der Natur sammeln (Steine, Holze, Pilze usw.)	++	+	0	-
95. Seine finanziellen Angelegenheiten regeln	++	+	0	-
96. Saubere Kleidung tragen	++	+	0	-
97. Eine Anschaffung oder Investition tätigen (Auto, Geräte, Hausgegenstände usw.)	++	+	0	-
98. Jemandem helfen	++	+	0	-
99. Sich um eine neue Arbeit bewerben	++	+	0	-
100. Witze anhören	++	+	0	-
101. Gut essen	++	+	0	-
102. Etwas für seine Gesundheit tun (die Zähne in Ordnungen bringen lassen, Ernährung umstellen usw.)	++	+	0	-
103. In der Stadt herumbummeln	++	+	0	-
104. Ringen oder boxen	++	+	0	-
105. Schießsport betreiben	++	+	0	-
106. In einer Musikgruppe mitspielen	++	+	0	-
107. Wandern	++	+	0	-
108. Ein Museum oder eine Ausstellung besuchen	++	+	0	-
109. Tagebuch schreiben	++	+	0	-
110. Eine Aufgabe gut durchführen	++	+	0	-
111. Angeln gehen	++	+	0	-
112. Etwas verleihen	++	+	0	-
113. Jemanden beraten	++	+	0	-
114. In ein Fitness-Center, eine Sauna usw. gehen	++	+	0	-
115. Etwas Neues lernen	++	+	0	-
116. Jemandem Komplimente machen oder ihn loben	++	+	0	-
117. Über Leute nachdenken, die man mag	++	+	0	-
118. Reiten	++	+	0	-
119. Telefongespräche führen	++	+	0	-
120. Tagträumen	++	+	0	-
121. Ins Kino gehen	++	+	0	-

		sehr angenehm	angenehm	weder noch	un-angenehm
122.	Küssen.	++	+	0	-
123.	Allein sein.	++	+	0	-
124.	Essen kochen	++	+	0	-
125.	An einem Treffen oder einer Feier der Familie teilnehmen.	++	+	0	-
126.	Seine Haare waschen	++	+	0	-
127.	Eine Blume oder Pflanze sehen oder riechen	++	+	0	-
128.	Parfüm benutzen	++	+	0	-
129.	In Erinnerungen schwelgen, von früheren Zeiten sprechen.	++	+	0	-
130.	Morgens früh aufstehen	++	+	0	-
131.	Ruhe finden	++	+	0	-
132.	Freunde besuchen	++	+	0	-
133.	Beten	++	+	0	-
134.	Jemanden massieren.	++	+	0	-
135.	Meditation oder Yoga betreiben	++	+	0	-
136.	Mit Arbeits- oder Klassenkameraden sprechen	++	+	0	-
137.	Sich entspannen	++	+	0	-
138.	Über anderer Leute Probleme nachdenken	++	+	0	-
139.	Gesellschaftsspiele spielen	++	+	0	-
140.	Zeitung lesen	++	+	0	-
141.	Tischtennis spielen	++	+	0	-
142.	Laufen, Jogging, Gymnastik betreiben	++	+	0	-
143.	Barfuß laufen	++	+	0	-
144.	Ein Wurfspiel spielen	++	+	0	-
145.	Musik hören	++	+	0	-
146.	Sexuelle Befriedigung haben	++	+	0	-
147.	Stricken, Häkeln, Sticken oder Nähen	++	+	0	-
148.	Schmusen	++	+	0	-
149.	Leute erheitern	++	+	0	-
150.	Zu Friseur oder Kosmetikerin gehen	++	+	0	-
151.	Gäste im Haus haben	++	+	0	-
152.	Mit jemandem zusammen sein, den man mag	++	+	0	-
153.	Zeitschriften lesen.	++	+	0	-
154.	Ausschlafen	++	+	0	-
155.	Ein neues Vorhaben beginnen.	++	+	0	-

		sehr angenehm	angenehm	weder noch	un- angenehm
156.	Diskutieren	++	+	0	-
157.	In eine Bibliothek gehen	++	+	0	-
158.	Fußball oder Handball spielen	++	+	0	-
159.	Ein neues oder spezielles Gericht zubereiten	++	+	0	-
160.	Vögel beobachten	++	+	0	-
161.	Einen Einkaufsbummel machen.	++	+	0	-
162.	Leute beobachten	++	+	0	-
163.	Etwas verkaufen oder mit etwas handeln	++	+	0	-
164.	Ein Vorhaben oder Aufgabe zu Ende bringen	++	+	0	-
165.	Gegenstände reparieren	++	+	0	-
166.	Radfahren	++	+	0	-
167.	Über Politik oder öffentliche Angelegenheiten reden	++	+	0	-
168.	Um Hilfe oder Ratschläge bitten	++	+	0	-
169.	Über Hobby oder spezielle Interessengebiete reden	++	+	0	-
170.	Mit seinem Partner zusammen sein	++	+	0	-
171.	Sich um Zimmerpflanzen kümmern	++	+	0	-
172.	Mit Freunden Kaffee, Tee trinken.	++	+	0	-
173.	Einen Spaziergang machen	++	+	0	-
174.	Verschiedene Dinge sammeln.	++	+	0	-
175.	Mit Kindern gemeinsam etwas unternehmen	++	+	0	-
176.	Etwas Schönes unternehmen	++	+	0	-
177.	Zu Auktionen, Versteigerungen usw. gehen	++	+	0	-
178.	Über eine interessante Frage nachdenken.	++	+	0	-
179.	Freiwillige Arbeit tun, an gemeinnützigen Projekten mitarbeiten	++	+	0	-
180.	Wasserski, surfen, tauchen	++	+	0	-
181.	Cartoons, Comic-Hefte lesen	++	+	0	-
182.	An einer Gruppenreise teilnehmen	++	+	0	-
183.	Alte Freunde wiedertreffen	++	+	0	-
184.	Reisen	++	+	0	-
185.	Ein Konzert, eine Opern- oder Ballettaufführung besuchen.	++	+	0	-
186.	Mit Haustieren spielen	++	+	0	-
187.	Ein Theaterstück besuchen	++	+	0	-
188.	Die Sterne oder den Mond betrachten.	++	+	0	-
189.	Faulenzen	++	+	0	-

		sehr angenehm	angenehm	weder noch	un- angenehm
190.	Computerspielen spielen	++	+	0	-
191.	Fotos oder Dias ansehen.	++	+	0	-
192.	Ausgiebig Frühstücken	++	+	0	-
193.	Kurse an der VHS besuchen.	++	+	0	-
194.	Gottesdienst besuchen.	++	+	0	-
195.	Auf Volksfeste gehen	++	+	0	-
196.	Blumen kaufen	++	+	0	-
197.	Abends lange aufbleiben	++	+	0	-
198.	Videofilme ansehen	++	+	0	-

KOMPETENZ - CHECKLISTE zur Beurteilung KOGNITIVER THERAPEUTEN*

I. Allgemeines Interviewverhalten:

1. Zusammenarbeit und gegenseitiges Verständnis

.... a) Therapeut arbeitet gemeinsam mit dem Patienten, selbst wenn er in erster Linie eine unterrichtende Rolle einnahm
.... b) Therapeut bat um Rückmeldung
.... c) Patient gab Rückmeldung
.... d) Therapeut bat um Anregungen, Vorschläge und/oder bot Wahlmöglichkeiten an
.... e) Patient bot Anregungen, Vorschläge und /oder entschied sich für eine Wahlmöglichkeit
.... f) Therapeut reagierte auf die Rückmeldung des Patienten, er ignorierte oder lehnte sie nicht ab
.... g) Therapeut prüfte ab und zu die Richtigkeit seines Verständnisses der Hauptprobleme des Patienten (z. B. machte kurze Zusammenfassung)
.... h) Therapeut faßte ab und zu die Hauptaspekte seiner Äußerungen zusammen, um sicher zu gehen, daß der Patient ihn versteht

2. Erstellung eines Plans der Sitzungsthemen (nicht bei Erstkontakt)

.... a) Therapeut und Patient erstellten einen Themenkatalog der Sitzung
.... b) Punkte des Plans waren spezifiziert und problemorientiert, nicht vage oder allgemein
.... c) Eine Prioritäten der Punkte des Plans wurde verabredet
.... d) Der Sitzungsplan war dem vorhandenen Zeitraum angemessen (nicht zu begrenzt, nicht zu anspruchsvoll)
.... e) Bei einem der Punkte berichtete und besprach der Patient Ereignisse, die während des Zeitraums seit der letzten Sitzung sich ereigneten

3. Erfragen von Reaktionen auf Interviewsituation und auf Therapeuten

.... a) Erfragte Eindrückte und Gefühle des Patienten auf die Interviewsituation/Therapiesituation
.... b) Erfragte Rückmeldungen bezüglich früherer Interviews

4. Günstige Strukturierung der Therapiezeit

.... a) Therapeut bedachte und bearbeitete die meisten Punkte des Sitzungsplans, bzw. arrangierte die unbewältigten Punkte für eine spätere Sitzung
.... b) Therapeut war so flexibel, um wichtige Dinge mit zu bearbeiten, obgleich sie nicht auf dem Plan standen
.... c) Therapeuzt begrenzte die Zeit, um an peripheren oder tangentialen Punkten zu arbeiten
.... d) Therapeut begrenzte unproduktive Diskussionen zugunsten relevanterer Punkte

5. Fokusierung auf angemessene Probleme

.... a) Therapeut identifizierte spezifische Probleme, um diesen sich zuzuwenden
.... b) Die identifizierten Probleme waren eher wesentlich als peripher bezüglich der Problemlage des Patienten
.... c) Die identifizierten Probleme waren für den Therapiezeitpunkt angemessen
.... d) Die identifizierten Probleme waren die zentralen Aspekte, so daß die Hauptschwierigkeiten nicht übersehen wurden
.... e) Therapeut konzentrierte sich auf ein oder zwei Probleme, anstatt von einem zum anderen zu springen

6. Fragetechnik

.... a) Therapeut stellte in geschickter Weise Fragen, um Informationen zu erheben, die Symptome, Lebenssituationen, gegenwärtige Erfahrungen, Gedanken, Gefühle und vergangene Erfahrungen (sofern relevant und besprochen) betrafen
.... b) Benützte offene Fragen angemessen
.... c) Fragen, die nur Ja oder Nein Antworten zulassen wurden möglichst selten benützt
.... d) Vermied schnelle und kurze Frageinteraktion

.... e) Wechselte Fragen mit reflektivierenden Bemerkungen, illustrierenden Beispielen oder zusammenfassenden Sätzen ab
.... f) Benützte Fragen, um Ungereimtheiten oder Inkonsistenzen in den Schlußfolgerungen des Patienten aufzuzeigen, ohne diesen damit abzuwerten oder bloßzustellen
.... g) Benützte Fragen, um dem Patienten zu helfen, die verschiedenen Aspekte eines Problems zu erkennen
.... h) Benützte Fragen, um die willkürlichen Schlußfolgerungen und Grundannahmen zu prüfen
.... i) Benützte Fragen, um alternative Lösungswege eines Problems zu erarbeiten
.... j) Benützte Fragen, um alternative Erklärungen zu bedenken
.... k) Benützte Fragen, um positive und negative Konsequenzen einer geplanten Handlung zu überlegen (z. B. Hausaufgaben erledigen, persönliche Aussprachen haben, von einer Arbeit zurücktreten)

7. Periodische Zusammenfassungen während des Interviews

.... a) Therapeut rekapitulierte oder reformulierte ab und zu die Probleme, an denen während der Stunde gearbeitet wurde
.... b) Therapeut begründete eine spezifische therapeutische Maßnahme in Bezug auf ein bestimmtes Problem
.... c) Therapeut faßte die Fortschritte bei der Analyse und Bearbeitung eines Problems zusammen

8. Hausaufgaben

.... a) Therapeut besprach sorgfältig die Aufgaben seit der letzten Sitzung
.... b) Therapeut faßte die Schlußfolgerungen und Fortschritte im Zusammenhang mit den Hausaufgaben zusammen
.... c) Therapeut stellte neue Hausaufgaben
.... d) Die Aufgaben waren dem in Frage kommenden Problem angemessen
.... e) Therapeut begründete die Hausaufgaben
.... f) Hausaufgaben wurden spezifiziert und detailliert erklärt
.... g) Therapeut fragte Patienten, ob bei der Erledigung der Aufgaben Probleme entstehen könnten

II. Spezifisch kognitive und verhaltenstherapeutische Techniken

9. Angemessenheit und Anwendung der Techniken

.... a) Die benützten Techniken waren grundsätzlich bezüglich des betreffenden Problems angemessen
.... b) Die benützten Techniken waren die für das Problem am angemessensten
.... c) Therapeut wendete die Techniken erfolgreich und richtig an
Wenn nicht, dann Kommentar zur inkorrekten Anwendung:

10. Hervorrufen automatischer Gedanken

.... a) Spezifische automatische Gedanken wurden identifiziert
.... b) Therapeut half dem Patienten automatisch Gedanken zu erkennen, anstatt in einer didaktischen Weise immer wieder auf solche Gedanken hinzuweisen
.... c) Therapeut benutzte angebrachte Techniken zur Hervorhebung automatischer Gedanken (angeben welche):
  ○ erschließendes Fragen ○ Stimmungsänderung während Sitzung
  ○ Vorstellung ○ Protokoll disfunktionaler Gedanken
  ○ Rollenspiel ○ gab „AG-Bogen"
.... d) Therapeut half Patienten den Zusammenhang zwischen Affekten und spezifischen Kognitionen zu erkennen

11. Prüfen automatischer Geanken

.... a) Prüfte oder stellte automatische Gedanken systematisch in Frage
.... b) Benützte keine Argumente oder Zureden, um Patienten die automatischen Gedanken auszureden
.... c) Half Patienten spezifische und überprüfbare Hypothesen zu erstellen

.... d) Half Patienten systematisch gültige und berechtigte Belege für die betreffenden Hypothesen zusammeln
.... e) Half Patient die Belege zu prüfen und zu bewerten und von diesen Belegen Schlußfolgerungen zu ziehen

12. Identifizieren und Prüfen zugrundeliegender Grundannahmen
.... a) Spezifische, dahinterliegende Grundannahmen wurden identifiziert
.... b) Therapeut half Patienten relevante Grundannahmen aufgrund einer gemeinsamen Analyse automatischer Gedanken zu entdecken
.... c) Therapeut stützte sich nicht nur auf (didaktische) Gegenargumente, um Grundannah-men einzuschätzen
.... d) Therapeut half Patientn die Gültigkeit der Grundannahmen zu analysieren (z. B. Auflisten von Vor- bzw. Nachteilen, schlußfolgerndes Fragen)

13. Andere zentrale kognitive und verhaltenstherapeutische Techniken
.... a) Eingesetzte Techniken:
   - ○ Reattribuieren
   - ○ Kognitives Rehearsal
   - ○ Rollenspiel
   - ○ Ablenken
   - ○ Alternative Erklärungen
   - ○ Bedeutung einer Sache feststellen
   - ○ Selbstsicherheitstraining
.... b) Instrumente, Materialien und Ratschläge:
   - ○ Tagesprotokoll disfunktionaler Gedanken
   - ○ Aktivitätenplanung: Selbstbeobachtung
   - ○ Aktivitätenplanung: Planung der nächsten Tage
   - ○ Erfolg und Vergnügen (E+V) einschätzen
   - ○ niedergeschriebene Liste der wesentlichen Punkte der Sitzung
   - ○ etwas zu lesen aufgegeben
   - ○ DAS gegeben (Skala für Grundannahmen)
   - ○ biographische Daten zusammengetragen
   - ○ Tagebuch
   - ○ Handgelenkzähler
   - ○ Videoband, um dem Patienten zu ermöglichen, sich selbst agieren zu sehen
   - ○ Tonbandaufnahme, um dem Patienten das Anhören zu ermöglichen
   - ○ Depressions-Inventar

III. Persönliche und berufstypische Charakteristika des Therapeuten

14. Echtheit und Aufrichtigkeit
.... a) Therapeut schien das auszudrücken, was er tatsächlich fühlte oder dachte. Er erschien aufrichtig und realistisch
.... b) Therapeut schien eher offen als defensiv
.... c) Es schien nicht, daß der Therapeut Informationene, Eindrücke, usw. zurückgehalten hat, bzw. Fragen des Patienten sich entzog
.... d) Therapeut erschien nicht dominant beschützend oder herablassend
.... e) Therapeut erschien nicht als würde er die Rolle des Therapeuten spielen. Er wirkte nicht künstlich oder gestellt (keine Profihaltung)

15. Akzeptieren und Wärme
.... a) Die Stimme und das Nonverbale Verhalten des Therapeuten vermittelte Wärme und Interesse
.... b) Die Inhalte, die der Therapeut kommunizierte, wirkten beteiligt und bemüht
.... c) Therapeut kritisierte, wies zurück oder machte das Verhalten des Patienten NICHT lächerlich
.... d) Therapeut erschien nicht kalt, distanziert oder indifferent
.... e) Therapeut wirkte nicht besitzergreifend, erdrückend oder überschwenglich
.... f) Therapeut reagierte mit oder benützte Humor dann, wenn angebracht

16. Empathie
.... a) Theapeut faßte das vom Patienten explizit Gesagte exakt zusammen
.... b) Therapeut faßte die meisten offensichtlichen Emotionen (z. B. Ärger, Traurigkeit) des Patienten exakt zusammen

.... c) Therapeut erfaßte subtilere Nuancen des Fühlens und/oder implizite Kognitionen
.... d) Therapeut teilte durch sein verbales und nonverbales Verhalten mit, daß er/sie die Gefühle und das Erleben des Patienten verstand und reagierte darauf

17. Professionelles Verhalten

.... a) Stimme und nonverbales Verhalten des Therapeuten vermittelte Vertrauen
.... b) Therapeut gab klare und deutliche Äußerungen (Stellungnahmen) ohne häufiges Zögern oder Wiederholen
.... c) Therapeut überblickte und kontrollierte die Sitzung; er/sie war in der Lage zwischen zuhören und leiten angemessen zu wechseln
.... d) Therapeut erschien entspannt und nicht ängstlich oder zu fordernd

18. Beziehung

.... a) Therapeut und Patient schienen sich in der Beziehung/Interaktion wohlzufühlen
.... b) Augenkontakt bestand und wurde gehalten
.... c) Gute affektive Interaktion (z. B. gemeinsames Lächeln)
.... d) Der verbale Interaktionsfluß war gleichmäßig und gut
.... e) Weder Therapeut noch Patient erschienen offensichtlich defensiv, vorsichtig oder abweisend

---

* © Young/El Shammaa/Beck, 1979
  © Hautzinger, 1979

Tätigkeitsplan

Tätigkeit	Tag																													
	1	2	3	4	5	6	7	8	9	10	11	12	13	14	15	16	17	18	19	20	21	22	23	24	25	26	27	28	29	30
1.																														
2.																														
3.																														
4.																														
5.																														
6.																														
7.																														
8.																														
9.																														
10.																														
11.																														
12.																														
13.																														
14.																														
15.																														
16.																														
17.																														
18.																														

Tätigkeitsplan (Fortsetzung)

Tätigkeit	Tag																													
	1	2	3	4	5	6	7	8	9	10	11	12	13	14	15	16	17	18	19	20	21	22	23	24	25	26	27	28	29	30
19.																														
20.																														
21.																														
22.																														
23.																														
24.																														
25.																														
26.																														
27.																														
28.																														
29.																														
30.																														
Tagessumme																														
Stimmungspunktwert																														

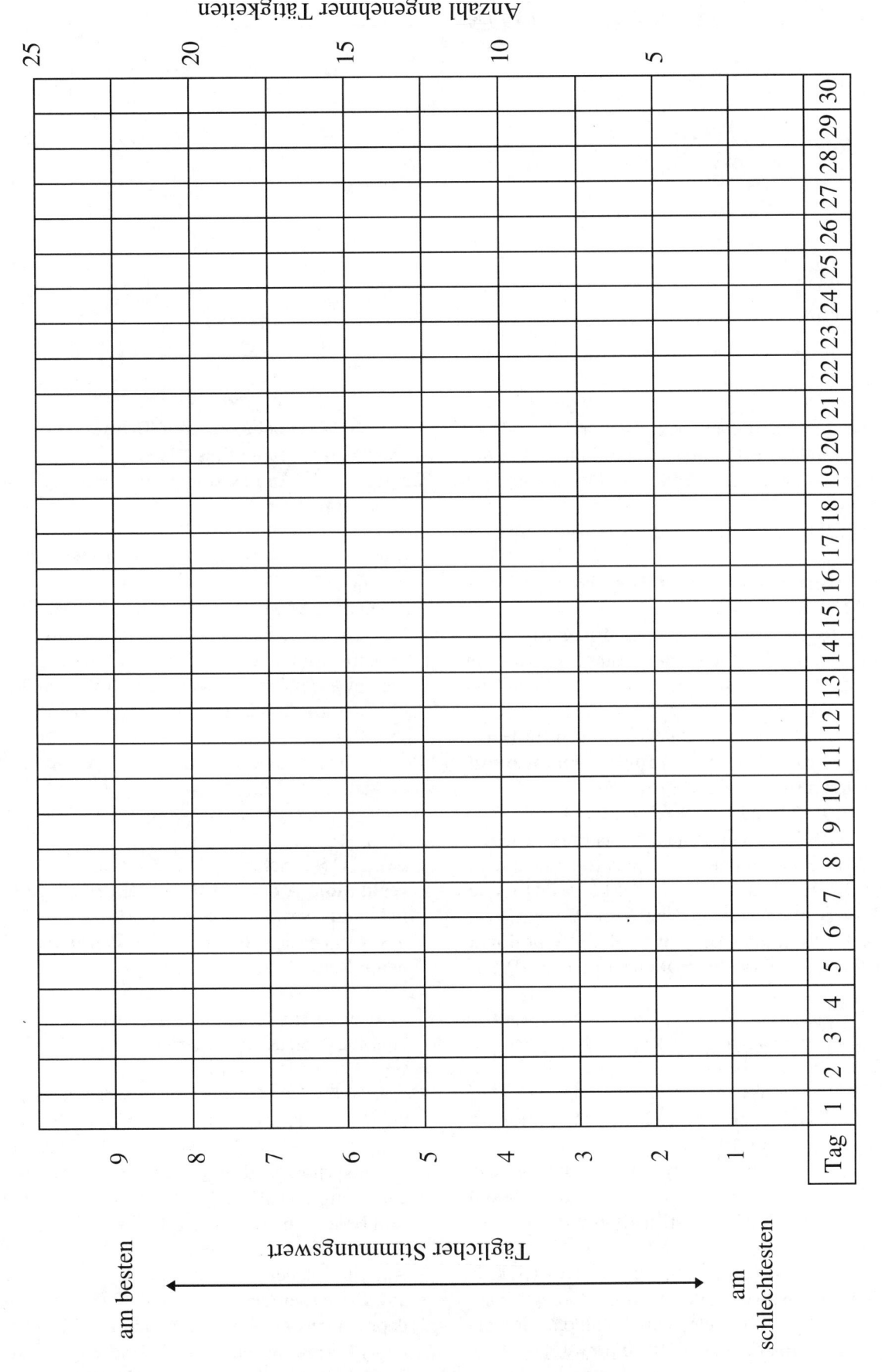

Schema zur täglichen Aufzeichnung angenehmer Tätigkeiten und Stimmungswerte

X. Literaturverzeichnis

Abramson, L.Y., Seligman, M.E.P., Teasdale, AJ.D.: Learned helplessness in humans. Critique and reformulation. **Journal of Abnormal Psychology** 87 (1978), 49-74.

Alloy, L.B., Abramson, L.Y.: Judgment of contingency in depressed and nondepressed students: Sadder but wiser. **Journal of Experimental Psychology: General** 108 (1979), 441-458.

American Psychiatric Association: **Diagnostic and Statistic Manual, 3. edition/revision.** Washington D.C. 1980/1987. Deutsche Ausgabe: Beltz, Weinheim 1988.

Baumann, U.: Methodische Untersuchungen zur Hamilton Depression Skala. **Archiv für Psychiatarie und Nervenkrankheiten** 222 (1976), 359-375.

Beck, A.T.: **Depression. Causes and treatment**. Philadelphia: University of Pennsylvania Press, 1967.

Beck, A.T.: The development of depression: a cognitive model. In: Friedman, R.J., Katz, M.M. (Eds.) **The psychology of depression**. New York: Wiley, 1974.

Beck, A.T.: **Cognitive therapy and the emotional disorders**. New York: International University Press, 1976.

Beck, A.T., Rush, A.J., Shaw, B.F., Emery, G.: **Kognitive Therapie der Depression.** München: Urban & Schwarzenberg, 1981; zweite, revidierte Auflage 1986; 5. Auflage: Psychologie Verlags Union, Weinheim 1996.

Becker, P.: **Psychologie der seelischen Gesundheit.** Göttingen: Hogrefe, 1982.

Bellack, A.S.: Interpersonal Dysfunction. In: Bellack, A.S., Hersen M., Kazdin, A.E. (Eds) **International handbook of behavior modification and therapy**. New York: Plenum Press, 1982.

Bellack, A.S., Hersen, M., Himmelhoch, J.: Social skills training compared with pharmacotherapy and psychotherapy in the treatment of unipolar depression. **American Journal of Psychiatry** 138 (1981), 1562-1567.

Bellack, A.S., Hersen, M., Kazdin, A.E.: **International handbook of behavior modification and therapy**. New York: Plenum Press, 1982.

Bergener, M.: **Depressionen im Alter**. Darmstadt: Steinkopff, 1986.

Billings A.G., Moos R.H.: Psychosocial theory and research on depression. **Clinical Psychology Review** 2 (1983), 213-237.

Blackburn, I.M., Bishop, S., Glen, A.I.M., Whalley, L.J., Christie, J.E.: The efficacy of cognitive therapy in depression. A treatment trial usign cognitive therapy and pharmacotherapy, each alone and in combination. **British Journal of Psychiatry** 139 (1981), 181-189.

Bower, G.H.: Mood and memory. **American Psychologist** 36 (1980), 129-148.

Burns, D. (1995) **Fühl dich gut** (5. Auflage). Trèves, Trier.

Carver, C.S., Scheier, M.F.: **Attention and self-regulation. A control theory approach to human behavior.** New York: Springer, 1981.

CIPS: **Internationale Skalen für Psychiatrie**. Weinheim: Beltz, 1981.

Covi, L., Lipman, R.S., Derogatis, L.R., Smith, J.E., Pattison, J.H.: Drugs and group psychotherapy in neurotic depression. **American Journal of Psychiatry** 131 (1974), 191-198.

Coyne, J.C.: Toward an interactional description of depression. **Psychiatry** 39 (1976), 28-40.

deJong, R., Treiber, R., Henrich, G.: Effectiveness of two psychological treatments for inpatients with characterological depression. **Cognitive Therapy and Research** 10 (1986), 645-663.

deJong, R., Ferstl, R., Henrich, G.: Die Wirkung von Aktivitätsplänen, der Therapie sozialen Verhaltens, sowie der Therapie gedanklicher Prozesse bei schwer depressiven Patienten. In: Hautzinger, M., Schulz, W. (Hg.) **Klinische Psychologie und Psychotherapie**, Band 3. Tübingen: Deutsche Gesellschaft für Verhaltenstherapie, 1980.

deJong, R., Hoffmann, N., Linden, M.: **Verhaltensmodifikation bei depressiven Störungen**. München: Urban & Schwarzenberg, 1981.

deJong-Meyer, R., Hautzinger, M., Strauss, W., Rudolf, G.: Therapievergleich bei endogen-depressiven Patienten. In: Montada, L. (Hg.) **Bericht über den 38. Kongreß der Deutschen Gesellschaft für Psychologie,** Trier. Hogrefe, Göttingen, 1992.

deJong-Mayer, R., Hautzinger, M. (1996) Ausblick und erste Folgerungen aus dem Ergebnisvergleich der beiden Therapiestudien bei endogen und nichtendogen depressiven Patienten. **Zeitschrift für Klinische Psychologie** 25, 155-160.

DiMascio, A., Weissman, M.M., Prusoff, B.A., Neu, C., Zwilling, M., Klerman, G.L.: Differential symptom reduction by drugs and psychotherapy in acute depression. **Archives of General Psychiatry** 36 (1979), 1450-1456.

Elkin, I.: **Prelimary results of the NIMH-collaborative treatment outcome study with depressed patients**. Paper presented at the APA meeting, Washington D.C. 1986.

Elkin, I., Shea, T., Watkins, J.T., Imber, S.D. et al., NIMH treatment of depression collaborative research program. **Archives of General Psychiatry** 1989, 46, 971-982.

Fähndrich, E., Linden, M.: Zur Reliabilität und Validität der Stimmungsmessung mit der visuellen Analogskala. **Pharmakopsychiatrie** 15 (1982), 90-94.

Ferster, C.B.: A functional analysis of depression. **American Psychologist** 28 (1973), 857-870.

Ferster, C.B.: A behavioral approach to depression. In: Friedman R.J., Katz, M.M. (Eds.) **The psychology of depression**. New York: Wiley, 1974.

Friedman, A.S.: Interaction of drug therapy with marital therapy in depressed patients. **Archives of General Psychiatry** 32 (1975), 619-637.

Gallagher, D., Thompson, L.W.: Differential effectiveness of psychotherapy for the treatment of depression in older adult patients. **Psychotherapy** 19 (1983), 482-490.

Gallagher, D., Thompson, L.W., Steinmetz, J., Breckenridge, J.: Comparative effectiveness of psychotherapies for depressed elders. **Journal of Consulting and Clinical Psychology** 55 (1987), 129-137.

Goldstein, A.P.: Relationship enhancement methods. In: Kanfer, F.H., Goldstein, A.P. (Eds.) **Helping people change**. New York: Pergamon Press, 1975.

Hahlweg, K., Schindler L., Revenstorf, D.: **Partnerschaftsprobleme: Diagnose und Therapie**. Berlin: Springer, 1982.

Hamilton, M. A rating scale for depression. **Journal of Neurology, Neurosurgery, and Psychiatry** 23 (1967), 56-62.

Hautzinger, M.: Depressive Reaktionen aus psychologischer Sicht. In: Hautzinger, M., Hoffmann, N. (Hg.) **Depression und Umwelt**. Salzburg: Müller, 1979.

Hautzinger, M.: Verhaltensanalyse. In: Linden, M., Hautzinger, M. (Hg.) **Psychotherapie Manual**. Heidelberg: Springer, 1981 (Neuauflage 1996).

Hautzinger, M.: Depression und Kognition. In: Hautzinger, M., Greif, S. (Hg.) **Kognitionspsychologie der Depression**. Stuttgart: Kohlhammer, 1981.

Hautzinger, M.: Ein Kategoriensystem zur Erfassung kognitiver Veränderungen. **Zeitschrift für personenzentrierte Psychologie und Psychotherapie** 1 (1982), 47-61.

Hautzinger, M.: Kognitive Veränderungen als Folge, nicht als Ursache von Depression. **Zeitschrift für personenzentrierte Psychologie und Psychotherapie** 3 (1983), 377-387.

Hautzinger, M.: Veränderungsverläufe depressiver Symptomatik bei kognitiver Verhaltenstherapie. In: Hautzinger, M., Straub, R. (Hg.) **Psychologische Aspekte depressiver Störungen**. Regensburg: S. Roderer, 1984.

Hautzinger, M.: **Cognitive behavior therapy with depressed outpatients**. Vortrag auf dem 15. Kongreß der European Association of Behavior Therapy, München, 1985.

Hautzinger, M.: **Bewältigung von Belastungen**. Habilitationsschrift, Universität Konstanz, 1986.

Hautzinger, M.: Die Beurteilung von Verhaltenstherapeuten bei der Behandlung depressiver Patienten. **Zeitschrift für personenzentrierte Psychologie und Psychotherapie** 5 (1986), 315-325.

Hautzinger, M.: Psychologische Therapieansätze bei Depressionen im Alter. In: Bergener, M. (Hg.) **Depressionen im Alter**. Darmstadt: Steinkopff, 1986.

Hautzinger, M.: Die CESD Skala. Ein Depressionsmeßinstrument für Untersuchungen in der Allgemeinbevölkerung. **Diagnostica** 34 (1988) 167-173.

Hautzinger, M.: Internationale Depressionsdiagnostik, **Zeitschrift für Klinische Psychologie** 27 (1988) 174-175.

Hautzinger, M.: **Erste Ergebnisse zur deutschen Form des IDS**. Unveröffentlichter Bericht, Universität Konstanz 1988.

Hautzinger, M. Das Beck-Depressionsinventar in der Klinik. **Nervenarzt** 62, (1991), 689-696.

Hautzinger, M. Perspektiven für ein kognitiv-psychologisches Konzept der Depression. In: Mundt, Ch. u.a. (Hg.) **Depressionskonzepte heute**. Berlin: Springer, 1991.

Hautzinger, M. (1993) Kognitive Verhaltenstherapie und Pharmakotherapie bei Depressionen: Überblick und Vergleich. **Verhaltenstherapie** 3, 26-34.

Hautzinger, M. (1996) **Affektive Störungen**. In: Hahlweg, K., Ehlers, A. (Hrsg.) **Enzyklopädie der Psychologie**.

Serie Klinische Psychologie (Band 2). Hogrefe Verlag, Göttingen.

Hautzinger, M., Baumgartner, P., Neßhöver, W., Schmitz, B.: Zeitreihenanalysen kognitiver Verhaltenstherapie bei de-pressiven Patienten. **Zeitschrift für Klinische Psychologie** 26 (1987), 256-265.

Hautzinger, M., Greif, S. (Hg): **Kognitionspsychologie der Depression**. Stuttgart: Kohlhammer, 1981.

Hautzinger, M., Herrmann, C.: Erfassung von Depression: Ebenen, Möglichkeiten und Probleme. In: Hautzinger, M., Greif, S. (Hg.) **Kognitionspsychologie der Depression.** Stuttgart: Kohlhammer, 1981.

Hautzinger, M., Hoffmann, N.: **Verbalverhalten Depressiver und ihrer Sozialpartner**. Dissertation Technische Universität Berlin, 1980.

Hautzinger, M., Hoffmann, N., Linden, M.: Interaktionsanalysen depressiver und nichtdepressiver Patienten und ihrer Sozialpartner. **Zeitschrift für experimentelle und angewandte Psychologie** 29 (1982), 246-263.

Hautzinger, M., Luka, U., Trautmann, R.D.: Skala dysfunktionaler Einstellungen. Eine deutsche Version der Dysfunctional Attitude Scale. **Diagnostica** 31 (1985) 312-330.

Hautzinger, M., Bailer, M.: **Allgemeine Depressionsskala (ADS)**. Weinheim: Beltz Test Verlag, 1992.

Hautzinger, M., Bailer, M.: **Das Inventar Depressiver Symptome (IDS).** Beltz Test Verlag (in Vorbereitung).

Hautzinger, M., deJong-Meyer, R., Treiber, R.: Therapievergleich bei neurotisch-depressiven Patienten. In: Montada, L. (Hg.) **Bericht über den 38. Kongreß der Deutschen Gesellschaft für Psychologie,** Trier. Hogrefe, Göttingen, 1992.

Hautzinger, M., Bailer, M., Worrall, H., Keller, F. (1995) **Das Beck Depressionsinventar (BDI)** (2. Auflage). Huber Verlag, Bern.

Hautzinger, M., deJong-Meyer, R. (1996) Themenheft Depression. **Zeitschrift für Klinische Psychologie** 25, 79-160.

Hersen, M., Bellack, A.S., Himmelhoch, J.M.: Social skills training with unipolar depressed patients. In: Curran, J.P., Monti, P.M. (Eds) **Social skills training**. New York: Guilford Press, 1982.

Hinchliffe, M.K., Hooper, D., Roberts, F.J.: **The melancholy marriage**. London: Wiley & Sons, 1978.

Hinsch, R., Pfingsten, U.: **Gruppentraining sozialer Kompetenz**. München: Urban & Schwarzenberg, 1983.

Hoffmann, N. (Hg): **Depressives Verhalten**. Salzburg: Müller, 1976.

Hoffmann, N. (Hg): **Grundlagen kognitiver Therapie**. Bern: Huber, 1981.

Hollon, S.D., Shelton, R.C., Loosen, P.T.: Cognitive Therapy and pharmacotherapy for depression. **Journal of Consulting and Clinical Psychology** 1991, 59, 88-99.

Jarrett, R.B., Rush, A.J. (1994) Short-term Psychotherapy of Depressive Disorders: Current Status and Future Directions. **Psychiatry** 57, 115-132.

Kammer, D.: Eine Untersuchung der psychometrischen Eigenschaften des Beck-Depressionsinventars. **Diagnostica** 24 (1983), 48-60.

Kammer, D., Hautzinger, M. (Hg.): **Kognitive Depressionsforschung**. Bern: Huber, 1988.

Kanfer, F.H., Goldstein, A.P. (Hg.): **Möglichkeiten der Verhaltensänderung**. München: Urban & Schwarzenberg, 1977.

Kanfer, F.H., Phillips, J.S.: **Lerntheoretische Grundlagen der Verhaltenstherapie**. München: Kindler, 1975.

Kasper, S. u. a. (1994) **Depressive Störungen erkennen und behandeln.** Karger Verlag, Freiburg.

Kovacs, M., Rush, A.J., Beck, A.T., Hollon, S.D.: Depressed outpatients treated with cognitive therapy or pharmacotherapy. **Archives of General Psychiatry** 38 (1981), 33-39.

Kuhl, J.: **Motivation, Konflikt und Handlungskontrolle**. Heidelberg: Springer Verlag, 1983.

Lazarus, A.A.: Learning theory and the treatment of depression. **Behaviour Research and Therapy** 6 (1968), 83-89.

Lazarus, A.A.: Multimodal behavior treatment of depression. **Behavior Therapy** 5 (1974), 549-554.

Lazarus, R.S., Folkman, S.: **Stress, appraisal, and coping**. New York: Springer, 1984.

Lewinsohn, P.M.: A behavioral approach to depression. In: Friedman, R.J., Katz, M.M. (Eds) **The psychology of depression**. New York: Wiley, 1974.

Lewinsohn, P.M., Hoberman, H.: Depression. In: Bellack, A.S., Hersen, M., Kazdin, A.E. (Eds) **International handbook of behavior modification and therapy**. New York: Plenum Press, 1982.

Lewinsohn, P.M., Hoberman, H., Teri, L., Hautzinger, M.: An integrative theory of depression. In: Reiss, S., Bootzin, R.R. (Eds) **Theoretical issues in behavior therapy**. New York: Academic Press, 1985.

Lewinsohn, P.M., Munoz, R.F., Youngren, M.A., Zeiss, A.M.: **Der Weg zum seelischen Gleichgewicht.** Depressionen erkennen, überwinden, vermeiden. Salzburg: O. Müller, 1982.

Lewinsohn, P.M., Youngren, M.A., Grosscup S.J.: Reinforcement and depression. In: Depue, R.A. (Ed) **The psychobiology of depressive disorders**. New York: Academic Press, 1979.

Linden, M.: Depression als aktives Verhalten. In: Hoffmann, N. (Hg.) **Depressives Verhalten**. Salzburg: O. Müller, 1976.

Linden, M., Hautzinger, M. (Hg.): **Psychotherapie Manual.** Heidelberg: Springer, 1981 (Neuauflage 1996).

Lloyd, C.: Life events and depressive disorders. **Archives of General Psychiatry** 37 (1980), 529-548.

McLean, P.D., Ogston, K., Grauer, L.: A behavioral approach to the treatment of depression. **Journal of Behavior Therapy and Experimental Psychiatry** 4 (1973), 323-330.

McLean, P.D.: **Treatment choices in unipolar depression.** Vortrag vor der EABT, Oslo 1991.

Miller, I.W., Norman, W.H., Keitner, G.I.: Cognitive-behavioral treatment of depressed inpatients. **American Journal of Psychiatry** 1989, 146, 1274-1279.

Miller, R.C., Berman, J.S.: The efficacy of cognitive behavior therapies. **Psychological Bulletin** 94 (1983), 39-53.

Murphy, G.E., Simons, A.D., Wetzel, R.D., Lustman, P.J.: Cognitive therapy and pharmacotherapy. **Archive of General Psychiatry** 41 (1984), 33-41.

Paykel, E.S.: Life events. In: Paykel, E.S. (Ed) **Handbook of affective disorders.** New York: Guilford, 1982.

Persons, J.B., Thase, M.E., Crits-Cristoph, P. (1996) The role of psychotherapy in the treatment of depression: Review of two practice guidelines. **Archives of General Psychiatry** 53, 282-290.

Petermann, F.: **Vertrauen.** Salzburg: O. Müller, 1986.

Pfingsten, U., Hinsch, R.: **Gruppentraining sozialer Kompetenz, 2. Auflage.** Weinheim: Psychologie Verlags Union, 1991.

Radloff, L.S.: The CESD scale. A selfreport depression scale. **Applied Psychological Measurement** 1 (1977), 385-401.

Rehm, L.P.: A self-control model of depression. **Behavior Therapy** 8 (1977), 787-798.

Rehm, L.P. (Ed): **Behavior Therapy for depression.** New York: Academic Press, 1981.

Reus, H.W., Fischer, A.A., Sijben, A.E.S.: Cognitive-behavior therapy for major depression with melancholia. **Vortrag vor der EABT,** Oslo, 1991.

Roth, P., Bielski, R., Jones, M., Parker, W., Osborn, F.: A comparison of self-control therapy and combined self-control therapy and antidepressant medicantion in the treatment of depression. **Behavior Therapy** 13 (1982), 133-144.

Rötzer-Zimmer, F.T., Axmann, D., Koch, H., Giedke, H., Pflug, B., Heimann, H.: One year follow-up of cognitive behavior therapy alone, in combination with pharmacotherapy and pharmacotherapy alone in depressed patients. **Vortrag auf dem 15. Kongreß der European Association of Behavior Therapy,** München, 1985.

Rötzer-Zimmer, F.T., Serra, E., Pflug, B., Heimann, H.: Kognitive Verhaltenstherapie allein und Kombination mit Pharmakotherapie in der Depressionsbehandlung. **Vortrag auf dem 3. Symposium klinischpsychologischer Forschungsarbeiten,** Burg Liebenzell, 1984.

Rounsaville, B.J., Klerman, G.L., Weissman, M.M.: Do psychotherapy and pharmacotherapy of depression conflict? **Archives of General Psychiatry** 38 (1981), 24-29.

Rush, A.J. (Ed): **Shortterm psychotherapies for depression.** New York: Guilford Press, 1982.

Rush, A.J., Beck, A.T., Kovacs, M., Hollon, S.D.: Comparative efficacy of cognitive therapy and pharmacotherapy in the treatment of depressed outpatients. **Cognitive Therapy and Research** 1 (1977), 17-37.

Rush, A.J., Giles, D.E., Schlesser, M.A., Fulton, C.L., Weisseenburger, J., Burns, C.: The inventory for depressive symptomatology (IDS). **Psychiatry Research** 18 (1986), 65-87.

Sartorius, N., Ban, T.A. (Eds): **Assessment of depression**. Heidelberg: Springer, 1986.

Seligman, M.E.P.: **Erlernte Hilflosigkeit.** 3. Aufl. Weinheim: Psychologie Verlags Union, 1986.

Simons, A.D., Garfield, S.L., Murphy, G.E.: The process of change in cognitive therapy and pharmacotherapy for depression. **Archives of General Psychiatry** 41 (1984), 45-51.

Smith, M.L., Glass, G.V., Miller, T.I.: **The benefits of psychotherapy**. Baltimore: John Hopkins University Press, 1980.

Stavemann, H. (1995) **Emotionale Turbulanzen**, Psychologie Verlags Union, Weinheim.

Stravynski, A., Greenberg, D. (1992) The Psychological Management of Depression. **Acta Psychiatrica Scandinavica** 85, 407-414.

Strupp, H.H.: On the basic ingredients of psychotherapy. **Journal of Consulting and Clinical Psychology** 41 (1973), 1-8.

Teasdale, J.D., Fennell, M.J.V., Hibbert, G.A., Amies, P.L.: Cognitive therapy for major depression in primary care. **British Journal of Psychiatry** 144 (1984), 400-406.

Thase, M.E., Simons, A.D., Reynolds, C.F. (1996) Abnormal EEG-sleep Profiles in Major **Depression. Archives of General Psychiatry** 53, 99-108.

Truax, C.B., Carkhuff, R.R.: **Toward effective counseling and psychotherapy**. Chicago: Aldine, 1967.

Ullrich, R., Ullrich de Muynck, R.: **Einübung von Selbstvertrauen und sozialer Kompetenz.** Das Assertive Training Program. München: Pfeiffer, 1976.

Weissman, M.M.: The psychological treatment of depression. Evidence for the efficacy of psychotherapy alone, in comparison with, and in combination with pharmacotherapy. **Archives of General Psychiatry** 36 (1979), 1261-1269.

Weissman, M.M., Kasl, S.U., Klerman, G.L.: Follow-up of depressed women after maintenance treatment. **American Journal of Psychiatry** 133 (1976), 757-760.

Weissman, M.M., Klerman, G.L., Prusoff, B.A., Sholomskas, D., Padian, N.: Depressed outpatients. Results of one year treatment with drugs and/or interpersonal psychotherapy. **Archives of General Psychiatry** 38 (1981), 51-55.

Weissman, M.M., Prusoff, B.A., DiMascio, A., Neu, C., Goklaney M., Klerman, G.L.: The efficacy of drugs and psy-chotherapy in the treatment of acute depressive episodes. **American Journal of Psychiatry** 136 (1979), 555-558.

Wilson, P.H.: Combined pharmacological and behavioral treatment of depression. **Behaviour Research and Therapy** 20 (1982), 173-184.

Wittchen, H.U., et al.: **Das strukturierte klinische Interview für DSM III/R (SKID)**. Weinheim: Beltz, 1987.

Wittchen, H.U., Hautzinger, M. u. a. (1995) **Ratgeber Depression.** Karger Verlag, Freiburg.

Wolfersdorf, M., Hole, G., Wohlt, J.: **Depressionsstationen**. Regensburg: S. Roderer, 1985.

Zajonc, R.B.: Feeling and thinking. Preferences need no inferences. **American Psychologist** 35 (1980), 151-175.

Zeiss, A.M., Lewinsohn, P.M. Munoz, R.F.: Nonspecific improvement effects in depression using interpersonal skills training, pleasant acitivity schedules, or cognitive training. **Journal of Consulting and Clinical Psychology** 47 (1979), 427-439.

Materialien für die psychosoziale Praxis

Herausgegeben von Prof. Dr. Martin Hautzinger und Prof. Dr. Franz Petermann

Dieter Betz/Helga Breuninger
Teufelskreis Lernstörungen
Theoretische Grundlegung und
Standardprogramm
4. Aufl. 1996. ISBN 3-621-27167-8

Manfred Döpfner/Stephanie Schürmann/
Jan Frölich
Training für Kinder mit hyperaktivem und oppositionellem Problemverhalten - THOP
1997. ISBN 3-621-27356-5

Peter Fiedler/Thomas Niedermeier/
Christoph Mundt
Gruppenarbeit mit Angehörigen schizophrener Patienten
Materialien für die therapeutische
Gruppenarbeit mit Angehörigen und Familien
1986. ISBN 3-621-27021-3

Alexa Franke
Gruppentraining gegen psychosomatische Störungen
2., überarb. Aufl. 1991. ISBN 3-621-27101-5

Siegfried Grosse
Bettnässen
Diagnostik und Therapie
2., veränd. Aufl. 1991. ISBN 3-621-27007-8

Kurt Hahlweg/Heijo Dürr/Ursula Müller
Familienbetreuung schizophrener Patienten
Ein verhaltenstherapeutischer Ansatz zur
Rückfallprophylaxe
Konzepte, Behandlungsanleitung und
Materialien
1995. ISBN 3-621-27153-8

Martin Hautzinger
Kognitive Verhaltenstherapie bei Depressionen
Behandlungsanleitungen und Materialien
4., überarb. Aufl. 1997. ISBN 3-621-27375-1

Johannes Herrle/Christine Kühner (Hrsg.)
Depression bewältigen
Ein kognitiv-verhaltenstherapeutisches
Gruppenprogramm nach P.M. Lewinsohn
1994. ISBN 3-621-27224-0
Übungsbuch für Kursteilnehmer
Je 5 Exemplare. ISBN 3-6221-27239-9

Stephan Hoyndorf/Marion Reinhold/
Fred Christmann
Behandlung sexueller Störungen
Ätiologie, Diagnostik, Therapie: Sexuelle
Dysfunktionen, Mißbrauch, Delinquenz
1995. ISBN 3-621-27269-0

Corinna Jacobi/Andreas Thiel/Thomas Paul
Kognitive Verhaltenstherapie bei Anorexia und Bulimia nervosa
1996. ISBN 3-621-27283-6

Wolfgang Jaede/Jürgen Wolf/
Barbara Zeller-König
Gruppentraining mit Kindern aus Trennungs- und Scheidungsfamilien
1996. ISBN 3-621-27312-3

Gerhard W. Lauth/Peter F. Schlottke
Training mit aufmerksamkeitsgestörten Kindern
Diagnostik und Therapie
3., überarb. Aufl. 1997.
ISBN 3-621-27337-9

Birgit Lehner/Franz X. Eich
Neuropsychologisches Funktionstraining für hirnverletzte Patienten (NFT)
Therapiemanual zur Förderung kognitiver
Funktionen
1990. ISBN 3-621-27091-4

Franz Petermann/Gert Jugert/
Uwe Tänzer/Dorothe Verbeek
Sozialtraining in der Schule
1997. ISBN 3-621-27365-4

Franz Petermann/Ulrike Petermann
Training mit aggressiven Kindern
Einzeltraining, Kindergruppen, Elternberatung
8., überarb. Aufl. 1997. ISBN 3-621-27370-0

Franz Petermann/Ulrike Petermann
Training mit Jugendlichen
Förderung von Arbeits- und Sozialverhalten
5., überarb. Aufl. 1996. ISBN 3-621-27199-6

Franz Petermann/Ulrike Petermann
Training mit sozial unsicheren Kindern
Einzeltraining, Kindergruppen, Elternberatung
6., überarb. Aufl. 1996. ISBN 3-621-27341-7

Jörg Petry
Alkoholismustherapie
Gruppentherapeutische Motivierungsstrategien
3., erw. u. aktual. Aufl. 1996.
ISBN 3-621-27317-4

Ulrich Pfingsten/Rüdiger Hinsch
Gruppentraining sozialer Kompetenzen (GSK)
Grundlagen, Durchführung, Materialien
2., überarb. Aufl. 1991. ISBN 3-621-27112-0

Dieter Riemann/Jutta Backhaus
Behandlung von Schlafstörungen
Ein psychologisches Gruppenprogramm
1996. ISBN 3-621-27320-4

Volker Roder/Hans D. Brenner/Norbert Kienzle/Bettina Hodel
IPT · Integriertes psychologisches Therapieprogramm für schizophrene Patienten
3., korr. Aufl. 1995. ISBN 3-621-27275-5

Ute Strehl/Niels Birbaumer
Verhaltensmedizinische Intervention bei Morbus Parkinson
1996. ISBN 3-621-27322-0

BELTZ
PsychologieVerlagsUnion